SIUATAMATIK
DIVERSIDADE DE GÊNERO NAHUA

Editora Appris Ltda.
1.ª Edição - Copyright© 2024 do autor
Direitos de Edição Reservados à Editora Appris Ltda.

Nenhuma parte desta obra poderá ser utilizada indevidamente, sem estar de acordo com a Lei nº 9.610/98. Se incorreções forem encontradas, serão de exclusiva responsabilidade de seus organizadores. Foi realizado o Depósito Legal na Fundação Biblioteca Nacional, de acordo com as Leis nᵒˢ 10.994, de 14/12/2004, e 12.192, de 14/01/2010.

Catalogação na Fonte
Elaborado por: Dayanne Leal Souza
Bibliotecária CRB 9/2162

M113s 2024	Maciel, Lucas da Costa Siuatamatik: diversidade de gênero nahua / Lucas da Costa Maciel. – 1. ed. – Curitiba: Appris, 2024. 195 p. ; 23 cm. – (Geral). Inclui referências. ISBN 978-65-250-6390-4 1. Sexualidade. 2. Identidade de gênero. 3. Cosmologia. I. Maciel, Lucas da Costa. II. Título. III. Série.
	CDD – 306.76

Appris editora

Editora e Livraria Appris Ltda.
Av. Manoel Ribas, 2265 – Mercês
Curitiba/PR – CEP: 80810-002
Tel. (41) 3156 - 4731
www.editoraappris.com.br

Printed in Brazil
Impresso no Brasil

Lucas da Costa Maciel

SIUATAMATIK
DIVERSIDADE DE GÊNERO NAHUA

Appris *editora*

Curitiba, PR
2024

FICHA TÉCNICA

EDITORIAL
Augusto Coelho
Sara C. de Andrade Coelho

COMITÊ EDITORIAL
Ana El Achkar (Universo/RJ)
Andréa Barbosa Gouveia (UFPR)
Antonio Evangelista de Souza Netto (PUC-SP)
Belinda Cunha (UFPB)
Délton Winter de Carvalho (FMP)
Edson da Silva (UFVJM)
Eliete Correia dos Santos (UEPB)
Erineu Foerste (Ufes)
Fabiano Santos (UERJ-IESP)
Francinete Fernandes de Sousa (UEPB)
Francisco Carlos Duarte (PUCPR)
Francisco de Assis (Fiam-Faam-SP-Brasil)
Gláucia Figueiredo (UNIPAMPA/ UDELAR)
Jacques de Lima Ferreira (UNOESC)
Jean Carlos Gonçalves (UFPR)
José Wálter Nunes (UnB)
Junia de Vilhena (PUC-RIO)

Lucas Mesquita (UNILA)
Márcia Gonçalves (Unitau)
Maria Aparecida Barbosa (USP)
Maria Margarida de Andrade (Umack)
Marilda A. Behrens (PUCPR)
Marília Andrade Torales Campos (UFPR)
Marli Caetano
Patrícia L. Torres (PUCPR)
Paula Costa Mosca Macedo (UNIFESP)
Ramon Blanco (UNILA)
Roberta Ecleide Kelly (NEPE)
Roque Ismael da Costa Güllich (UFFS)
Sergio Gomes (UFRJ)
Tiago Gagliano Pinto Alberto (PUCPR)
Toni Reis (UP)
Valdomiro de Oliveira (UFPR)

SUPERVISORA EDITORIAL
Renata Cristina Lopes Miccelli

PRODUÇÃO EDITORIAL
Adrielli de Almeida

REVISÃO
Bruna Fernanda Martins

DIAGRAMAÇÃO
Amélia Lopes

CAPA
Carlos Pereira

REVISÃO DE PROVA
Bruna Santos

Para Vanessa,
com carinho e admiração.

But what does it mean to do violence to what is nothing?

(Achille Mbembe)

SUMÁRIO

INTRODUÇÃO 11
    UM MUNDO DE KUILOMEJ. 12
    CORPO, GÊNERO E ETNOGRAFIA. 19
    CUETZALAN E SAN MIGUEL TZINACAPAN. 29
    SOBRE O TEXTO. 35

GÊNERO E PARENTESCO: UMA ECONOMIA DE TROCAS AFETIVAS ... 41
    DESCRIÇÕES DO PARENTESCO NAHUA 43
    SIUATALIS: MATRIMÔNIO E CONJUNCIONALIDADE 48
    MOTEKIPANOUASKEJ: DIVISÃO SEXUAL DO TRABALHO E
    COMPLEMENTARIEDADE. 61
    MOTAOL UAN MOTAPALOL: UMA ECONOMIA DE AFETOS. 76
    TASOJTALIS UAN NEXIKOLISTI: O GOSTO DO AMOR E DA INVEJA 87

CORPO E PESSOA *KUILOT*: GÊNERO E SEXUALIDADE 97
    DUALISMO NAHUA: MASCULINO E FEMININO
    NUM COSMOS SEXUALIZADO 101
    "MASCULINA-AÇÃO": REPRODUÇÃO E SEXUALIDADE. 118
    O MASCULINO E O FEMININO NUMA LÓGICA DA PENETRAÇÃO 122
    KUILOYOT: O ÂNUS E A PASSIVIDADE DO *KUILOT* 125
    PARIR BEBÊS: UM PROBLEMA DE ORIFÍCIOS 133
    IMPLAUSIBILIDADE DO AMOR ENTRE HOMENS 137
    ORTODOXIA, PARENTESCO E REPRODUÇÃO 139
    O AMOR *KUILOT*: COMPLEMENTARIEDADE
    E PARENTESCO SEM REPRODUÇÃO 141
    AMAR E FUGIR, OU FUGIR POR QUE SE AMA?. 152
    VIDA DE CLUBE E AMIZADE *KUILOT*. 155

REFERÊNCIAS. 169

INTRODUÇÃO

Este livro explora, no mundo nahua[1], os fenômenos em torno da constituição de uma pessoa *kuilot*, atentando para a forma em que ela emerge e se constitui a partir do "sistema de sexo/gênero"[2] nativo e observando uma determinada economia de afetos e de desejos[3] que aproxima e separa pessoas ao mesmo tempo que engendra englobamentos cujo idioma central é o amor, a alimentação e o cuidado[4]. Nesse processo, explora-se as relações

---

[1] O termo nahua é uma designação classificatória etnológica e indigenista. Ele deriva do nome geral atribuído a um conjunto de variações de uma mesma língua falada por uma série de povos ameríndios da América Central, entre os vales centrais do México e a região de fronteira entre Honduras, Guatemala e El Salvador, o náhuatl. Cada um desses povos tem, no entanto, um termo de autodesignação própria. Os Nahua serranos com os quais trabalhamos nesta pesquisa se autodesignam *maseualmej*, no plural, e *maseual*, no singular. Esses termos podem ser traduzidos como "merecedores" e "merecedor(a)"; referem-se ao fato de que para os Nahua eles sejam aqueles que cumprem com seus papéis cósmicos, realizando sacrifícios e rituais domésticos, entre outros, para manter a ordem das coisas que permitem a prolongação do chamado "presente etnográfico", isto é, "[...] o mundo atual que vai (ou ia) existindo no intervalo entre o tempo das origens e o fim dos tempos – o tempo intercalar que poderíamos chamar de 'presente etnográfico' ou presente do ethnos, em contraposição ao 'presente histórico' do Estado-nação -, esse mundo é concebido em algumas cosmologias ameríndias como a época que se iniciou quando os seres pré-cosmológicos interromperam seu incessante devir-outro (metamorfoses erráticas, plasticidade anatômica, corporalidade 'desorganizada') em favor de uma maior univocidade ontológica" (Danowski, Viveiros de Castro, 2017: 95). Ademais, como argumenta Castillo Hernández (2006), *maseual* também inclui uma noção de trabalho da terra e do sistema produtivo do milho; isto é, o trabalho da terra é um dos distintivos daquilo que significa ser *maseual*.

[2] Um sistema de sexo/gênero é, segundo Rubin (2017, p. 11), uma "[...] série de arranjos por meio dos quais uma sociedade transforma a sexualidade biológica em produtos da atividade humana, nos quais essas necessidades sexuais transformadas são satisfeitas". Trata-se da organização social da sexualidade e a reprodução de convenções de sexo e de gênero, este último entendido como uma divisão sexual imposta socialmente. Tomamos o sistema sexo/gênero num sentido análogo, ainda que, como veremos, concedemos uma noção distinta ao gênero e ao sexo corporal a partir da teoria nahua, bem como a relação entre eles e a anatomia e o social.

[3] Inspirada numa tradição da teoria da troca na Antropologia, a ideia de uma economia de afetos e desejos corresponde à forma em que sentimentos, enquanto modulações da ação e afecções do corpo e do pensamento, são produzidos, desejados e esperados pelas pessoas em suas relações de produção, consumo e troca de coisas e pessoas. O termo é diretamente apropriado de Madi Dias (2015; 29-39), mas está em diálogo com a noção afetiva de gênero proposta por Bateson (2008), com os pressupostos sociocosmológicos de uma economia de dádivas (cf. Mauss, 2017; Vanzolini, 2015; Viveiros de Castro, 2009; Wagner, 1967), que produz uma forma-dádiva de conceber pessoas, coisas e relações (cf. de la Cadena, 2015; Strathern, 2009), e com a ideia de que a produção de coisas e pessoas está, nessas condições, atrelada a um "fazer coisas pensando em alguém" (cf. Madi Dias, 2015; Strathern, 2009).

[4] Por um lado, essa ideia se relaciona com o campo semântico da palavra *nurture*, em inglês, seguindo a proposta de Strathern (2009) para o caso Hagen. Por outro, remete-se à proposta de Barad (2007) por recuperar relações de "intra-ação", isto é, situações em que entidades relacionais (humanas e não humanas) se coproduzem no interior de uma relação; diferencia-se de uma relação de interação justamente na medida em que essas entidades não preexistem às relações que as constituem. Ou seja, *nurture* é, portanto, a condição de conformação de pessoas: por meio do cuidado mútuo e da alimentação produzidos por relações é que pessoas nascem e crescem. Veremos que isso se associa intimamente com a noção de uma "economia de afetos".

entre cosmovisão, afetividade, sexualidade e produção de parentesco na constituição do corpo e da pessoa *kuilot*. A intenção é tratar do modo em que esse sujeito, alguém que parece mulher (*siuatamatik*), é tratado ordinariamente como um tipo diferente de homem ou uma mulher metafórica, mas que no ato sexual é equiparado à mulher, sendo considerado como uma. A partir daí, é possível explorar a forma em que o *kuilot* transita pelas categorias antropológicas: nem um homem, nem uma mulher, nem um homossexual, encontra-se na intersecção dessas categorias na mesma medida em que o seu estatuto varia a partir do campo relacional em que ele se coloca. O termo "ele" para se referir ao *kuilot*, no masculino, é, aliás, uma mera disfunção da escrita em português, e não uma asseveração *a priori* sobre o estatuto da personagem elencada.

UM MUNDO DE *KUILOMEJ*

No processo de produção de pessoas, bem como dos lugares a partir dos quais elas estabelecem relações entre si, os Nahua concedem um papel central à sexualidade, entendida como uma esfera de relações que engendra variações de estatutos pessoais e relacionalidades diversas. Isso é fundamental para o problema aqui colocado no que diz respeito aos contatos sexuais entre pessoas que, sob o esquema da plasticidade conceitual da ortodoxia ocidental, poderiam ser entendidas como de um mesmo sexo masculino. No entanto, essa é uma falsa tradução. Por um lado, há uma série de homens casados que têm relações sexuais e jogos de masturbação recíproca que não são encarados como *siuatamatik*; por outro, estão os *kuilomej* (plural de *kuilot*), vistos como mulheres metafóricas, como pessoas ruins para ter como parentes e como vítimas da violência sexual. Em outro sentido, o *kuilot* não é propriamente um homem ou, ainda, é um homem de outro tipo, que pode ter seu estatuto variado e ser, sob determinadas circunstâncias, como uma mulher.

Existe uma dinâmica entre desejo e amor (categorias nativas que serão exploradas ao longo deste livro), assim como entre passividade e atividade, que coloca o *kuilot* como uma pessoa produzida pela ausência: o abandono ou a variação da masculinidade. *Kuilot* é aquele que não cumpre com o seu papel social, sexual, familiar, reprodutivo e cosmológico de homem. Trata-se daquele que se produz como pessoa mediante a negação do que se esperava dele: um homem que não é pleno ou, em seu sentido estrito, um não homem. Nesse sentido, o ato sexual não aparece como o único eixo da caracterização: não qualquer pessoa de sexo masculino que mantém contatos sexuais com pessoas do mesmo sexo é considerada, pelos Nahua, como *kuilot*. Para que seja assim, é necessário que essa pessoa expresse não somente desejos por homens, mas afetos por eles, desenvolvendo, nesse sentido, uma corporalidade que poderá ser socialmente caracterizada como *kuilot*. Isto é: ele não só tem contatos sexuais com homens, como, ademais, reclama a possibilidade de sentir amor (*tasojtalis*) por eles. Esse é o sentimento que emana das relações recíprocas e que dá lugar ao acoplamento de duas pessoas para produzir uma unidade social por meio do casamento. *Tasojtalis*[5] aparenta e assemelha pessoas, produzindo algo análogo ao que Sahlins (2013) chama de "mutualidade do ser". No caso nahua, então, sexualidade e afetividade estão estreitamente vinculadas na produção do corpo e da pessoa *kuilot*.

Por outro lado, o *kuilot* está imediatamente vinculado à condição de passividade sexual, o lugar produtor e produzido pelo corpo da mulher. Ao reivindicar a possibilidade de amar um homem (e ser complementado por ele), o *kuilot* se coloca necessariamente como um diferente (não mais um homem, ele se torna outro tipo de homem ou um não homem). A junção de duas pessoas só é capaz de produz assemelhamento (pelo casamento) quando constitui uma unidade assentada sobre a diferença. Esta última decorre, nesse caso, do gênero, que separa tipos de pessoas. Para que a complementação por um homem possa ser reivindicada, sonhada e desejada, o *kuilot* nega a sua masculinidade, tornando-se, no que diz respeito à equiparação sexual, como uma mulher.

Por equiparação sexual se entende, aqui, a operação que faz com que o *kuilot* varie e se torne, por força do ato sexual, uma mulher. Nesse sentido, não deve ser entendido como a contraposição a uma importante discussão em torno da desigualdade de gênero: não é a esse problema que queremos remeter. Antes, a intenção é entender por que o *kuilot* é sexualmente uma mulher, mas não o é em outras formas de relação. Isto é, ele é mulher no ato sexual, mas é apenas uma metáfora dela, enquanto negação da masculinidade, em outras esferas da vida social. Parece, então, que se trata de um tipo de pessoa cujo estatuto em relação ao sistema nahua de

---

[5] *Tasojtalisti* é a forma substantivada do verbo *tasojta*, que é traduzido, pelos próprios nahuas, como "amar" (*nitasojta* = eu amo; *notasojtalisti* = meu amor). Na linguagem cotidiana, o substantivo pode perder o final -*talisti*, tornando-se *tasoj* (*notasoj* = *notasojtalisti*). Essa forma subtraída, no entanto, pode significar também a pessoa com a qual se mantém relações sexuais não socialmente referendadas; os nahuas a chamam de "amante" (*notasoj* = meu amor, enquanto sentimento, ou meu amante, enquanto pessoa).

sexo/gênero é instável. Durante o intercurso sexual, o *kuilot*, que não é um homem, é mulher, princípio que parece assentar-se na equiparação da mulher à passividade, mas deixa de sê-lo nas demais esferas da vida social: porque ele não é homem e nem tampouco uma mulher, ele é uma mulher metafórica e, sob o olhar arquetípico da vida social nahua, não poderia se casar, ter filhos ou amar como as mulheres. Assim, estamos diante de uma complexa forma relacional nativa de produção de pessoas que aponta para o modo em que corpos se configuram por meio do sistema nativo de sexo/gênero, o que, entre os Nahua, excede as relações de parentesco.

Em termos de reflexão antropológica, o antes dito significa que esse é um fenômeno que escapa às categorias tradicionais e tidas como universalizantes que organizam grande parte das explorações etnográficas. Em termos de McCallum (2013), o contexto que nos interessa aponta para uma experiência de mundo que excede nossas próprias categorias na medida em que os seus axiomas não refletem a criatividade nahua. Assim, gênero, sexo ou orientação sexual emergem como categorias do pensamento do antropólogo, transformadas em ferramentas do discurso antropológico sobre um contexto em que *takamej* (homens), *siuamej* (mulheres) e *kuilomej* existem estabelecendo complexas relações das quais são produtos e agentes.

No entanto, ao tratar de capturar do contexto relacional nahua o que significa ser *kuilot*, encontraremos os limites das categorias e da linguagem da descrição (cf. McCallum, 2013; Oliveira & Nascimento, 2016; Strathern, 1999, 2009). Frente a isso, e tendo em vista a ideia fundamental da variação entre as esferas do construído e do inato entre diferentes grupos humanos (cf. Schneider 2016; Wagner 2012), uma das preocupações é explicitar como o fenômeno *kuilot* transita por condições análogas ao que se entende como homossexualidade, transgeneridade ou terceiro gênero, somando-as e invertendo-as segundo cada campo relacional, mas nunca equalizando-se a qualquer uma delas (cf. Roscoe, 2000). Nesse sentido, e seguindo uma importante aposta contemporânea da Antropologia, o problema é também o de esquadrinhar e explorar os limites categoriais do pensamento, acompanhando, pela etnografia, a forma em que mundos de diferenças se interconectam de forma parcial na medida em que o próprio pensamento se transforma para produzir imagens conceituais (cf. de la Cadena, 2017; Holbraad & Pedersen, 2017; Strathern, 2004; Viveiros de Castro, 2004).

Por ser parecido a uma mulher (*siautamatik*), o *kuilot* aparece, sob o olhar da ortodoxia nahua, como um inadequado, alguém que assume uma forma irregular e, portanto, um fenômeno da antiestética, daquilo que, seguindo a Strathern (2009), deve ser escondido e feito invisível. Trata-se, numa aproximação com a linguagem da filosofia *queer*, de algo análogo ao que se chamou de "gênero incoerente", que produz uma descontinuidade entre sexo, gênero, prática sexual e desejo, elementos que emergem colados e em continuidade a partir das performances heterossexuais (Butler, 2017: 43).

Antiestético, o *kuilot* não só escapa às expectativas em torno do sistema sexo/gênero para depois se reinscrever nele como, ademais, implica um desafio e uma releitura das relações de parentesco e na formação de alianças pelo casamento justamente na medida em que questiona os caminhos adequados da produção de pessoas que ganham forma por meio das performances, trocas e capacidades que têm no gênero um eixo organizativo fundamental. E, no entanto, o *kuilot* dá um giro sobre si mesmo: ao passo que nega a unidade metafísica entre sexo, gênero e desejo que orienta a heterossexualidade arquetípica do sistema nahua[6], ele transforma seu próprio corpo para adequá-lo à sua pessoa, colocando-se como o terceiro termo de um sistema binário, aquele que insiste em variar entre ser um e outro para, por fim, ser um terceiro, recolocando, portanto, o problema do ternarismo das estruturas duais (cf. Coelho de Souza, 2013; Lévi-Strauss, 1993, 2017). No limite, as relações sexuais e amorosas entre homens e *kuilomej* são consideradas como heterossexuais, dado que os dois conformam corporalidades distintas. No entanto, trata-se de uma heterossexualidade que se produz pela negação da masculinidade *kuilot* e pelo questionamento do fundo reproducionista que organiza as relações de parentesco por consanguinidade.

Na tradição antropológica, o conceito de gênero nasce como uma importante crítica da pretensa definição "natural" dos parâmetros em torno da formação genderizada da pessoa que rondavam o pensamento social e que, ainda hoje, estão instaurados no senso comum das sociedades moderno-ocidentais (cf. Piscitelli, 2009), isto é, crítica à compreensão do gênero como uma categoria diagnóstica em que a verdade sobre alguém pode ser inferida a partir da sua medição corporal (cf. Bento, 2010a). A distinção entre sexo e gênero aparece, nesse contexto, como uma ferramenta analítica

---

[6] A unidade entre sexo, gênero e desejo é, segundo a aposta da teoria *queer*, a característica fundamental de toda heterossexualidade, não apenas aquela arquetípica do sistema nahua (cf. Bento, 2009, 2010b, 2017; Bento, Pelúcio, 2012; Butler, 2017; Miskolci, 2005, 2006, 2009; Miskolci, Pelúcio, 2007; Pelúcio, 2016, 2005; Preciado, 2008). Já Rubin (2017: 8) havia argumentado que "[...] uma única sexualidade ideal caracteriza a maioria dos sistemas de pensamento sobre o sexo".

importante no esforço de se argumentar o caráter social ou culturalmente construído do gênero, de tal forma que ele não poderia ser o reflexo do sexo anatômico, nem aquele um elemento fixo como este. A descontinuidade entre sexo (corpos sexuados) e gênero (significados culturais assumidos pelo corpo sexuado) possibilitou, então, edificar a categoria gênero como as diversas e múltiplas interpretações dos corpos sexuados (cf. Butler, 2017; Piscitelli, 2009).

O fundo naturalista desse tipo de pensamento e a reificação categorial da oposição Natureza e Cultura que ele carrega em seu âmago já foram evidenciados, entre outros, por autoras como Strathern (2014), chamando especial atenção para os perigos representados pela crítica construcionista do gênero no campo da pesquisa etnológica. Potente instrumento de desconstrução de senso comum no mundo ocidental e do questionamento das instituições euro-americanas, a descontinuidade entre sexo anatômico e gênero pode, tal como proposta em dita crítica e amarrada a um fundo de naturalismo, ser enganosa no que diz respeito à produção de conhecimento sobre os sistemas de sexo/gênero em mundos de alteridade radical, como os ameríndios e os melanésios. Isto é, não é que esteja errada a forma em que sexo e gênero são concebidos e relacionados nesta leitura, só que ela está feita a partir da divisão ontológica entre Natureza e Cultura que é própria da "Constituição Moderna" (cf. Descola, 2001a; de la Cadena, 2015; Latour, 2013), daí que se torna arriscado transladar o construcionismo como ferramenta analítica para tratar de mundos em que tal divisão ontológica não opera.

A análise aqui planejada pretende liberar as categorias de sexo e gênero de uma reificação naturalista, desvinculando o sexo de uma assumida condição corporal natural e universal que daria lugar a dois corpos naturalmente diferenciados. Nega-se, portanto, a diferença "natural" dos corpos, como se macho e fêmea fossem unidades naturais *a priori*, sem que com isso se descarte, no entanto, os elementos anatômicos que são percebidos como índices sígnicos de ação relacional. Isso será importante para o caso nahua. No entanto, tampouco procederemos a apresentar o sistema de sexo/gênero como um mecanismo de mimese, de tal forma que o gênero seja uma decorrência ou um resultado do sexo anatômico. Por meio da exploração das categorias nativas e das formas em que o sexo/gênero se dá na formação de uma estética corporal, chegaremos ao argumento de que há um colamento entre sexo, enquanto marca corporal, e gênero, enquanto apresentação relacional. Isto é, marcas corporais criam expectativas sobre a formação de uma pessoa, mas estas podem ser transgredidas, produzindo um gênero incoerente que, para fazer-se coerente, desloca a marca corporal e sígnica que diferencia o tipo de corpo. Em termos do sistema de sexo/gênero, essa transgressão seguida de deslocamento corresponde a um mecanismo de fuga e reinscrição ao próprio sistema.

Nos termos do mundo nahua, o gênero transforma o que se entende como sexo anatômico na medida em que o corpo *kuilot* passa de ser particularizado pelo pênis (*takayot*, termo equivalente para masculinidade) para sê-lo pelo ânus. Isto é, o *kuilot* deixa de operar acoplamento sexual pelo pênis para fazê-lo pelo ânus: essa marca anatômica passa a ser o eixo relacional e marcante do corpo *kuilot*. Assim, a negação da masculinidade pelo *kuilot* é uma linha de fuga do sistema que, anteriormente lógica, é sucedida por uma reinscrição dúbia: um outro tipo de homem, um não homem e uma mulher, o *kuilot* se torna um signo lunar. Trata-se de um tipo de simbolismo que se assemelha, no seio das etnografias mesoamericanistas, ao poder *nagual* e aos fenômenos lunares, que variam estatutos e cuja capacidade de transformação é seu eixo constitutivo[7].

Isso é fundamental na medida em que um sistema binário heterossexual se mantém operando no ato sexual. Com passividade e atividade marcadas, o ato sexual entre homens e *kuilomej* continua sendo entre diferentes, tal como no ato entre homens e mulheres. Em outros termos, não se trata, portanto, de um ato homossexual, ainda que os Nahua reconheçam a diferença entre o ato sexual com mulheres e com *kuilomej*. No entanto, o eixo dessa diferença está colocado sobre a própria característica intrínseca do feminino, mas exclusivo ao corpo das mulheres (devido à presença de orifícios adequados) no que tange à capacidade de parir bebês: produzir vida. Além de prazeroso como o ato sexual com os *kuilomej*, o ato com as mulheres é potencialmente reprodutivo, ele produz filhos e estes são fundamentais no próprio caminho do homem adulto, que acumula prestígio tanto pelo casamento quanto pela paternidade.

Do antes dito, decorre que o sexo, enquanto marca de um tipo de corpo, é mutável. Isso não quer dizer que o *kuilot* perde o pênis ou se readéqua para transitar corporalmente, mas que sua condição relacional

---

[7] As diferenças constitutivas entre os signos lunares e solares mesoamericanos é um dos grandes axiomas que atravessam a obra completa de Carlos Castañeda, a quem nos remetemos como inspiração, e que é retomada por Wagner na formação de sua noção de metáfora. Para além disso, essa diferença é explorada de forma mais sistemática pela etnografias maienses de Haviland (2003) e Pitarch (1996, 2013), bem como pelas etnografias wixarika de Lira Larios (2017) e Neurath (2013).

deixa de particularizar seu corpo pela marca da atividade (e, portanto, da masculinidade) para sê-lo pela passividade, o ânus. Ânus e vagina (a marca da mulher é o útero, não a vagina) são equivalentes no que se refere ao prazer, mas não o são no que se refere à vida familiar e cotidiana, dado que essa demanda reprodução e, portanto, útero. Em termos teóricos, o sistema nahua de sexo/gênero parece nos aproximar de algumas constatações da teoria *queer* na medida em que, como afirma Butler (2017: 27),

> Se o caráter imutável do sexo é contestável, talvez o próprio construto chamado 'sexo' seja tão culturalmente construído quanto o gênero; a rigor, talvez o sexo sempre tenha sido o gênero, de tal forma que a distinção entre sexo e gênero revela-se absolutamente nula.

Assim, e na linha dos argumentos da autora, o gênero nahua emerge como um aparato de produção de significados e regulação corporal. Muito menos fundamentado numa política da identidade, o sexo nahua é mais fluído do que uma noção de Natureza nos permite antever e, ademais, atrela-se a uma condição de crescimento e aprendizagem, as capacidades do homem e as capacidades da mulher, aquilo que eles devem fazer para ser homens e mulheres de verdade, em seu sentido pleno. É justamente da capacidade sexual e afetiva do homem que o *kuilot* se devia, aproximando-se, em certa medida, do caminho da mulher.

De forma geral, portanto, o argumento é de que os gêneros nahua não são o resultado natural de determinada marca anatômica, nem tampouco uma construção social ou cultural. Essa exploração etnográfica levará a concluir que as marcas corporais são elementos percebidos que se transformam em qualidades a partir das quais se inicia, mas não se encerra a produção de corpos e pessoas marcadas por diferenças de gênero. O fundamental está, como se verá, na capacidade dos conhecimentos específicos, dos afetos e dos desejos, entre outras coisas, em produzir corporalidades determinadas a partir de um contexto relacional, isto é, a forma como uma pessoa aparece, atua e se acopla (pelo casamento e pelo ato sexual, entre outras coisas) em relação a outras, também formadas pelo sistema sexo/gênero.

Nesse sentido, duas são as posturas assumidas nesta pesquisa. Em primeiro lugar, os problemas aqui tratados não são de ordem essencial, aquilo que um *kuilot* poderia ser em si mesmo, de forma independente, ainda que a apreciação da sua condição corporal seja corrente. O que interessa explorar de forma mais detalhada é o estatuto que ele assume em determinados contextos relacionais. Isto é, seguindo uma metodologia preocupada pela "lógica do sensível", passaremos da apreciação das qualidades de um corpo para a forma em que ele se comporta em relação a outros.

A aposta pela relacionalidade é também a de uma série de estudos etnológicos que se mostraram fundamentais para o delineamento do problema aqui colocado[8] e do potencial do léxico relacionalista em oferecer ferramentas analíticas adequadas para as descrições que se seguem (cf. Crook 2007; Strathern 2009; Wagner 1977). Por outro lado, interessa explorar o modo em que as pessoas são constituídas com gênero a partir de práticas e políticas que dão lugar à formação de sujeitos em relação, o que inclui coisas que se entendem como trabalho, parentesco, intercurso sexual, desejo, amizade e amor.

Isso implica, seguindo os apontamentos de Vale de Almeida (2003), que se deve, em lugar de pressupor modelos cristalizados, explicitar, delimitar e explicar a forma em que um sistema de produção e gerenciamento de diferenças e semelhanças entre pessoas ganha, para si mesmo, um determinado estatuto estético: uma forma adequada de ser-com-o-outro e ser-com-iguais. Com isso, quer se mostrar linhas de fugas, processos e escolhas que dão lugar a um mundo de relações entre mulheres, homens e *kuilomej*, dando conta do caráter contextual dos conceitos nahua. A questão central está posta, então, nas formas de variação corporal e de gênero, dando lugar a tipos numa economia de afetos, expectativas e desejos que assemelha e distancia pessoas.

CORPO, GÊNERO E ETNOGRAFIA

Em um artigo fundamental, no qual explora as relações entre sexualidade e etnologia, Belaunde (2015) argumenta que, de forma geral, a sexualidade tem sido foco de estudo das etnografias americanistas como um meio para tratar das hierarquias sociais entre homens e mulheres. Nesse sentido, afirma, poucos trabalhos se esforçaram para tratar da sexualidade como o eixo transversal e o núcleo central de reflexão antropológica. Neste livro, a sexualidade, como campo de relacionamento de diferenças a partir de se pensar e de se manter relações sexuais, é um elemento central das preocupações e se fará dela um campo de reflexão constante. No entanto,

---

[8] Mais especificamente, referimo-nos às contribuições de Belaunde (2005), Calheiros (2015), Cariaga (2015), Franchetto (1996), Hendriks (2017), Lea (2012), Madi Dias (2015), Mahecha Rubio (2013), McCallum (1989) Oliveira e Nascimento (2016), Rosa (2013) e Roscoe (2000), entre outras.

a sexualidade será assumida como um lugar a partir do qual explorar os complexos arranjos categoriais que dão lugar ao fenômeno *kuilot*. Mais precisamente, a sexualidade e as diferentes extrapolações que ela estabelece com fenômenos relacionados serão o ponto de partida para as reflexões que aqui se estabelecerão. Sexualidade assume, nesse contexto, uma acepção epistemológica derivada do estatuto concedido e alcançado em campo por um antropólogo homossexual que, nos interstícios da vida social nahua, tornou-se um tipo de antropólogo *kuilot*.

No sentido do antes dito, *kuilot* é tanto um fenômeno que se pretende explorar quanto o lugar a partir do qual se produzirão os contrastes que alimentam esta pesquisa. Ainda que de um tipo específico (outro tipo de *kuilot*), esta é uma etnografia de um antropólogo que, frente aos Nahua, parece-se com uma mulher e cujo estatuto varia entre ser um não homem ou uma mulher metafórica, segundo o tipo relacional em questão. Sexualidade é, portanto, o princípio mínimo a partir do qual se explorará o problema das categorias nativas e a forma como elas *resultam de* e *resultam em* produção de pessoas diferentes ou semelhantes. Para explorar e ordenar os elementos constitutivos de um fenômeno que transita entre o gênero e a orientação sexual, entre outras coisas, partir-se-á, portanto, da experiência concreta de um antropólogo *kuilot*.

Em seu artigo de introdução a uma inovadora coletânea de artigos sobre sexualidade e trabalho de campo, Kulick (1995) argumenta a necessidade de se tratar reflexivamente sobre as potencialidades oriundas do fato de que os antropólogos são, entre si, diferentes, e que essa diferença se deve também às práticas corporais, sexuais e de gênero que dão lugar às suas pessoas. Para o autor, é imprescindível pensar criticamente sobre fato de que os antropólogos, enquanto pesquisadores que produzem conhecimento o fazem justamente a partir de corporalidades distintas. Para o autor, as antropólogas mulheres e os antropólogos homossexuais são suscetíveis a condições de trabalho e pesquisa que se diferem no essencial dos seus pares homens e heterossexuais: as condições epistemológicas que decorrem do fato de que a antropóloga e o antropólogo, antes de serem produtores de conhecimento marcados pela experiência, experimentam o mundo como pessoas sexualizadas e genderizadas.

Para Kulick, é urgente que se pense sobre uma falaciosa neutralidade de gênero que subsiste na forma em que a Antropologia coloca seus preceitos epistemológicos, por um lado, e nas práticas e atitudes sexistas e homofóbicas no interior da disciplina, tanto enquanto corpo de conhecimento quanto no que diz respeito a um conjunto de pesquisadores, o que tornaria perigoso e menos prestigioso que se trate de determinados assuntos que são caros, em sua maioria, a mulheres e a pessoas LGBTQIAPN+, colocando em risco as carreiras de pesquisadores que não se deixam limitar pela política masculinizante do conhecimento que se disfarça na pretensa unidade do antropólogos como um tipo único (cf. Barreto, 2017). Assim, e apesar de a exploração da sexualidade e das práticas de gênero da alteridade ser um lugar comum das pesquisas antropológicas, a reflexividade em torno das práticas sexuais e de gênero nas quais os próprios antropólogos se engajam em campo é, ainda, um tabu.

Segundo Kulick, essa ausência é o reflexo de um importante mecanismo de poder que subjaz às estruturas elementares de produção de conhecimento antropológico e que blinda de críticas os princípios masculinistas e heterossexuais que regem os princípios de produção de conhecimento na Antropologia, especialmente em torno das práticas de trabalho de campo, operando o silenciamento de pessoas LGBTQIAPN+ e mulheres, para quem as questões de sexualidade e gênero nunca passam inquestionadas no que se refere à interação com a alteridade (cf. Blackwood, 1995). Nessa reprodução de mecanismos de conhecimento machistas e heterocentrados se manteriam intactas, ainda, as condições profundamente racistas e coloniais que colocam a pessoa do outro como mediação de estudo, mas que se recusa a pôr o seu próprio corpo sexualizado e genderizado como condição de conhecimento[9].

Tradicionalmente, argumenta Paerregaard (2002: 319), os antropólogos se valem da distinção "nós" e "eles" como mecanismo heurístico para operar uma descontinuidade entre aquele que realiza a pesquisa e aqueles sobre os quais a pesquisa se refere. A própria produção da autoridade etnográfica depende, nesse contexto, de que o texto mantenha a separação entre o pesquisador que vai a campo e seus interlocutores, que configuram o campo. A manutenção dessa assepsia entre um e outro é, em certa

---

[9] Aliás, como bem argumenta bell hooks (1992: 21-40), o racismo está implicado na própria forma em que concebemos e praticamos nossa concepção de sexo. Recordemos, ademais, os argumentos de Hsu (1979), recuperados por Dubisch (1995: 32), sobre uma série de passagens do diário de campo de Malinowski, em que este manifesta seus desejos pelas mulheres trobriandesas, mas descarta o contato sexual em razão de não ser ele um selvagem. Para Hsu, a recusa do contato sexual por Malinowski não é uma questão ética, mas a indicação de sentimentos de superioridade racial e cultural frente aos nativos, o que revela a força do desejo como um mecanismo analítico importante na compreensão não da sexualidade do outro, mas das condições em que o próprio desejo emerge e é capaz de produzir conhecimento.

medida, um dos sustentáculos das concepções tradicionais em torno do conhecimento antropológico.

A ideia de um observador que não influi naquilo que observa, ou que descreve as coisas como se assim fossem, bem como um desdém generalizado pelas narrativas de cunho pessoal que se alastra pela disciplina (cf. Kulick, 1995) e uma noção não problematizada do antropólogo como um tipo de personagem único (homem, heterossexual e branco), são princípios que, de uma forma ou outra, ainda assombram nossas percepções em torno de uma determinada objetividade. Meramente aparente, essa objetividade que entre outras coisas produz a assepsia sexual e de gênero dos antropólogos é uma artificialidade purificada, argumento já desenvolvido, entre outros, por Latour (2012).

No americanismo, uma importante aposta metodológica pela chave do corpo e da noção de pessoa se apresenta como porta de entrada para explorar os complexos mundos de alteridades ameríndias (cf. Seeger, DaMatta, & Viveiros de Castro, 1979), funcionando como guias para dar rendimento a uma série de outros fenômenos relacionados. Nesse contexto, os corpos são tratados não só como resultado de afecções, mas principalmente como índices capazes de revelá-las (cf. Viveiros de Castro, 2002). Assim, o corpo emerge por meio do ato que produz o sensível e torna perceptíveis as afecções (cf. Barcelos Neto, 2008). Sua força está, portanto, na capacidade de produzir relações.

Para além disso, a literatura especializada em estudos dos xamanismos ameríndios afirma tratarem-se estes de uma tecnologia corporal com um efeito-mundo, uma habilidade plástica de engendrar realidades e produzir conceitos sensíveis (cf. Barcelos Neto, 2008; Carneiro da Cunha, 1998; Cesarino, 2011; Navarrete Linares, 2016; Taussig, 1993; Viveiros de Castro, 2002). Nesse contexto, o uso de uma tecnologia corporal corresponderia a uma passagem entre mundos: uma perfuração das camadas de diferença que permite negociar relações entre o que se convenciona chamar, na linguagem pós-estruturalista, de atual e virtual, e entre o extensivo e o intensivo (cf. Viveiros de Castro, 2015).

Em termos de condições de produção de conhecimento, é justamente sobre esse ponto que se assenta a fundamental discussão sobre a negociação das diferenças por meio do pacto etnográfico. Tratar-se-ia, nos termos de Kopenawa e Albert (2015), de uma postura ética que nasce de uma transformação radical da corporalidade sobre a qual emerge o sujeito, produzindo, nesse sentido, um corpo de convivência. Uma dissolução corporal produziria o esfacelamento do sujeito, fazendo-o outro e permitindo-lhe acoplar-se a outras pessoas, o que levaria à formação de novos sujeitos[10]. O que está em jogo aqui é, como já indicavam Seeger, DaMatta e Viveiros de Castro (1979), uma noção de pessoa, ou como pessoas são produzidas.

O "eu" do sujeito que narra, que produz conhecimento, que relata uma história, que canta e que ganha um estatuto determinado por meio do discurso aparece aqui como um "mosaico narrativo": um ser habitado por uma multiplicidade de vozes (Kopenawa, Albert, 2015). As falas do xamã são, recorda-nos Albert no *Postscriptum* de "A Queda do Céu", o resultado da complexa elaboração de um "nós" que emerge da tradição e da memória dos Yanomami. O "eu" é sempre uma modulação do "nós", o resultado de uma estética e de uma poética que conferem potência e eficácia profética às palavras ameríndias (cf. Severi, 2008).

É da fusão de Davi Kopenawa com o seu sogro, um xamã muito mais poderoso que o próprio Davi, que nasce a aliança pela floresta e o "discurso cosmoecológico" que a sustenta (Kopenawa, Albert, 2015: 539). No entanto, e de forma fundamental, Kopenawa nos avisa sobre algo fundamental: sua aliança conjuncional vai além de si mesmo e de seu sogro para incluir uma multiplicidade de entidades com as quais eles se relacionam por meio da diplomacia cósmica e da tradução sensível. A conjuncionalidade e a tendência à multiplicação contida no "eu" que conhece são, nesse sentido, a raiz da capacidade plástica do xamanismo ameríndio, e, no entanto, isso só é possível por meio do corpo porque é nele que isso se dá (cf. Cesarino, 2011; Heurich, 2015). Ou, para ser mais preciso, a partir da capacidade do corpo de se transformar para ver e para conhecer daquele que é diferente. Sem corpo de convivência, como Davi poderia ver os *xapiri* ("espíritos") dançarem? Como escutar e aprender os seus cantos?

Devindo outro, transformando-se e dissolvendo-se, alcança-se outra camada de visualidade, outra dobra da realidade em que, diz Kopenawa, dançam os *xapiri*. Passar a ver é formar um corpo de convivência na mesma medida em que a própria compreensão depende de uma condição corporal. Nos termos de Kopenawa e Albert (2015, p. 518-519), "nunca se deve esquecer o quanto [...] o acesso ao conhecimento etnográfico é conquistado

---

[10] Atente-se, por exemplo, ao capítulo 5 – "A iniciação" em *A Queda do Céu*. Nele, Davi Kopenawa narra como tornar-se *"xapiri* de verdade"* é o fundamento do compartilhamento de conhecimento sobre o esquematismo cósmico yanomami (Kopenawa, Albert, 2015).

em primeiro lugar pela provação do corpo e por quanto se faz necessário atingir os limites do próprio pensamento para poder começar a descobrir o dos outros."

Isso se trata, então, da esfera do que de la Cadena (2015) apresenta como "onto-epistemologia": a condição de um conhecimento é também o desdobramento da qualidade corporal do existente. Só é possível conhecer um mundo de alteridade negociando, por meio da experiência de um corpo perceptível, os termos em que esse mesmo mundo é mobilizado. Isso coloca em clara evidência a dimensão que o corpo assume no trabalho de tradução que, desde Geertz (1989) e Wagner (2012) pelo menos, é reconhecidamente o núcleo do fazer antropológico, isto é, a tradução como dobra da experiência (cf. Leavitt, 2014).

Sem corpo não há pacto etnográfico, e sem este a Antropologia só poderia se tornar uma emulação do outro, uma mera artificialidade que não produz conhecimento a partir de diferenças, mas que multiplica imagens de si mesma como duplos que não passeiam e que não aprendem, mas que se fecham sobre si, reificando a unicidade do eu. Isto é, não se trataria de uma antropologia das antropologias dos outros (cf. Viveiros de Castro, 2015, 2016), mas de uma antropologia sobre si mesma à custa dos outros. A negação do corpo atualizado, o que inclui as suas práticas sexuais e de gênero, é, portanto, uma inversão fetichista do corpo como preceito metodológico (cf. Lea, 2018).

Ao mesmo tempo, se entendemos o corpo como parte de uma economia do si mesmo, a decomposição do sujeito inicial que leva ao pacto etnográfico e à transformação das condições onto-epistêmicas de produção de conhecimento desdobram-se numa política do ser. O real e o político estão, portanto, claramente implicados (cf. Mol, 1999). Não há realidade que anteceda a prática do mundo, mas uma realidade múltipla de acervos virtuais de possibilidades que se atualizam frente a uma corporalidade determinada. Todo corpo existe de forma atualizada: carrega qualidades sensíveis que se transformam em diferenças relacionais. Essa é a sua irrevogável condição de existência, a do antropólogo inclusive. Nesse sentido, valeria a pena se perguntar por que o americanismo tem sido capaz de conferir e compreender o complexo lugar onto-epistêmico ocupado pelo corpo do ameríndio na produção de conhecimento e na negociação dos termos que animam seus mundos, mas parece resistir-se em conceder esse lugar ao próprio corpo dos antropólogos e antropólogas.

Assim sendo, o fazer etnográfico deve ir além de uma reflexão do etnógrafo sobre a alteridade que ele experimenta. Ele deve ser uma exploração sobre os pressupostos epistemológicos que organizam não só uma autorrepresentação do pesquisador, mas também daquilo que marca o seu encontro etnográfico enquanto uma relação: a forma em que aparece frente aos outros e *quem* e/ou o *que* se torna a partir do estatuto que lhe é concedido pela alteridade (cf. Paerregaard, 2002; Rabinow, 1977; Salemink, 2003). O que o antropólogo se torna para os outros é, então, fundamental. Chamar a atenção para o lugar que se ocupa numa rede de relações é, nesse sentido, um dos desdobramentos políticos fundamentais da pesquisa etnográfica. Por um lado, ela reconhece que a condição mínima de produção de conhecimento é seu caráter localizado (Haraway, 2009): quem produz conhecimento o faz de um lugar específico marcado pela sua experiência e pessoalidade determinadas das quais o corpo é condição. Por outro lado, ela permite atentar não só para a violência que resulta da produção de conhecimento sobre o outro, e que é patente na determinação de uma compreensão do social e do relacional (cf. Aubry, 2011; Nahuelpán, 2013; Salemink, 2003), mas também para a condição de se produzir conhecimento a partir de um lugar de violência (cf. Moreno, 1995; Rubenstein, 2004).

Em suma, dar o rendimento reflexível que cabe ao corpo do pesquisador, questionando o fato de ele ter sido assumido pelo americanismo como um corpo asséptico[11], implicaria pensar as consequências práticas de que o etnógrafo seja um produtor genderizado e sexualizado de conhecimento (cf. Behar, 1993; Kulick, 1995; Moreno, 1995), marcando a produtividade de sua performance corporal como princípio onto-epistêmico[12]. Nesse contexto, isso significaria reconhecer o quanto as próprias diferenças constitutivas dos pesquisadores são transformadas em forças epistemológica para produzir as complexas e inesperadas conexões pós-orgânicas que se requerem e que permitem multiplicar mundos de compreensão (cf. de la Cadena, 2017; Haraway, 2009; Strathern, 2004; Viveiros de Castro, 2004).

Por fim, o uso que aqui se faz da categoria corpo pretende não se referir ao elemento tradicionalmente oposto à mente, à alma ou ao espírito, mas abandonar a própria oposição, entendendo o corpo como um compó-

---

[11] Trata-se de um corpo sem sexo/gênero, o mesmo tipo de corpo neutro do qual se vale a fenomenologia de Merleau-Ponty (2013), por exemplo.

[12] Ruth Behar (1993) argumenta, em *Translated Woman*, por exemplo, que para muitos ignorar a complexidade da posicionalidade de gênero na prática etnográfica não é uma opção. Ou, para reformular a questão, ignorar a complexidade da posicionalidade de gênero na prática etnográfica é, ainda, uma política do privilégio.

sito. Princípio recorrente no americanismo (cf. Vanzolini, 2015; Viveiros de Castro, 2015), a corporalidade que transcende a oposição corpo/mente para englobá-la como um todo que produz um corpo perceptível pode ser associado à herança de uma noção estruturalista de ecologia (Lévi-Strauss, 1986: 149-174), à ideia de uma ecologia da mente (Bateson, 1985) e às discussões contemporâneas sobre percepção, ecologia, vida e pensamento (cf. Ingold, 2008; Kohn, 2013; Santos-Granero, 2009; Severi, 2007). No entanto, é aos comentários de Butler (2017) sobre a proposta de liberação do corpo feminino em Beauvoir (2016) que aqui se quer remeter ao abrir mão da separação entre mente e corpo. Segundo a autora:

> Para Beauvoir, o 'sujeito', na analítica existencial da misoginia, é sempre já masculino, fundido com o universal, diferenciando-se de um 'Outro' feminino que está fora das normas universalizantes que constituem a condição de pessoa, inexoravelmente 'particular', corporificado e condenado à imanência. Embora se veja frequentemente em Beauvoir uma defensora do direito de as mulheres se tornarem de fato sujeitos existenciais e, portanto, de serem incluídas nos termos de uma universalidade abstrata, sua posição também implica uma crítica fundamental à própria descorporificação do sujeito epistemológico masculino abstrato. Esse sujeito é abstrato na medida em que repudia sua corporificação socialmente marcada e em que, além disso, projeta essa corporificação renegada e desacreditada na esfera feminina, renomeando efetivamente o corpo como feminino. Essa associação do corpo com o feminino funciona pór relações mágicas de reciprocidade, mediante as quais o sexo feminino se torna restrito a seu corpo, e o corpo masculino, plenamente renegado, torna-se, paradoxalmente, o instrumento incorpóreo de uma liberdade ostensivamente radical. A análise de Beauvoir levanta implicitamente a questão: mediante que ato de negação e renegação posa o masculino como uma universalidade descorporificada e é o feminino construído como uma corporalidade renegada? [...].

> Beauvoir propõe que o corpo feminino deve ser a situação e o instrumento da liberdade da mulher, e não uma essência definidora e limitadora. A teoria da corporificação que impregna a análise de Beauvoir é claramente limitada pela reprodução acrítica da distinção cartesiana entre liberdade e corpo. [...] Beauvoir mantém o dualismo mente/corpo, mesmo quando propõe uma síntese desses termos. A pre-

> servação dessa distinção pode ser lida como sintomática do próprio falocentrismo que Beauvoir subestima. Na tradição filosófica que se inicia em Platão e continua em Descartes, Husserl e Sartre, a distinção ontológica entre corpo e alma (consciência, mente) sustenta, invariavelmente, relações de subordinação e hierarquia política e psíquicas. A mente não só subjuga o corpo, mas nutre ocasionalmente a fantasia de fugir completamente à corporificação. [...] Resulta que qualquer reprodução acrítica da distinção corpo/mente deve ser repensada em termos da hierarquia de gênero que essa distinção tem convencionalmente produzido, mantido e racionalizado (Butler, 2017: 34-36).

Assim, a recusa à oposição mente/corpo como ferramenta de análise se dá não só porque ela é contextualizada e diz respeito a uma genealogia que leva à filosofia platônica, mas porque ela se assenta numa hierarquia assimétrica. Nela, mente e corpo se relacionam de forma irregular, de tal modo que é facultado ao primeiro a possibilidade de resistir e se negar ao último. O argumento até aqui tem sido justamente sobre a impossibilidade de fazê-lo. Mais grave ainda, como bem argumenta Butler no trecho citado, essa hierarquia é mobilizada para criar e reificar equivalências assimétricas entre masculino e feminino, por um lado, e entre corpo masculino/corpo feminino e mente masculina/mente feminina, por outro. Recai-se, então, num problema análogo àquele já destrinchado por Overing (1986) e Strathern (2009, 2014) e que leva a uma inscrição do feminino ao doméstico nas descrições etnográficas não em razão de uma criatividade nativa, mas por conta de um pensamento masculinista que ressurge na produção de contrastes entre masculino e feminino para além do sistema de sexo/gênero que subjaz à Antropologia.

Frente ao antes argumentado, assumir o lugar de antropólogo *kuilot* é uma medida para tratar de escapar a uma visão etnocêntrica das relações de gênero, por um lado, e à produção de tipos homogêneos, por outro. Uma análise de gênero que toma como ponto de partida a diferença (cf. Maizza, 2017) permitiria escapar tanto à assepsia corporal do antropólogo que se reproduz por tradição nas estruturas elementares de produção de conhecimento etnográfico quanto à fabricação do outro como unidade[13]: a inscrição das diferenças entre as perspectivas de mulheres, homens e

---

[13] Essa é também a crítica que autoras feministas de países da periferia do capitalismo dirigem ao feminismo hegemônico: é artificial e colonial a produção da mulher como uma unidade homogênea (cf. Hernández Castillo, 2001; Mohanty, 1984; Tripp, 2008).

kuilomej permitirá encontrar importantes conflitos ontológicos no que diz respeito ao mundo nahua.

Segundo Napolitano (2017), todo acervo de pressupostos sobre a realidade, aquilo que Almeida (2013) entende como ontologia, é atualizado, ou parcialmente vivido, por corpos marcados pelo gênero. Nesse sentido, preocupa a forma em que a exploração das conexões parciais e das incomensurabilidades ontológicas podem se ver alteradas se o problema das diferenças de gênero se torna o eixo da reflexão antropológica. Se acervos de pressupostos sobre o que existe são ainda mobilizados na tensão entre materialidades, tornando-as de algum modo produtivas, então conexões parciais devem ser também vividas por meio da sexualidade e da força produtiva que emanam das relações sexuais e reprodutivas. Entre outros, essa proposta se soma à de Napolitano (2017) e à de Hendriks (2017) em torno da necessidade de gendrificar e transviar[14] a chamada "virada ontológica" na Antropologia (cf. Holbraad; Pedersen, 2017).

Nesse sentido, o gênero como uma modulação de agência, compreensão proposta por autores como Lea (2012), McCallum (1989), Menéndez (1997) e Strathern (2009), incorpora-se, então, na agência do antropólogo como ser gendrificado e sexualizado que constrói conhecimento justamente por meio do axioma das relações de gênero, confrontando a ortodoxia nahua, mapeada no capítulo primeiro, com os questionamentos direcionados a ela pelos *kuilomej*, tal como se mostrará pelos contrastes operados no capítulo segundo. Devemos ter claro, no entanto, que a noção de agência ou agenciamento aqui utilizada descansa nos pressupostos nahua, de tal modo que muitas vezes a agência emerge como capacidade inata ou elementos que não requerem uma postura ativa. Num sentido análogo, e preocupada pela forma de agenciamento das mulheres muçulmanas no Egito, Mahmood (2001: 212) já havia argumentado que as qualidades que ela chama de agência, tais como a piedade e a docilidade, poderiam ser vistas como sinais de passividade pelo olhar de certo feminismo ocidental, ou bem como a antítese daquilo que entenderíamos como uma posição de agente.

É da minha categorização como um tipo de *kuilot* que essa etnografia se coloca como lugar de produção de conhecimento. Nesse sentido, beneficia-se da convivência direta por cerca de três anos com os Nahua, período no qual trabalhei, alimentei-me, apaixonei-me, desejei e fui desejado, fui

---

[14] Transviado é a tradução proposta por Bento (2014, 2017) para a recepção, no Brasil, dos estudos *queer*. Seguindo a autora, neste livro usaremos o termo transviado como a tradução, em português, do termo *queer*.

assediado, entrei no sistema de cargos rituais e construí relações de amor e amizade que me assemelharam a algumas pessoas e me distanciaram de outras (cf. Maciel, 2018b). O universo de relações que diz respeito a uma mistura de coisas em que corpo, desejo, parentesco, gênero, origem, afetividade, amizade, língua e trajetória se tensionam e produzem tipos de pessoas. O lugar a partir do qual faremos isso é aquele ocupado por um antropólogo homossexual que se torna *kuilot*, um lugar do qual amar, aprender e se relacionar com os demais. Um lugar para encontrar com pessoas que não só praticam, mas que também pensam e conceituam o sexo, o amor e as suas relações interpessoais (cf. Hendriks, 2016).

CUETZALAN E SAN MIGUEL TZINACAPAN

San Miguel Tzinacapan é o lugar em que esta pesquisa se desenvolve. Trata-se de uma localidade do Município de Cuetzalan del Progreso, localizado no segmento norte e oriental da Serra Norte de Puebla, um dos estados da República Mexicana. De forma geral, a Serra está conformada por cadeias relativamente individuais, comprimindo umas às outras e formando altiplanos entre elas. O complexo montanhoso pode ser separado em duas partes: a zona alta, mais fria e formada por bosques, e a zona mais baixa, mais quente e tropical. Trata-se de uma região de humidade elevada, com chuvas abundantes e constantes, e relevo bastante escarpado. Nela, ademais dos Nahua, encontram-se populações totonaca, tepehua, otomi e mestiças. A norte, a Serra de Puebla é contigua com o estado de Veracruz, e a oeste, com o estado de Hidalgo. Ela está formada por 68 municípios e é uma das regiões do país com maior biodiversidade e abundância de "recursos naturais" (Maciel, 2015: 117).

O município de Cuetzalan del Progreso se encontra a cerca de mil metros acima do nível do mar, ocupando parte do vale do Rio Tecolutla, e sendo cruzado, ademais, pelo rio Apulco. No geral, a hidrografia do município está marcada por uma série de pequenas fluxos de água e uma enorme quantidade de cachoeiras, o que, entre outras coisas, torna o lugar um destino turístico importante: o município mais visitado da Serra. A proximidade com o Golfo do México produz um clima cálido no qual prevalece a alta humidade: a chuva e a neblina são constantes durante a maior parte do ano. Entre outras razões, isso produz uma exuberante vegetação de tipo semitropical e grande variedade de flora e fauna. Ainda que grande parte da cobertura vegetal tenha sido já extraída, existem no município importantes bosques mesófilos de montanha, com espécies vegetais tais como o liquidâmbar (*Liquidambar Styraciflua*) e o jequiri (*Sapindus saponaria*). São abundantes as orquídeas, as hortênsias, as azaleias, lírios e uma série de helicônias.

Toda a Serra Norte de Puebla, assim como sua vertente veracruzana, é a parte central do *Totonacapan*, o território tradicional totonaca. Isso se deve ao fato de que a região era habitada por esse povo até o século X. Depois disso, os Totonaca foram deslocados pela pressão de duas ondas de migrações nahua, uma por volta de 900 d.C. e outra ao redor do ano 1400 d.C., quando a região passou a ser tributária dos senhores nahua de Tenochtitlán, os astecas. Segundo Arizpe (1973), as duas ondas de migração nahua se deram, primeiro, com os deslocamentos de populações chichimeca do norte do México em direção ao sul e, mais tarde, com a escassez de terras no vale do México, por volta de 1454, durante o domínio asteca. No entanto, diz a autora, foram dois os grupos nahua que se direcionaram à Serra de Puebla na segunda onda de migrações durante século XV: falantes de língua náhuatl vindos dos altiplanos centrais do atual estado de Hidalgo, e os falantes de língua náhuat oriundos do centro e do sul do atual estado de Puebla (Arizpe, 1973: 30). No entanto, os trabalhos de recopilação da tradição oral na região indicam que os Nahua de Cuetzalan reconhecem outras duas origens: povos vindos de Texcoco e outros, de Tlaxacala (cf. TTO, 2009)[15].

Segundo Beaucage e TTO (2012: 67)[16],

> [...] a região, formada por cacicados independentes, nahua e totonaca, foi submetida ao *tlatoani* (imperador asteca) só vinte anos antes da chegada de Cortés. Seus habitantes praticavam uma agricultura de subsistência baseada no milho, na pimenta e outras verduras, algodão e criavam 'galinhas do

---

[15] TTO é a abreviação de Taller de Tradición Oral del Cepec. Trata-se de um grupo de antropólogos nativos, falantes maternos de língua náhuatl, que, há cinco décadas, realizam um trabalho importante de registro e divulgação da tradição oral, contos, mitos e narrativas da região de Tzinacapan. Além disso, seus membros produziram dicionários e gramáticas da língua náhuatl, colaboraram com pesquisas etnográficas de fôlego, especialmente com o antropólogo canadense Pierre Beaucage, e desenvolveram materiais e métodos pedagógicos inusitados para o funcionamento das escolas de educação intercultural indígena da região (cf. Maciel, 2015). A maior parte dos membros, homens e mulheres, são também professores de educação básica.

[16] Tradução ao português do seguinte trecho: "[...] *la región, formada por cacicazgos independientes, nahuas y totonacos, fue sometida al* tlatoani *(emperador azteca) sólo veinte años antes de la llegada de Cortés. Sus habitantes practicaban una agricultura de subsistencia basada en 'maíz, chile y otras verduras', algodón, y criaban 'gallinas del país' (guajolotes) y abejas. Iban a cazar y a recolectar en las montañas boscosas de los alrededores y pescaban en los ríos"* (Beaucage; TTO, 2012: 67).

país' (perus) e abelhas. Caçavam e colhiam nas montanhas de bosques do entorno e pescavam nos rios.

A conquista espiritual e a evangelização dos povos indígenas da Serra foram encabeçadas pela ordem dos franciscanos. De fato, a Igreja central da cidade de Cuetzalan é devotada a São Francisco de Assis, o santo padroeiro do município. Segundo Mejía Flores (2010), a evangelização da Serra foi, ademais de tardia, obstaculizada pela falta de agentes evangelizadores e pelo difícil acesso às comunidades. Nesse sentido, a autora considera que tal processo foi apenas parcial, de tal modo que os franciscanos terminaram cedendo para uma forma de religiosidade católica bastante retorcida pelas práticas indígenas. Se, como coloca Vanzolini (2018: 326), as transformações dos mundos ameríndios "[...] só podem ser entendidas como processos dos quais os índios são sujeitos, e não objetos", de tal modo que toda mudança só pode ser entendida em seus próprios termos, o que Mejía Flores (2010) nos permite ver é que os Nahua de Cuetzalan foram sujeitos de mudanças num contexto de menor constrangimento e violência colonial do que as que tiveram lugar no altiplano e nos vales centrais, onde se localiza a Cidade do México e a cidade de Puebla, por exemplo. Daí que Castillo Hernández (2007: 51), ainda que parta de uma noção preservacionista de cultura, afirme que a presença de "vários elementos culturais" que remontam ao período pré-hispânico e que se encontram ainda vigentes entre os Nahua de Cuetzalan seja uma prova de que a penetração espanhola na Serra de Puebla tenha sido muito lenta durante a colônia.

De forma geral, a partir da segunda metade do século XVII, um intenso processo de espoliação de terrenos começou a tomar lugar em Cuetzalan para assentar famílias *criollas*. Junto a isso, trabalhos compulsórios e uma série de epidemias afetaram sobremaneira as condições de vida das populações indígenas. Tal situação mudou muito pouco com o processo de independência formal do México em relação à coroa espanhola. De forma sumária, a estrutura de poder político e de posse da terra se manteve intacta. A partir de 1808, parcelas significativas de terras ocupadas pelos Nahua foram outorgadas, pelo Estado, a colonos europeus. Na parte baixa, as melhores terras foram confiscadas e entregues a migrantes para a prática de pecuária e de cultivos tropicais.

No contexto das reformas liberais, a chamada Lei Lerdo, como ficou conhecida a *Ley de Desamortización de las Fincas Rústicas y Urbanas de las Corporaciones Civiles y Religiosas de México*, de 1856, propiciou uma penetração maior de população não indígena na Serra. Terras comunais que eram ocupadas pela população indígena foram decretadas como terrenos baldios e apropriadas pelo Estado para serem entregues aos novos colonos. Nesse momento, transformou-se completamente a forma de posse da terra na região, desaparecendo as comunidades agrárias e substituindo-as por propriedades privadas. O resultado foi não só o assentamento de um enorme contingente de população mestiça, mas também o deslocamento massivo dos povos ameríndios das suas terras. Como resultado,

> [...] a partir de 1855, sucede uma série de levantamentos nahua e totonaca contra as instituições impostas irracionalmente aos indígenas por parte da sociedade mestiça que, apoiada pelo exército, mantinha sobre eles um sistema de exploração (Diego Quintana, 2003: 15)[17].

Depois de anos solicitando a restituição dos terrenos, sem obter resposta do Estado, as comunidades nahua tomaram as armas num conflito que tem seu auge em 1868, quando a sede do município de Cuetzalan foi tomada pelo grupo rebelde liderado por Palagustín. Depois de terem liberado parte dos terrenos e de terem colocado fim a uma série de privilégios de comercialização e uso de infraestrutura cedidos aos mestiços pelo Estado em detrimento dos ameríndios, a rebelião foi derrotada pelo exército de Puebla, enviado pelo governador para deter Palagustín. As terras tornaram a ser entregues aos mestiços e, depois disso, estes foram assumindo cada vez mais preeminência no controle político e fundiário da região.

Na década de 1870, migrantes italianos introduzem a cultura do café, que se tornaria a principal atividade da região por mais de um século, substituindo paulatinamente a produção de cana-de-açúcar e de algodão. Enquanto estas últimas eram controladas diretamente pela população indígena, o que lhe permitia maior independência da gestão mestiça (Stresser-Péan, 2003: 426), o cultivo do café passou a ser controlado maioritariamente pelos mestiços. De forma geral, a cafeicultura subordinava o pequeno produtor a uma rede de intermediários, o que permitiu o surgimento de uma pungente burguesia comercial que, ao mesmo tempo que controlava a circulação do café e dos bens básicos de consumo, começou a substituir o poder dos caciques locais.

---

[17] Tradução ao português do seguinte trecho: *"[...] a partir de 1855, suceden una serie de alzamientos de nahuas y totonacas 'en contra de las instituciones impuestas irracionalmente' a los indígenas por parte de la sociedad mestiza que, apoyada por el ejército, mantenía sobre ellos un sistema de explotación"* (Diego Quintana, 2003: 15).

Conforme nota Almeida Barrera (2013: 26)[18],

> Ao longo do século XX em Cuetzalan se produziram transformações significativas na vida social das comunidades indígenas como consequência da construção de estradas, o incremento do comércio, o impulso de programas governamentais para o desenvolvido agrícola, a introdução de escolas e dos serviços de saúde, e pela presença cada vez maior da Igreja Católica.

O crescente fluxo econômico produzido pela economia do café permitiu, até meados da década dos anos 1970, a construção de certa infraestrutura de transporte e serviços, como energia elétrica e água entubada. No entanto, ela beneficiou de forma desproporcional aos mestiços, em detrimento das comunidades indígenas. Essas condições, somadas ao contínuo processo de espoliação de terra, agora vinculados aos grandes projetos de extração de "recursos naturais" e produção de energia elétrica, acentuaram as assimetrias produzidas pelas relações coloniais. Na década de 70, um novo conflito agrário é detonado, do qual emergiu uma série de organizações nahua, que hoje atuam na construção e demanda por esferas de autonomia (cf. Maciel, 2015).

De forma geral, as relações coloniais estruturam as interações entre mestiços e Nahua, produzindo uma complexa hierarquia étnica e linguística. Assim, os mestiços, residindo majoritariamente na sede do município, a cidade de Cuetzalan, e monolíngues em espanhol, exercem controle sobre a estrutura governamental e econômica do município, enquanto os Nahua sofrem continua intromissão da política do Estado e dos mestiços. Aliás, o governo municipal, bem como o do estado de Puebla e o federal são vistos pelas comunidades indígenas como esferas mestiças: o Estado atua em benefício deles; é uma máquina de espoliação colonial. Essa configuração ressoa aquela já apontada por Quijano (2000), por exemplo. Por fim, existe uma hierarquia linguística fundamental: os mestiços falantes de espanhol no topo e as pessoas nahua monolíngues em *maseualtajtol* (náhuat) na base, tendo como intermediários as pessoas nahua bilíngues.

Para os mestiços, eles são "gente de razão", enquanto os Nahua são "gente de calção", referindo-se às calças de algodão branco usados pelos

---

[18] Tradução ao português do seguinte trecho: "*A lo largo del siglo XX en Cuetzalan se produjeron significativas transformaciones en la vida social de las comunidades indígenas como consecuencia de la construcción de carreteras, el incremento del comercio, el impulso de programas gubernamentales para el desarrollo agrícola, la introducción de escuelas y de los servicios de salud, y por la presencia cada vez mayor de la iglesia católica*" (Almeida Barrera, 2013: 26).

ameríndios; essa é uma designação pela qual os povos indígenas são também referidos em outros contextos mexicanos (cf. Bartolomé, 2006). Para os Nahua, eles são os *maseualmej*, termo plural de autodesignação, enquanto os mestiços seriam os *koyomej*. Esse termo é a forma plural de *koyot*, "coiote". Ela designa os mestiços desde o período colonial e implica a sua intenção, como a dos coiotes, de arrebatar, de tomar coisas dos outros. Os mestiços que não arrebatam são chamados, por sua vez, de *koyotsin*, "coiotinho": não morde.

Os mestiços são vistos com desconfiança pelos Nahua. Cotidianamente, são descritos como pessoas com más intenções, que exploram o trabalho dos pobres, pagando-os quase nada, e humilhando-os. A própria ideia de pobreza parece estar atrelada ao fato de que se é indígena. Para os Nahua, é quase inconcebível que um mestiço seja pobre; a pobreza parece ser uma exclusividade dos indígenas. No contexto de Cuetzalan, isso não quer dizer que todos os Nahua sejam pobres, mas que todo pobre é Nahua.

Segundo o censo populacional de 2010 do Instituto Nacional de Estatística e Geografia (Inegi), o município de Cuetzalan del Progreso tem uma população de pouco mais de 47 mil habitantes. Ademais, o município é considerado como não urbano, com a maioria da população vivendo em zona rural, e de alto grau de marginalidade. De fato, apenas 13% da população do município, cerca de 6 mil pessoas, reside na sede do município, a cidade de Cuetzalan, enquanto quase metade da população municipal, cerca de 21 mil habitantes, mora em conglomerados familiares de até no máximo 500 pessoas.

San Miguel Tzinacapan é a localidade do município com a segunda maior população (depois da sede), com cerca de 3 mil habitantes. Desses, apenas cerca de 150 não se declaram indígenas. De fato, a língua mais falada no município de Cuetzalan é o náhuat, o que faz do município a entidade da república com o maior número de falantes nativos do idioma. No entanto, "Tzinacapan é a comunidade do município onde o mexicano [outra forma de se referir ao náhuatl] [...] mantém uma maior vitalidade que em outras comunidades e onde seus falantes o conservaram em todos os âmbitos da vida cotidiana" (Zamora Islas, 2009: 3)[19]. O comentário de Zamora Islas, ademais de remarcar o fato de que Tzinacapan seja a localidade municipal com maior número de falantes de náhuat, aponta

---

[19] Tradução ao português do seguinte trecho: "*Tzinacapan es la comunidad del municipio donde el mexicano [...] mantiene una mayor vitalidad que en otras comunidades y es donde sus hablantes lo han conservado en todos los ámbitos de la vida cotidiana*" (Zamora Islas, 2009: 3).

para um fenômeno fundamental: o náhuat é a língua franca do lugar, usada inclusive pelos órgãos administrativos vinculados ao governo, como a sub-prefeitura, algo pouco corrente em outras comunidades, em que o idioma se vê confinado ao âmbito das relações domésticas[20].

Desde a década de 1980, pelo menos, Cuetzalan é palco de um dos mais intensos processos de emersão da política ameríndia no contexto mexicano. Os Nahua organizados têm produzido esferas de autonomia e autogestão em diferentes esferas da vida social, como na produção de alimentos, na produção e venda de produtos agropecuários, na construção de programas de habitação, de saúde e de educação básica, entre outras coisas. Atuam diretamente sobre a documentação, pesquisa, ensino e reavivamento lin-guístico do náhuat, e dirigem organizações em defesa dos direitos coletivos dos povos indígenas, incidindo diretamente sobre as relações assimétricas entre homens e mulheres com políticas nativas de gênero.

Por fim, as organizações nahua de Cuetzalan conseguiram implemen-tar uma legislação local de gestão do território que passa por assembleias locais e veda o território municipal das diferentes concessões a empresas de capital nacional ou internacional e da construção de grandes complexos hoteleiros, de tal forma que determinam o uso da terra e a distribuição dos recursos hídricos. Por fim, são parte de um pungente movimento serrano, que extrapola Cuetzalan, e que pretende defender o território da Serra Norte de Puebla dos chamados "megaprojetos" de infraestrutura e exploração de recursos naturais, conhecidos localmente por "projetos de morte". Como bem indica um dos interlocutores nahua de Bartra et al. (2004: 25), "[...] os poderosos não entendem somente com razões, precisam sentir a força do povo"[21].

SOBRE O TEXTO

Este livro está redigido em primeira pessoa. O uso da primeira pessoa do singular (eu) diz respeito à convivência direta com os Nahua, remon-tando, portanto, às experiências diretas do campo. Quando a primeira pessoa estiver no plural (nós), a ideia é menos remontar a um plural real que

---

[20] Vale a pena mencionar que os mestiços cuetzaltecos se referem ao espanhol como uma língua e ao náhuatl, como um dialeto, o que, para Beaucage e TTO (2012: 28), é reflexo da hierarquia colonial, étnica e linguística, do município.

[21] Tradução ao português do seguinte trecho: "[...] *los poderosos no entienden sólo con razones, necesitan sentir la fuerza de la gente*" (Bartra et al., 2004: 25).

inclua o autor e o leitor do texto, do que dar conta dos dois momentos que produzem a escrita etnográfica. Nesse sentido, a primeira pessoa do plural pretende inscrever o momento da escrita, isto é, aquele em que o etnógrafo recria a experiência com finalidade conceitual, sendo, assim, da ordem da análise antropológica. A primeira pessoa do singular indica o momento da descrição, enquanto a do plural aponta para a elaboração etnográfica.

Em um importante ensaio metodológico, Strathern (2014) argumenta que o efeito etnográfico, o processo que produz etnografia, dá-se no movimento entre dois momentos, dois tipos de campo: o primeiro é aquele que se produz no encontro com os nativos, enquanto o segundo, que o sucede, delineia-se na produção da escrita. Segundo a autora, é nesse segundo momento que o etnógrafo recria os efeitos da convivência com a alteridade, ainda que eles sejam da ordem do primeiro momento. No argumento de Strathern, a escrita produz um segundo campo, de tal modo que o produto final, a etnografia, é um ir e vir entre ambos os momentos que a produzem, um habitar o fluxo entre eles que, ao mover-se, também recria a ambos. É nesse sentido que a autora aposta pela antropologia como uma ficção; uma que é controlada pela experiência e que, ademais, produz efeitos. Tanto no primeiro quanto no segundo momento, a produção da etnografia é uma implicação com relações a partir das quais se tecem redes de sentido em forma de texto. O primeiro campo é, para Strathern, antecipatório do segundo e, ademais, aberto àquilo que ele demandará. A escrita demanda da experiência na mesma medida em que esta antecipa o formato daquela.

O que pretendemos com o uso da primeira pessoa do singular e do plural é permitir visualizar as demandas e os fluxos entre os dois momentos que constituem o efeito etnográfico, ainda que a separação completa entre as esferas seja, no limite, impossível. No entanto, o esforço é especialmente importante no nosso caso tendo em vista as condições de produção dessa etnografia, que se vale de um "trabalho de campo" recordado, e que se beneficia de uma convivência estendida com os Nahua, mas que é anterior ao nascimento do próprio problema de pesquisa. Este livro é, portanto, a elaboração sobre uma experiência que antecede um problema de pesquisa, ou, em outros termos, é o resultado de um questionamento que nasce da própria convivência com os Nahua entre os anos de 2012 e 2015.

Ao longo do texto, uma série de comparações etnográficas serão operadas. A ideia é produzir contrastes que nos ajudem a iluminar os problemas que tratamos. Para isso, nos valeremos tanto de etnografias nahua e mesoamericanas, no geral, quanto de etnografias das terras baixas sul-americanas. Além disso, materiais sobre outras áreas etnográficas americanas aparecem eventualmente. Em especial, estabelecemos um franco diálogo com as pesquisas de Madi Dias (2015, 2017), sobre os *omeggid* Guna, e de Hendriks (2016, 2017), sobre a homossexualidade dos *fioto* das zonas urbanas do Congo, assim como com contribuição de autores do campo dos estudos de gênero e sexualidade, em especial aqueles atrelados aos estudos transviados.

Por fim, e apesar de concordarmos com a necessidade de desmontar o cânon pré-hispânico que constrange a agenda de pesquisa etnográfica no contexto mesoamericano[22] (cf. Pitarch, 2013), ao longo deste livro efetuaremos importantes contrastes entre os nossos dados etnográficos e o material etno-histórico sobre os Nahua pré-hispânicos. O motivo por trás desse esforço é menos o de medir o grau de "preservação cultural" dos povos contemporâneos, usando os dados pré-hispânicos como vara de medir a indianidade dos *sanmigueleños*[23], do que buscar uma determinada forma de explorar e encarar o chamado dualismo mesoamericano (cf. López-Austin, 1994).

Ademais desta introdução, este livro conta com duas partes. No primeira delas, o esforço será o de encontrar os elementos básicos do sistema nativo de sexo/gênero nahua. Para tanto, esquadrinharemos uma teoria nativa dos afetos, em especial a oposição entre *tasojtalis* ("amor") e *nexikolisti* ("inveja"), para entender de que forma as emoções se formam num contínuo entre saber, fazer, pensar e oferecer algo a alguém, delineando uma epistemologia nahua vinculada ao gênero. Nesse contexto, ver-se-á que a oposição amor/inveja é produtora de efeitos fundamentais no que tange às relações de parentesco. Para isso, explorar-se-á o modo em que homens e

---

[22] Conforme argumenta Pitarch (2013), os estudos etno-históricos têm definido a agenda de pesquisa mesoamericana inclusive no que diz respeito à produção de conhecimento etnográfico. A isso o autor chama de "cânon pré-hispânico". De forma contundente, Pitarch argumenta que os dados sobre os povos mesoamericanos pré-hispânicos são frequentemente usados como medição para verificar o grau de indianidade dos povos contemporâneos. Em muitos sentidos, então, a etnografia mesoamericana pôde avançar pouco em razão de continuar refém da agenda dos estudos etno-históricos. Para Pitarch, é fundamental que os etnógrafos mesoamericanistas se tornem autônomos em relação às pesquisas históricas para que, por fim, faça-se justiça à criatividade dos povos contemporâneos, que de forma alguma são menos ameríndios que seus antepassados pré-hispânicos.

[23] *Sanmigueleño* é o gentílico de quem é originário de San Miguel Tzinacapan, lugar onde se desenvolveu esta pesquisa. Apesar de alguns Nahua questionarem se é correto valer-se do nome do Santo Padroeiro para autodenominar-se, o que poderia parecer um "pecado", trata-se de um termo recorrente do qual os Nahua se valem para se diferenciarem entre si segundo a pertença comunitária e territorial no interior do município de Cuetzalan del Progreso.

mulheres se engajam na produção de suas relações e de que forma a complementariedade por meio do casamento se torna central para a trajetória de uma pessoa nahua. A intenção é evidenciar o fundamento heterossexual do parentesco nahua, mostrando como as trocas entre pessoas de sexo cruzado é o eixo da constituição das unidades sociais mínimas, isto é, os casais.

Apesar de não apresentar grandes novidades à etnografia nahua, uma vez que os temas já foram tratados em outros trabalhos que nos antecedem e que serão indicados ao longo da leitura, o capítulo primeiro é fundamental por duas razões. Em primeiro lugar, retomamos o esforço de Taggart (2007) em buscar os afetos nahua como eixos de análise, mas o fazemos a partir das linhas críticas e inventivas de uma antropologia das emoções inspirada no trabalho de Surrallés (1998, 2003) com os Candoshi. Cremos que a contribuição de Surrallés, atenta para a plasticidade conceitual ameríndia e para uma dinâmica que se propõe a escapar da dicotomia entre corpo e mente, permite-nos alcançar novas camadas de compreensão sobre os afetos nahua. Nesse sentido, nossa contribuição é, a partir de uma crítica implícita das interpretações correntes, reorganizar os dados da etnografia nahua a partir de nossa experiência. Trata-se, portanto, de uma reinvenção da interpretação.

Por outro lado, o capítulo é central no mapeamento de algo que chamaremos, ao longo do texto, de ortodoxia nahua. O que desenharemos no primeiro capítulo é um mapa conceitual e relacional que é questionado pelos *kuilomej*. Em outro sentido, o segundo capítulo coloca os termos do primeiro capítulo não como verdade absoluta, mas como um léxico a partir do qual os *kuilomej* operam aberturas ontológicas. Nesse sentido, a noção de amor inicialmente mapeada terminará sendo transtornada pela recusa *kuilot* ao reproducionismo em que se fundamenta a complementariedade nahua. Isto é, o que parece ser, no primeiro capítulo, um fundo comum a todos os Nahua, emerge, no segundo capítulo, como uma das perspectivas em torno de um conflito ontológico sobre a constituição do amor e os elementos que formam o parentesco nahua. Assim, o primeiro capítulo é fundamental porque coloca as bases sobre as quais o segundo capítulo se edifica. É nele que encontraremos o léxico a partir do qual os *kuilomej* atualizam a sua versão do mundo, ou, para ser mais preciso, as formas em que eles poderiam se reinscrever ao sistema nativo de sexo/gênero ao mesmo tempo que o transviam.

SIUATAMATIK: DIVERSIDADE DE GÊNERO NAHUA

No segundo capítulo, entraremos mais diretamente no mundo dos *kuilomej*. Exploraremos a forma em que a sexualidade e a reprodução atuam como campos de materialização do corpo e da pessoa *kuilot*. Veremos como a ortodoxia nahua recai sobre os *kuilomej* como uma aparente interdição ontológica, como se, para homens e mulheres, os *kuilomej* não pudessem amar (em termos nativos). Fundamentalmente, no entanto, mostraremos como os *kuilomej* entendem que são os demais quem não os sabem amar. O capítulo é, pois, o mapeio de um conflito ontológico entre duas assertivas: (1) os *kuilomej* não amam e (2) os outros não sabem amar os *kuilomej*.

Para dar conta dessa empreitada, começaremos a segunda parte deste texto explorando o dualismo mesoamericano a partir de uma lógica que vai da cosmogonia às práticas cotidianas de ação sobre o mundo. A ideia é delinear como masculino e feminino emergem, no mundo nahua, como eixos relacionais e modos de simbolização. Veremos, em seguida, como o dualismo recai sobre os corpos de homens, mulheres e *kuilomej*, mostrando de que forma as marcas corporais, atuando como signos, produzem limites para que os *kuilomej* se engajem, produzam e multipliquem alguns tipos de relações. No âmbito da sexualidade o *kuilot* é, como dizíamos, uma mulher, mas é um não homem no âmbito do parentesco e do amor, limitado pela inadequação corporal, ou seja, pela ausência de um orifício que o exclui do âmbito da reprodução. Por fim, terminaremos o capítulo tratando do modo em que os *kuilomej* transviadam o parentesco nahua e, por meio da amizade, produzem novos modos de vida.

Para terminar esta introdução, lanço um aviso: as personagens deste livro são fictícias. Elas foram produzidas para dar conta dos problemas que levantamos ao longo do texto. No entanto, não são personagens fabulares: elas nascem de experiências e narrativas concretas. O que fizemos foi, então, confundir as experiências, ligando-as a nomes e a pessoas que, se bem aparecem como uma ou duas, podem se referir a três, quatro ou mais, bagunçando identidades reais. Por um lado, pretendo preservar os nomes dos meus amigos, por outro, não pretendo recorrer à autoridade dos eventos como forma de recriá-los controladamente na busca do desenho conceitual que aqui nos interessa. Nesse sentido, se bem Miguel, Gerardo e Fernando, alguns dos nomes que aparecem no texto, são não só pseudônimos, mas personagens criados da fusão e divisão de diferentes histórias vividas em campo, além das minhas próprias, todos eles emergem por meio da experiência. Os personagens são criados, mas os eventos, as histórias e as falas são todos recriados.

GÊNERO E PARENTESCO:
UMA ECONOMIA DE TROCAS AFETIVAS

Neste capítulo, a descrição etnográfica se concentrará na empreitada de, levando o gênero ameríndio a sério (McCallum, 1999: 157-158), mapear as relações entre homens e mulheres na constituição das unidades domésticas *maseualmej* (nahua), bem como aquelas que se estabelecem em seu interior e entre elas, transformando-as em dispositivos de reflexão antropológica. A intenção é buscar os fundamentos básicos de algum "sistema sexo/gênero" (cf. Rubin, 2017) atentando para a centralidade de uma economia dos afetos. Nesse processo, buscar-se-á encontrar a capacidade das emoções de produzir efeitos, constituindo forças sociais que engendram parentesco.

Em outros termos, buscaremos entender de que forma, entre os Nahua, *tasojtalis* ("amor") e *nexikolisti* ("inveja"), enquanto categorias nativas, são forças sociais de acoplamento e separação de pessoas (cf. Gow, 1989; McCallum, 1989; Overing, Passes, 2000; Rosaldo, 1991; Santos-Granero, 1991; Wagner, 1967). Para ser mais preciso, *tasojtalis* é o que permite a produção e o crescimento de pessoas, algo análogo ao que Barad (2007) chama pelo termo de "intra-ação": uma relação que permite a constituição de entidades relacionais (cf. Allen, 2017; de la Cadena, 2015)"title":"Earth Beings: Ecologies of Practice across Andean Worlds","type":"book"},"uris":["http://www.mendeley.com/documents/?uuid=457b1b44-1457-407d-bbc1-b0209141b-89f"]}],"mendeley":{"formattedCitation":"(Allen 2017; de la Cadena 2015. Atentando para a necessidade de rastrear emoções em torno dos fenômenos que têm sido chamados de "divisão sexual do trabalho", "organização social" e "unidade doméstica", chegar-se-á a uma posição analítica diferente das interpretações mais correntes em torno da complementariedade nahua entre os sexos, afirmando-as, por fim, como "máquinas"[24] de afetos que produzem pessoas em relação.

---

[24] A noção de máquina tal como utilizada na obra de Deleuze e de Guattari diz respeito a um ordenamento de uma miríade de fluxos e forças que resultam na produção de algum tipo de unidade de múltiplos. Escapa, portanto, ao campo das essências e dos tipos puristas de agenciamento para indicar agências complexas e heterogêneas que produzem acoplamentos. Nesse contexto, importa menos o que a pessoa é do que aquilo que ela faz. Assim, a noção não descansa numa compreensão de máquina como princípios mecânicos, mas se abre à possibilidade de máquinas orgânicas e fluidas. O humano, em especial o seu corpo, é visto, então, como uma máquina no interior de outra máquina, a social (cf. Deleuze & Guattari, 2010, 2012; Guattari, 1988).

Nossa aposta é que, seguindo a pista de Lea (2012: 140), a exploração desses elementos permita chegar às atividades alocadas às pessoas a partir das marcas corporais que produzem tipos de corpos e pessoas. O diálogo é também com a ideia de que a produção de signos relacionais (masculino/ feminino) é um processo que se coloca sobre a transformação ativa das qualidades sensíveis e observáveis (marcas corporais) para produzir diferenças entre pessoas (homens, mulheres e *kuilomej*) (cf. Schneider, 2016). De forma geral, a ideia é mostrar que a política nahua do gênero se dá produzindo e transformando diferenças que se assentam sobre o corpo para dar lugar a tipos de pessoas, que se acoplam para produzir sujeitos sociais.

O gênero emerge, então, como um tipo de diferenciação categorial que organiza a vida das pessoas de tal forma que a própria apreensão da diferença se dá de modo categorial (Strathern, 2009: 19-20). O problema diz respeito, em termos de Severi (2007), à esfera da percepção e das teorias em torno das qualidades que são produzidas a partir dela. No léxico que interessa a esta pesquisa, isso significa tratar de corporalidades percebidas na formação de tipos de pessoas em termos de expectativa de gênero. Existe aqui, como em outros casos, uma importante relação de causalidade entre a esfera do sensível e a socialidade (cf. Barcelos Neto, 2008; Cesarino, 2011; Lagrou, 2007), de tal modo que uma teoria da percepção dá os fundamentos para uma ação social efetiva[25]. Nesse contexto, masculino e feminino são categorias que se referem às capacidades que emergem da ação: informam sobre as qualidades e as características que oferecem um estatuto determinado às pessoas, de modo que permite produzir e lidar com formações de semelhanças e de alteridades (McCallum, 2013: 53).

Se, como bem nota Bartra (2005), a sociedade patriarcal à qual pertencem os antropólogos implica na produção de um conhecimento antropológico majoritariamente masculinista, isso deve ser entendido também como um mecanismo de produção de classificações em torno do conhecimento: a forma em que uma determinada realidade é mobilizada

---

[25] A referência é a ideia de aparecimento e eficácia, bem como a reinvenção da noção de estética em Strathern (2009: 281; 329-332).

epistemologicamente[26]. Nesse sentido, o androcentrismo do conhecimento antropológico se vê refletido incluso na crítica descontextualizada a ele, produzindo o patriarcado e a dominação masculina como fenômenos espelho e globalizantes, algo que se encontraria em todo o lugar (cf. Strathern, 2009), incluso entre os Nahua, e que é fruto de uma suposta dominação das mulheres pelos homens (cf. Bourdieu, 2014). Nossa intenção é, por meio do esboço de uma teoria nativa das emoções (Surrallés, 1998: 302), escapar a essas formulações e equalizações fáceis[27].

DESCRIÇÕES DO PARENTESCO NAHUA

Tradicionalmente, os Nahua são descritos como uma sociedade em que as transações econômicas no interior e entre as unidades domésticas obedecem o funcionamento do sistema de cargos e as regras prescritas pela estrutura de parentesco, tanto aquela que se convencionou chamar de "geral" ou "real", composta pelos afins e pelos consanguíneos, quanto a "ritual", formada pelas relações de compadrio e apadrinhamento (cf. Good, 2008; Gudeman, 1975; Mendoza Ontiveros, 2010; Mintz, Wolf, 1950; Nutini, Bell, 1989). A unidade mínima de produção é, nesse contexto, a própria unidade doméstica, aglutinada em torno de um casal mais velho (pais ou avós) que organiza a produção.

---

[26] Segundo Héritier (1989: 12) seria possível extrair das pesquisas etnográficas produzidas até o final dos anos 70 um certo consenso sobre a universalidade da supremacia masculina. No entanto, para certa crítica feminista da época, e retomada por Héritier em seu texto, a ideia de uma dominação universal masculina seria um efeito da torção dada pelo olhar do etnógrafo sobre o modo de vida dos outros. Para as feministas, o maior problema estaria em que grande parte dos estudos antropológicos foram realizados por homens e, não raramente, por mulheres que comungam do pensamento masculinizante, prestando mais atenção aos problemas e aos conceitos que dizem respeito ao mundo dos homens. Um duplo desvio etnocêntrico e masculinista faria com que os etnógrafos observassem outras sociedades com os olhos da nossa, e, mais particularmente, com os olhos patriarcais que dominam a sociedade de origem dos antropólogos. Segundo as feministas, afirma Héritier (1989: 12), "as mulheres das sociedades estudadas seriam desta maneira consideradas segundo um critério duplamente masculino, o que explicaria que prevaleça na literatura antropológica a imagem da sua condição humilhada". A própria Héritier aponta, por exemplo, para o valor diferencial dos dois sexos, bem como para a diminuição do estatuto das mulheres frente aos homens. Não me parece, no entanto, que a crítica feminista da década de 70, tal como apresentada pela autora, possa ser facilmente descartada: ela ainda diz muito sobre como a Antropologia replica pensamento masculinizante na forma de proliferar categorias sobre a alteridade. No americanismo, isso é evidente, por exemplo, na querela em torno do modelo centro-periferia que, se bem abandonado como recurso explícito, ainda organiza muito da forma como a política emerge em etnografias mais recentes.

[27] Para além da crítica já bastante explorada do controle como posse, elemento que está no âmago das nossas noções moderno-ocidentais de dominação (cf. Strathern 2009), Tsing (2015: 186-187) produz, dando contornos mais amplos à lógica do controle, uma interessante associação das mulheres com os grãos. Nesse argumento, o patriarcado se tornaria um análogo da agricultura, ambos dispositivos importantes para se controlar a fertilidade em contextos em que o controle para produzir sínteses e centralizações se tornou fundamental para a dinâmica político-social nas sociedades que produziram o Estado. O patriarcado tal como o conhecemos estaria, nesse argumento, sobreposto aos contextos em que se desenvolveu a agricultura intensiva de monocultivos.

Em alguns momentos do ciclo produtivo do milho, a unidade pode receber, ademais, a ajuda da parentela estendida, que realiza trabalhos de tipo *mano vuelta* (cf. Beaucage, TTO, 2012). Trata-se de uma forma de trabalho comunal e cooperativo, de trabalho recíproco e de reafirmação das relações entre pessoas. Sua filosofia consiste em que "se hoje trabalhamos na sua roça, amanhã será a minha". Em determinado momento, um chefe de família convoca sua rede de parentesco, compadrio e amizade para trabalhar na sua roça, ajudando com diferentes tarefas que devem ser feitas a várias mãos. Quando ele convoca os demais, ele sabe que eles virão porque quando o caso for o contrário, e ele for convocado pelos parentes, ele também irá trabalhar na roça de outrem. Trata-se, portanto, de uma forma de dar e receber trabalho (Zolla, Zolla Márquez, 2004: 76-79).

Em momentos cerimoniais, toda a parentela estendida pode apoiar na realização das atividades. A forma de residência pós-marital é preferencialmente virilocal, ainda que muitos casais, depois do matrimônio, residam neo ou uxorilocalmente (cf. Arizpe, 1973; Taggart, 1975). A pesquisa de Arizpe (1973) foi fundamental ao demonstrar o quanto os diferentes tipos de conformação dos grupos domésticos se configuram como etapas da vida dos casais, que residem inicialmente com os pais de um deles, preferentemente os dos homens, e depois passam a residir neolocalmente. Quando residem viri ou uxorilocalmente, o casal de novos esposos é visto como uma continuidade da unidade doméstica dos pais, que constitui a unidade social principal da qual os recém-casados são parte. Isso muda quando o casal se desprende da família do marido ou da esposa e passa a habitar neolocalmente.

Numa linha de argumentos parecido, Robichaux (2005b) aponta para a existência de um "sistema familiar mesoamericano": um fenômeno que estrutura as relações familiares em toda região da zona etnográfica mesoamericana que esteve sob os constrangimentos coloniais das chamadas "repúblicas de índios" (cf. Florescano 1998), válido, portanto, para toda a zona nahua. Segundo Robichaux, esse sistema estaria marcado por três princípios fundamentais: (1) uma residência virilocal inicial; (2) uma "patrilinearidade limitada localizada"[28]; e (3) a herança por ultimogenitura

---

[28] Desdobra-se, no argumento de Robichaux (2005a: 195-196), do fato de que a residência na casa dos pais do homem não é permanente, dado que enquanto os filhos mais novos contraem matrimônio e trazem suas esposas para morar com seus pais, os filhos mais velhos constroem suas próprias casas, geralmente num terreno contíguo e cedido pelo pai, criando uma vizinhança de consanguíneos. Em Tzinacapan, por exemplo, as regiões da localidade, algo análogo a pequenos bairros, são associadas a um certo número de famílias que ali residem.

masculina[29]. Esses elementos dariam, segundo Robichaux, um certo dinamismo às relações de parentesco entre os mesoamericanos.

Assim como Arizpe (1973), que recupera a noção de ciclo de desenvolvimento doméstico de Fortes (1958), Fagetti (2002: 34) argumenta que o dinamismo das agrupações familiares mesoamericanas se deve às transformações na composição residencial e no número de unidades conjugais ao longo de seu desenvolvimento. Apesar disso, diz a autora, durante as transformações, o padrão de ciclo familiar se mantém o mesmo: os grupos familiares se fissionam ao longo dos anos, novos são criados, expandem-se e tornam a se fissionar. O "sistema familiar" seria, para Fagetti (2002: 35), um modelo ideal, dado que as contingências cotidianas complicam e transformam seus supostos.

De forma geral, a etnografia nahua aponta para uma forte endogamia comunitária, para o reconhecimento de redes de parentesco que alcançam ao redor de sete gerações e para um sistema de relações que tem sido classificado como esquimó (cf. Arizpe, 1973; Chamoux, 1981a; Raesfeld, 2012), seguindo a taxonomia de Lowie (1928) e Murdock (1949) em referência ao trabalho de Morgan (1997). Nesse sistema, não há distinção entre parentes patri ou matrilaterais e as diferenças nas relações de parentesco se dão a partir da distância de ego. Por meio da terminologia, identifica-se claramente mãe, pai e germanos de um e de outro sexo, enquanto os demais parentes são identificados por categorias que se distinguem somente pelo sexo e geração da pessoa[30].

Segundo Arizpe (1973: 150-152), o atual arranjo do sistema de parentesco nahua é uma remodelagem colonial. Originalmente, argumenta, o sistema de parentesco nahua era de tipo havaiano[31]. Resquícios dessa questão podem ser encontrados, segundo a autora, nas similitudes entre os termos de parentesco, -*ikniuj* para irmão e -*machikniuj* para primo cruzado e para-

---

[29] O filho mais novo é quem normalmente herda a casa dos pais, adquirindo, ademais, a responsabilidade de atendê-los até que eles faleçam.

[30] Conforme argumenta Lea (2018, no prelo), o uso de termos de parentesco em línguas indo-europeias, como o português ou o espanhol, coíbe a lógica das terminologias de parentesco ameríndias. Conformaria, segunda a autora, um caso de "violência epistêmica", da forma como a entende Spivak (2014). Segundo Lea (2018, no prelo: 8), a designação dos parentes não se reduz simplesmente a uma questão de tradução entre termos oriundos de diferentes línguas, mas implicam cálculos relacionais distintos. Estando de acordo com seus argumentos, acreditamos que o caso nahua nos permite operar traduções mais ou menos acertadas para o português, como para o espanhol, no sentido em que tanto o nosso sistema quanto o sistema nahua são classificados como de tipo esquimó, o que leva a uma tabulação relacional entre os termos que é análogo um ao outro em cada caso.

[31] Esse argumento é explorado também por Lockhart (1992). Num sistema havaiano, os primos paralelos e os cruzados são classificados como irmãos e, portanto, interditos de se tornarem cônjuges.

lelo, que devem ser prefixados com um possessivo. Além disso, o termo para tio é *taytsin*, constituído de um empréstimo linguístico do espanhol *tío*, ao qual se agrega o sufixo *-tsin*, indicativo de respeito. Há, ademais, um reconhecimento importante da hierarquia de idades, de tal modo que *-ueyikniuj* é o irmão mais velho, enquanto *-tatajkoikniuj* é o irmão do meio.

O sistema de cargos nahua é entendido como um conjunto de ofícios comunitários ocupados de forma rotativa pelos membros das comunidades. Estão organizados hierarquicamente, de tal forma que para ser indicado para um cargo alto, por exemplo, exige-se que os cargos anteriores tenham sido ocupados e que se conte com prestígio comunitário suficiente (cf. Korsbaek, 1995; Topete Lara; Díaz Araya, 2014). O prestígio é um importante elemento diferenciador de pessoas e um dos fundamentos da hierarquia geracional que organiza a vida nahua, chamada de "gerontocrática" por Arizpe (1973: 205). Ele pode ser entendido, ademais, como um fenômeno de "influência política" (Lea, 2012: 130; cf. Sellato, 1987). A participação no sistema de cargos é uma obrigação de todo homem adulto para com a sua comunidade. No entanto, sua execução depende da participação de toda a unidade doméstica e da parentela estendida, o que coloca como condição para que um homem adulto assuma um cargo de alto calão estar casado e, em determinados, ter filhos. Isso é especialmente importante no caso dos cargos maiores, em que o dispêndio de recursos e de trabalho chega a níveis estratosféricos. Nesse sentido, ocupar um cargo é entendido como um "empreendimento familiar" (Arizpe, 1973: 205). Na mesma medida, os solteiros são entendidos como menores de idade, "seres incompletos" incapazes de assumir cargos comunitários (Rojas Pérez, Kuromiya, 2016: 119).

Com exceção dos maienses[32], patrilineares com um núcleo cognático reduzido (cf. Pitarch, 1996; Vogt, 1966), os mesoamericanos são descritos como povos de sistemas cognáticos cujo pertencimento se dá pelo princípio de corresidência[33]. Na maioria dos casos, a preferência é virilocal e, como

---

[32] Povos de língua maia que se localizam no sudeste do território circunscrito ao Estado mexicano.

[33] Na literatura mesoamericana, esse princípio pode aparecer descrito como "utrolateralidade" (cf. Arizpe 1973). O termo diz respeito a um contexto em que a filiação de uma criança pode ser reclamada tanto pela unidade doméstica paterna quanto pela materna, mas nunca por ambas ao mesmo tempo (Freeman, 1958: 26-28). Em geral, o critério de filiação está vinculado com o princípio de residência, vinculando os filhos de um núcleo familiar que reside uxorilocalmente à linha materna, e aqueles que residem virilocalmente à linha paterna, mas quando um núcleo habita neolocalmente desde a constituição do casamento, a filiação tende a ser patrilateral (cf. Freeman, 1955; Strathern & Stewart, 2015).

consequência, a filiação é patrilateral[34]. A parentela estendida está constituída bilateralmente e não se conformam clãs ou metades exogâmicas claras, podendo ser descritas, por vezes, pelo conceito lévi-straussiano de *sociétés à maison* (cf. Gillespie, 2000, 2007; Joyce, 2000; Lévi-Strauss, 1979; Neurath, 2000). De todo modo, como argumenta Robichaux (2005a), o complexo sistema de parentesco, residência e aliança entre os mesoamericanos é dificilmente captável pelas categorias antropológicas clássicas oriundas do africanismo, de modo que qualquer caracterização é sempre parcial e revela apenas algumas das suas nuances. Apesar disso, nossa intenção não é desmontar esses argumentos e suas descrições, com os quais estamos de acordo, nem esgotá-los, mas tratar de parte desse acervo de conhecimento antropológico para operar uma releitura das interpretações à luz dos afetos e da produção de parentes, um dos aspectos do parentesco iluminado, entre outras coisas, pela noção de *relatedness*[35] (cf. Carsten 1995, 2000, 2014).

O que delinearemos neste capítulo servirá para esboçar princípios de uma teoria nahua sobre o gênero. Para além disso, nos permitirá adquirir e compreender parte de um importante léxico nativo de mundo e de recursos de conhecimento que manipulam trabalho, complementariedade, sexualidade, alimentação e, especialmente, parentesco e afeto, do qual nos valeremos para explorar o fenômeno *kuilot*. Os *kuilomej* não só jogam com todos esses vetores, como os viram do avesso, os questionam e os ampliam. No entanto, o léxico é o mesmo: o do desejo, o da complementariedade e o do amor pela família e por um parceiro almejado, com o qual se deseja

---

[34] A partir do trabalho de Dumont (2006), Lea (2007: 769) argumenta que se bem nem todo sistema de parentesco depende de uma noção de descendência, a filiação é uma implicação geral; sistemas que não envolvem linearidade claras contêm, ainda assim, lateralidades necessárias. Sobre isso, argumenta Descola (2001b: 109) que *"that all societies conceptualize filiation, even in a minimal form, does not mean that an ideology of descent is meaningful everywhere"*.

[35] O termo *relatedness*, proposto por Carsten (2000), pretende colocar os elementos da dinâmica cotidiana, tais como as trocas, as transferências de nomes, as amizades formais e a comensalidade, entre outras coisas, no centro das discussões sobre o que constitui parentesco. Tendo como antecedente a crítica simbólica de Schneider (2016) ao biologismo dos estudos tradicionais e genealógicos de parentesco, *relatedness* investe nos símbolos que criam vínculos entre pessoas, associando-as como parentes, e não no que entenderíamos como vínculos biológicos. Se bem que a intenção (bastante feminista) de Carsten é retirar os estudos de parentesco da oposição entre o biológico e o social, não podemos abrir mão, como a própria autora reconhece, de um estudo detalhado de substancialidade ao tratar do parentesco como *relatedness*, uma vez que a relacionalidade poderia significar que, no limite, toda relação poderia ser vista como de parentesco, tornando o conceito demasiadamente vago, como também nota Lea (2018, no prelo: 5). Seguindo o argumento de Viveiros de Castro (2009), ainda que denuncie a oposição entre o biológico e social, a noção de *relatedness* termina reificando a dicotomia eurocêntrica entre o dado e construído, típica das categorias que organizam o parentesco ocidental. A noção de *relatedness* é, portanto, um tipo de parentesco construtivista. Apesar disso, é inegável que a noção permite iluminar e explorar elementos fundamentais em termos etnográficos, como pretendemos demonstrar a seguir.

trabalhar em relação de complementariedade. Essas questões ficarão mais claras ao longo dos capítulos.

SIUATALIS: MATRIMÔNIO E CONJUNCIONALIDADE

"Você é casado?". Talvez essa tenha sido a pergunta que mais escutei durante a minha estadia em Tzinacapan[36]. Depois de uma apresentação formal e de algumas palavras trocadas, os *maseualmej* sempre me questionavam sobre o meu estado marital. Um jovem da minha idade já deveria estar casado, disse-me certa vez a senhora que me alugava a casa. Sem casamento, a pessoa não come direito, não é cuidada da forma adequada e a família não avança, não tem filhos. Aliás, ser um adulto solteiro é umas piores condições para um *maseual*. Quem não se casa está fadado à pobreza, à fome, às acusações de feitiçaria e à doença, por isso, é de se sentir pena de um solteiro. Sem uma esposa, eu não teria ninguém para trabalhar para mim enquanto eu trabalhasse para ela. Isso implicava não só que eu trabalhava para mim mesmo, mas, o que era pior, que eu trabalhava sozinho: não conseguiria dar cabo de todas as atividades necessárias para a administração do meu bem-estar. Isso porque participar de uma relação de complementariedade, para um homem, como filho ou marido, é uma das condições do *tasojtalis* que permite a "intra-ação"[37]: o nascimento e crescimento de pessoas. Assim, me diziam os *sanmigueleños*, ¡consíguete una muchacha y cásate!

Quando um jovem não comprometido[38] se apaixona por uma jovem e deseja casar-se com ela, há dois modos de proceder. Tradicionalmente, ele deve pedir aos seus pais que trate diretamente com os pais da garota a fim de que, entre os dois casais de pais, decidam-se os meandros de um possível entrelaçamento. Esse processo é demorado e bastante dispendioso, mas goza de uma vantagem importante: quem casa direito é mais feliz,

---

[36] Pergunta, aliás, clássica das interações entre antropólogos e povos ameríndios, como se pode notar, por exemplo, em Lévi-Strauss (2014), entre outros.

[37] "Intra-ação" é um termo cunhado por Barad (2007: 141) para ser contraposto à ideia de interação. Neste, supõe-se entidades que se pré-configuram às relações e que participam engajando-se em ações uma com as outras. Na "intra-ação", a agência é entendida não como uma propriedade inerente de uma entidade, mas como um dinamismo das forças por meio das quais entidades trocam, difratam, influenciam e atuam inseparadamente. A "intra-ação" reconhece a impossibilidade de uma separação absoluta entre o que tendemos a ver como partes. Isto é, recoloca o problema do primado das relações sobre as partes ou, nos termos de Strathern (1992: 82), a necessidade de pensar que pessoas podem não ser as partes que compõem relações, mas que relações sejam as partes que compõem pessoas.

[38] Até a década de 50 alguns casais de pais comprometiam os filhos a contraírem matrimônio desde crianças. Nesse caso, o rapaz se via impedido de pedir aos pais que procurassem os pais de alguma moça pela qual se apaixonasse, dado que era irrelevante. Isso é pouco usual hoje em dia.

contaram-me. Exploraremos as relações engendradas pelo procedimento tradicional com mais detalhes a seguir. A segunda maneira, hoje mais usual, consiste no rapto ou roubo da mulher, um tipo de casamento por captura.

Essa segunda modalidade pode assentar-se sobre um consentimento de ambas as partes ou se dar a partir da ação violenta do homem. Nesse último caso, o rapaz sequestra a mulher e desaparece com ela até que, por gravidez ou por aceitação, a mulher passe a ser reconhecidamente vinculada a ele. No entanto, esse método é altamente condenável pela comunidade, uma vez que não produz relações estáveis de parentesco. Casar-se com uma mulher não é suficiente para aparentar pessoas: é preciso produzir reciprocidade, criar e cultivar laços e passar pela simbólica da transformação de mulher genérica a esposa de ego, o que implica produzir amor e intra-ação. Por essa razão, casos de raptos violentos são raríssimos. Soube somente de uma situação como essa durante a minha estadia entre os Nahua: um homem mais velho e viúvo, conhecido por ser alcoólatra e ladrão, que queria se casar com uma mocinha e a sequestrou. Quando tornou a aparecer, a garota estava grávida.

No que diz respeito à captura consentida, ela é, hoje em dia, bastante comum. Os jovens decidem que se casarão, a moça foge da sua casa e passa a coabitar na casa do rapaz. A oficialização do casamento por meio da cerimônia se dá mais tarde, com a primeira gravidez ou até mesmo depois dela. O casamento por captura é, nesse caso, uma coabitação precoce (Taggart, 1975: 103). Apesar de ser recorrente, muitos pais, e especialmente os *abuelos*[39], condenam esse tipo de vínculo matrimonial: se diz que o *muchacho* que se vale desse tipo de artifício para conseguir se casar com uma moça não gosta dela de verdade e nem se preocupa pela família. Diz-se, ainda, que ele é pobre, e, portanto, incapaz de manter a moça, invejoso, e a quer só para si, ou que é preguiçoso, e não está disposto a trabalhar para arcar com os custos do casamento.

Vale a pena dizer que, quando as investidas que levam a um relacionamento amoroso partem de uma mulher, de modo que ela se apaixona primeiro por ele e pode procurá-lo de modo informal, o procedimento para

---

[39] Ao longo deste livro, optamos por manter o termo em espanhol para invocar a dubiedade do termo em seu uso nativo, em espanhol e em náhuatl. A razão para isso está no fato de os próprios Nahua traduzirem por *abuelos* dois termos fundamentais e interrelacionados, *ueyitatamej* (conjunto de *ueyinan*, "avó", e *ueyitat*, "avô") e *tatatsimej* (conjunto de *nanatsin*, "senhora", "sábia", e *tatatsin*, "senhor", "sábio"). A associação entre ambos se deve à hierarquia etária de prestígio, em que o modelo ideal de pessoa é um ancião ou uma anciã que conhece e vive de forma adequada. No interior das famílias, os avós detêm essa prerrogativa. *Abuelos* também contém, no espanhol mexicano, essa dubiedade potencial, ao passo que avós, em português, restringe-se à terminologia de parentesco. Por essa razão, mantemos a palavra em espanhol.

o casamento é, ainda assim, entendido como um ato de rapto da mulher ou como um pedido à família da moça por parte da família do homem. A família de um rapaz pode pedir uma moça em casamento sem que a menina o queira ou esteja apaixonada por ele. No entanto, o contrário nunca acontece. Uma moça não pode pedir que seus pais tomem a iniciativa de negociar o casamento com a família de um rapaz pelo qual ela possa estar apaixonada. A estratégia é sempre buscá-lo de modo informal e, em caso de que seja correspondida, ele a raptará ou pedirá que sua família comece as negociações para o casamento.

Conforme argumenta Lévi-Strauss (2000: 713-714), o rapto real ou simulado de esposas constitui uma forma pragmática ou simbólica de burlar a lei da troca[40], forçando-a de forma astuta ou recomeçando o seu circuito. Nesse sentido, argumenta o autor, os casamentos por raptos indicam que a troca que constitui o casamento não exige a existência necessária de duas unidades em intercâmbio; isto é, não está posta pela primazia dos termos, mas pela prioridade da relação. A proibição do incesto permite, no limite, que uma pessoa, que está interditada a contrair matrimônio com algumas pessoas, mas autorizada a fazê-lo com outras, seja suficiente para colocar em funcionamento o mecanismo da troca. Assim,

> Consanguíneos, enquanto grupos ou categorias definidos por meio dos idiomas substanciais da genealogia ou filiação, não existem antes da proibição do incesto; tampouco existem homens e mulheres, enquanto sujeito e objeto de transações matrimoniais. Uma irmã é uma não esposa, antes de a esposa ser uma não irmã; o que constitui uma irmã (interdita matrimonialmente) é a necessidade que ela seja esposa para outro alguém, e não uma relação primária de identidade com o sujeito. É, em outras palavras, o imperativo da troca – a proibição do incesto (Coelho de Souza, 2013: 315).

Entre os Nahua, as duas possibilidades de casamento por captura parecem admitir o argumento de Lévi-Strauss. No entanto, e por mais que o rapto force, em ambos os casos, e apesar das diferenças, a lei da troca, uma ressalva deve ser feita: trocas forçadas não constituem, para os Nahua, parentesco de verdade. Veremos que o parentesco exige, mais do que a troca em si, a força engendrada por ela e que está fundamentada no cuidado e no amor.

---

[40] A lei da troca é aqui entendida segundo a tradição maussiana (cf. Mauss, 2017) que dá fundamento à teoria da aliança (cf. Lévi-Strauss, 2012).

A moçada raptada que consente com o rapto pode amar seu companheiro. No entanto, dir-se-á dela e principalmente do seu marido que eles não pensam na família de origem da moça e que, portanto, não amam de verdade. Amar de verdade supõe pensar na unidade doméstica de origem como um todo, não só na moça ou no rapaz. Depois da captura, o casal que passa a coabitar junto pode tornar a se aproximar da família de origem dela, buscando produzir os laços de reciprocidade que fundamentam o casamento tradicional e a produção de parentes. No entanto, por mais que o casal passe a ser aceito, ele nunca ganhará, sob a perspectiva dos demais, o estatuto de um casal que se junta da forma tradicional. Isso é especialmente importante para o marido, que, se casado por captura, nunca gozará do prestígio formal de alguém que se casa de modo tradicional, seja frente à família da moça, seja frente à comunidade. Isso se deve, entre outras coisas, ao papel fundamental do parentesco ritual, necessário ao casamento tradicional, mas evadido, a princípio pelo menos, no casamento por captura. Veremos, ademais, como o casamento, especialmente o tradicional, é para os Nahua uma etapa importante na constituição de uma trajetória masculina de prestígio[41].

De toda forma, o fundamental é que o procedimento tradicional implica a construção de uma série de elos de reciprocidade, de contentamento e de convencimento dos futuros sogros e da família da futura esposa que fazem com que o rapaz pareça adequado, generoso, respeitoso e, sobretudo, trabalhador: alguém que cuidará da moça e que é um bom

---

[41] Tratando dos constrangimentos a partir dos quais se dão as possibilidades de subjetivação feminina em relação ao "patriarcado hindu", Spivak dirige uma fundamental crítica nativa às leis védicas que regem o estatuto das viúvas, constrangendo-as à autoimolação na pira do marido falecido. Para tanto, a autora trata de um fenômeno que chama de "psicobiografia reguladora hindu" (Spivak, 2014: 141). Em poucas palavras, esse fenômeno diz respeito à forma em que o casamento, ao inscrever um tipo de parentesco, faz pessoas avançarem numa biografia das relações. Entre outras coisas, o constrangimento sob o qual se coloca a condição da viúva é decidir ser a boa esposa que se queima com o marido e o acompanha para uma vida pós marital, ou não o fazer, e retornar a uma posição de celibato pré-marital, isto é, antes de que as relações de parentesco pelo casamento fossem inscritas. Essa condição, vivida exclusivamente pelas mulheres, não se verifica no caso de homens que enviúvam. Nesse sentido, argumenta Spivak, o último estágio dessa psicobiografia reguladora hindu seria acessível somente aos homens (e às mulheres como partes/posses de seus maridos). Assim, se bem que a esposa e o casamento são fundamentais para que a domesticidade que permite avançar nessa biografia que leva o homem a comungar do divino, a única possibilidade de que a mulher possa vir a fazê-lo é anulando-se enquanto sujeito ao queimar-se na pira do marido (cf. Maciel, 2021). Nossa intenção com a ideia de "trajetória masculina do prestígio" não é retomar a teoria da subjetivação de Spivak, mas remeter ao fato de que o casamento é, para os Nahua, um elemento fundamental na constituição do prestígio social dos homens e, como reflexo, de suas esposas. No entanto, prestígio é também entendido como estabilização da pessoa. Entre os Nahua, homens casados têm um conjunto pessoal mais coerente e estável que solteiros, isto é, suas almas, corpo e *alter egos* atuam de forma sábia, de tal modo que casados sabem/podem (duplicidade da epistemologia nahua) mais que os solteiros.

parente em potencial. Se bem que o procedimento tradicional deixou de ser majoritário há algumas décadas, como argumenta Beaucage et al. (2012: 172), seu conteúdo ainda rege a maior parte das expectativas em torno das relações de parentesco, de tal modo que explorá-lo permitirá elucidar uma série de elementos importantes para a forma nahua de produzir relações. Vejamos como ele se dá.

Uma vez que decide se casar com uma moça, o jovem diz aos seus pais (ou a um casal de padrinhos, parentes rituais) que peçam aos pais da jovem que a entreguem em matrimônio. Os pais do rapaz dirão à família da moça que a querem para que ela compartilhe com seu filho a vida de adultos, para que lhe faça tortilhas e trabalhe junto a ele. Na primeira vez que escutam o pedido, os pais da noiva dirão que pensarão no caso, dando a entender uma provável negativa. Nunca se deve aceitar no primeiro pedido, porque a filha é valiosa e nenhum pai ou mãe desejaria entregá-la facilmente; é preciso ser convencido da generosidade do potencial futuro genro, esforço que exige entrega de alimentos e maestria oratória dos pais, dos padrinhos e do próprio rapaz para que os pais da moça se convençam do casamento[42]. Algumas vezes, as visitas dos pais dos noivos acontecem ao longo de três anos, até que os pais da noiva aceitem (ou não) o matrimônio.

Ao longo desse período, é normal que a família do noivo prepare grandes "*tamales*[43] secretos" para dar à família da moça. Ele está feito de um pedaço considerável de carne que recebe outra camada abundante de massa de milho que o recubra. Colocado numa grande cesta, o *tamal* secreto é deixado pelo potencial noivo na porta de entrada da casa da garota. Quando termina de consumi-lo, a família da moça deixa a cesta na frente de sua casa, que mais tarde é recolhida pelo rapaz. Não há, no entanto, qualquer interação direta entre as partes. Sem saudar ou anunciar sua presença, o pretendente deixa a cesta e vai embora. O mesmo acontece quando a reco-

---

[42] Tema recorrente na área etnográfica mesoamericana, o gênero de fala que diz respeito ao pedido da noiva e às negociações do casamento são belamente recuperados e desenvolvidos pela etnografia de Franco Pellotier (2011) com os amuzgos. Segundo o autor, a oratória é fundamental para o ritual de casamento, de tal forma que este não existiria sem a execução das performances orais que o tornam eficaz. De forma fundamental, esse argumento retoma a centralidade da fala como característica exclusiva da humanidade no interior do cronotopo em que os humanos existem (cf. Navarrete Linares, 2004, 2016; Tedlock, 1985), bem como a forma em que a dialogicidade, enquanto troca de palavras, é vista como fluxos de substâncias e de vetores produtivos de condições relacionais (cf. Bartolomé, Barabas, 1982; Cesarino, 2014; Lupo, 1995; Maciel, 2018a; Neurath, 2005; Pitarch, 1996; Zamora Islas, 2014).

[43] O *tamal* é um análogo da pamonha, preparado com massa de milho e cozido a vapor. Pode ser salgado ou doce e está recheado com carne, queijo ou frutas. Antes do cozimento, ele normalmente recebe um invólucro feito da folha de bananeira.

lhe. Quando deixa o *tamal* pela manhã, o rapaz sabe que a cesta estará vazia quando voltar do trabalho, no final da tarde, e passa para buscá-la. Parte do processo de convencimento dos pais da noiva, o grande *tamal*, que pode ser deixado repetida vezes, indica consideração pela família da moça: que ele sente *tasojtalis*, "amor", pela moça, disse-me um amigo. Aliás, quanto maior o pedaço de carne, mais os possíveis futuros sogros se convencem do benefício do casamento. Para além disso, ninguém precisa dizer de onde vem o grande *tamal*: todo sabem, de modo que fica subentendido, que é um presente da família do pretendente.

Depois que os pais da moça consentem com o matrimônio, um prazo é estabelecido para o *siuatalis*, literalmente a "colocação da mulher", em que se faz a entrega da noiva, levando-a da unidade doméstica de origem para aquela do marido (cf. Argueta Mereles, 2002). Também aqui o prazo pode ser de anos: até três ou quatro, ainda que o usual sejam dois. Do momento em que recebe o consentimento até o *siuatalis*, o noivo deve separar parte da sua produção agrícola e levá-la para a casa da noiva[44]. Segundo o TTO (2009b: 227), o jovem deve levar milho para a casa da pretendente uma vez por semana ou quinzenalmente. Os pais da noiva normalmente esperam que, com alguma frequência, o noivo também leve um pernil de porco ou um frango e lhes entregue. Enquanto estiver vigente o prazo para o *siuatalis*, o mantimento da noiva é entendido como uma responsabilidade do noivo.

Além disso, desde um primeiro momento, o noivo deve plantar algodão e, uma vez colhido, levá-lo para a casa da noiva. Ela deve converter a fibra do vegetal em fios, preparar um tecido e costurar a roupa para vestir o noivo (principalmente a calça) e a si mesma (um tipo de anágua, saia branca de pregas, e o huipil, um xale também branco) para o casamento. Atualmente, poucos fazem isso porque é custoso, trabalhoso e demanda muito tempo. O mais comum é recorrer à compra das peças, encomendando-as a alguma artesã especializada. No entanto, as famílias se vangloriam de moças que fazem a própria roupa: é uma habilidade muito prestigiada. Também é comum que o noivo leve outros tipos de coisas para a casa da noiva, como açúcar mascavo, sacos de feijão, sabonete e, mais recentemente, doces e pão.

Esse fluxo de coisas, principalmente alimentos, é visto como uma primeira remessa de dádivas em torno da entrega da moça, estabelecendo laços com a família da mulher. Se o noivo não leva alimentos ou leva pouco,

---

[44] Fenômeno análogo ao que é conhecido como "serviço do noivo" nas terras baixas sul-americanas, descrito, entre outros autores, por Rivière (2001) e McCallum (1989) e Gonçalvez (2001).

passa a ser visto como mesquinho, sovina ou, pior, preguiçoso. De todo modo, isso configura uma razão suficiente para que os pais da noiva retirem seu consentimento e cancelem o matrimônio. Nesses casos, dir-se-á que o "pernil era pequeno" e o "milho era pouco", isto é, que o homem não está apto a cumprir com seu papel de marido: suprir os alimentos para a unidade doméstica e deixar a sua esposa e possíveis filhos contentes e amados (comer alegra e o amor, nutre, dizem). Nesse sentido, o fluxo de coisas e alimentos da unidade doméstica do noivo para a da noiva não deve ser entendido como um pagamento pelo casamento ou pela esposa. Humanos e coisas têm, para os Nahua, tipos de valores incomensuráveis: se bem coisas, como roupas e máscaras, podem compor e fazer variar o estatuto de pessoas humanas, estas e aquelas nunca se tornam equiparáveis em valor (humanos nunca são iguais a coisas), descartando, portanto, a possibilidade do mecanismo de substituição por reificação e personificação, identificado, por exemplo, entre povos melanésios (cf. Strathern, 2009).

Se tudo transcorrer bem, no dia do casamento, os padrinhos se dirigem, antes que o sol tenha nascido, à casa do noivo e, depois, à da noiva, buscando-os para levá-los à Igreja e ao Registro Civil. Depois disso, soltam rojões para anunciar o momento de retorno à casa da noiva. Ali, as pessoas almoçarão. Os padrinhos se sentam com os noivos para comer. Nesse momento, o ápice da boda, a madrinha toma uma tortilha, a divide em duas metades e entrega uma parte à noiva e outra ao noivo. Ambos molham suas metades no guisado e comem. Depois, a madrinha fará o mesmo com um pedaço de carne: divide-o em dois, entrega-os aos noivos e estes os comem. Compartilhar de uma mesma tortilha e de um mesmo pedaço de carne indica a comunhão dos noivos, o fato de que passam a compartilhar de um mesmo alimento.

Enquanto isso, café e água circulam para que todos sejam servidos. Bebidas alcóolicas não são permitidas nesse momento. As bebidas alcóolicas são fundamentais à ritualidade nahua, e mesoamericana no geral; o fato de que nesse momento do casamento não se distribua aguardente é essencial para marcar o estatuto excepcional do ato (Beaucage et al., 2012: 174): o alto rango ocupado pela celebração da boda na escala ritual. Ao final do almoço, o noivo retorna à sua casa, enquanto a noiva permanece na da sua própria família, atendendo os convidados. Em ambas as casas, as mulheres começam a preparar o jantar. Uma série de rojões avisa que o jantar está a ponto de ser servido e que os padrinhos deverão buscar o noivo. Dois jantares acontecem simultaneamente: um presidido pelo noivo, na casa dos seus pais, onde jantam os padrinhos, e outro presidido pela noiva, em sua casa. Os convidados de cada família jantam com aqueles que os convidaram.

Quando termina o jantar, uma série de rojões avisa que a procissão está saindo da casa do noivo para a casa da noiva. Ali, a comitiva da noiva está em silêncio e com as luzes apagadas. A madrinha toca, então, à porta da casa. Os pais da noiva respondem, perguntando quem são e do que se trata. Eles dirão, ainda, que é tarde e que todos estão dormindo. Em seguida, os padrinhos pedem que os pais da noiva abram a porta e acendam as luzes, momento em que a banda contratada pelos padrinhos começa a soar o *xochipitsaua*[45]. Os músicos devem tocar, de forma especial, a peça chamada *mokaltempan* ("em frente à sua casa") (Beaucage et al., 2012: 174). O casal de padrinhos e o casal de pais da noiva, agora compadres, começam o baile. Para tanto, o pai da noiva toma a madrinha, enquanto o padrinho convida a mãe. Logo, os noivos dançarão com os padrinhos e entre si, momento em que os convidados entram na dança. Nesse momento, o *xochipitsaua* começa a dar lugar ao som do huapango[46], um ritmo mais popular entre os jovens, e a bebida alcóolica, mescal, tequila, whisky ou aguardente destilada de cana-de-açúcar, começa a circular. Essa noitada de dança se faz na casa da garota, para que os padrinhos e os convidados alegrem a família da noiva e a própria moça, que está deixando sua unidade residencial de origem.

Quando começa a amanhecer, os músicos tocam uma peça de *xochipitsaua* chamada *kisalis* ("saída"), indicando que é hora dos padrinhos levarem a moça para entregá-la aos seus sogros (Beaucage et al., 2012: 174). Os padrinhos e seus convidados se despedem dos pais da noiva, que aconse-

---

[45] O termo *xochipitsaua* está formado por *xochi-*, flor, e *-pitsaua*, magra/esbelta. É o nome de um gênero musical tradicional nahua, e se refere a uma mulher jovem, bela e desejada, normalmente o objeto descrito ou o sujeito interpelado pelas letras das canções, que sempre revelam o ponto de vista de um homem que canta e corteja a moça. No geral, narra aventuras amorosas, paixões, vontade de se casar e desilusões afetivas. São interessantes, ademais, porque contam os percursos na formação de um casal, a relação com os pais da moça e os muitos dramas que nascem das expectativas em torno das relações de consanguinidade e afinidade. Não raras vezes, as músicas assumem um tom sexual metafórico, em que o cantor fala da vagina estreita da jovem que deseja, ou se refere ao seu próprio pênis como cana, pau ou lagarta, entre muitas outras coisas. Também há letras em que se narra, de forma metafórica, o ato sexual. De forma geral, o intercurso sexual é a conclusão de um processo de paixão (cf. Beaucage et al., 2012). O som do *xochipitsaua* é feito com instrumentos de corda: violino e violão.

[46] O huapango é um ritmo popular da região mexicana conhecida como a Huasteca. Um espaço territorial em forma de meia lua que abrange parte do estado de San Luís Potosí, Hidalgo, Veracruz e Puebla. De ritmo acelerado, a composição musical está feita por violinos, violões, harpas e reco-recos. A dança se faz com passos rápidos e sapateado pesado sobre um tablado de madeiras que ecoa, o que intensifica o som da música. O prefixo hua- de huapango diz respeito a uma variação do termo náhuat *kuauta*, de árvore ou madeira, em referência ao tablado sobre o qual se dança.

lham o noivo a que cuide de sua filha. Acompanhados da moça, os padrinhos saem para entregá-la na casa do noivo. No caminho, a banda segue tocando, levando a festa de uma casa à outra. Os convidados do casamento acompanham a procissão. Quando chegam em frente à casa do noivo, os pais do rapaz saem com incensários e fumegam o caminho, para limpá-lo e rezar a entrada da noiva, que passa a estar protegida das invejas alheias que poderiam adoecê-la. Nesse momento, os pais do noivo entregam à moça uma boneca em formato de bebê, adornada com roupas de algodão, que é chamada de *xochipili* (*xochi-*, "flor" + *-pili*, "criança").

As irmãs do noivo recebem a noiva com um colar, adornado com flores e com pêndulos de pão, chamado *xochikoskat* (*xochi-*, "flor" + *-koskat*, "colar"). Elas colocam o colar no pescoço da noiva, que em seguida o tira e o coloca no pescoço do marido. A operação é um enlaçamento entre mulheres que compartilharão de uma unidade doméstica e que trabalharão juntas (Taggart, 1975: 101), bem como da noiva com o noivo, que formarão um casal (Beaucage et al., 2012: 174). Como me contaram, o recebimento da noiva pelas irmãs do marido é o mais bonito ato de amor da família do noivo para com a noiva ao longo do *siuatalis*: as mulheres se laçam e trazem a recém-chegada para o seio da família, com flores e com pão, marcas da fecundidade e da produção de alimentos. O ato é, em suma, tanto a produção de um casal (*namikouanij*) quanto o de cunhadas (BW = HZ).

A forma genérica de dizer cunhadas é *uesmej*. Ela pode ser usada para indicar as cunhadas de um homem ou de uma mulher. No entanto, existe um termo específico, *uesiuatmej* (*ue-*, "cunhada" + *-siaut-*, "mulher/esposa" + *-mej*, partícula pluralizadora) que indica as "cunhadas de uma mulher/esposa", as irmãs do marido. Elas podem ser chamadas pela forma genérica *uesmej*, assim como as irmãs de uma esposa para um ego masculino. No entanto, essas últimas não são *uesiuatmej*, dado que estas são exclusivamente as irmãs do marido de um ego feminino.

O mesmo não acontece no caso simétrico masculino: só existe a forma genérica *uejpolmej*, aplicada para todos os cunhados, sem distinções. Essa diferença se deve, entre outras coisas, ao fato de que uma mulher que se casa passa a conviver com as cunhadas e a trabalhar com elas numa mesma unidade doméstica até que elas se casem e se mudem. Isso dá lugar a um laço afetivo muito próximo entre a esposa e as irmãs do marido. Minhas amigas *maseualmej* sempre demonstraram grande carinho pelas cunhadas. Isso não acontece no caso dos cunhados. Por serem de sexos cruzados, as mulheres não convivem de forma próxima com eles. Num outro sentido, e observando a virilocalidade preferencial e majoritária entre os Nahua, os cunhados homens se tratam com certa evitação e não compartilham de uma intimidade doméstica, dado que não coabitam. Aliás, a partícula *ue-*, tanto em *uesiuatmej* quanto em *uejpolmej*, vem de *uepolot*, que podemos traduzir como "parente por casamento" (Zamora Islas, 2014: 57).

Depois dos enlaçamentos pelo *xochikoskat*, começa a dança de recebimento. Nela, os pais do noivo dançam com os convidados e os padrinhos. Enquanto isso, a noiva deve dançar com o *xochipili*. A intenção do presente e da dança é incentivar a fertilidade da moça, para que ela tenha filhos (TTO, 2009b: 231). Atualmente, a noiva mantém o *xochipili* em seus braços por um tempo e, depois, passa a dançar com o noivo. Logo, os padrinhos fazem a entrega formal da mulher: *siuatalis*, sua colocação na nova unidade doméstica (cf. Argueta Mereles, 2002). Nesse momento, os padrinhos aconselham o noivo e os pais dele: não devem maltratar a moça. Definem, de forma clara, que o marido deve prover a esposa de alimentos e atender as suas necessidades, mantendo-a bem-alimentada, gordinha e bonita, do mesmo modo em que eles a entregam. Aos dois recém-casados, os padrinhos dirão: *motekipanouaskej* ("que vocês trabalhem um para o outro"). Os conselhos dados à moça podem ser resumidos pela seguinte passagem:

> Você, garota, deve gostar do seu marido, não deve ser infiel. Se você gostar de outro homem, se por aí alguém te chamar, você não deve pôr atenção. Escute o primeiro [marido], por isso se diz que há luz no dia. Além disso, você já está grande, não é uma menina. Tenha cuidado.

> Sempre se lembre que você deve estar ao lado do seu marido. "Eu gosto, mas não devo andar com outro homem para outros lugares, ou que o homem fale comigo e eu responda, não. Só com um é que devo viver e com ele me manterei; colocarei as tortilhas para cozer, prepararei a comida e o *nixtamal*[47], farei as tortilhas para dar de comer ao meu marido em seu lugar de trabalho. Por quê? Porque eu o amo, porque é meu marido, porque não é ao homem que possa gostar a qualquer uma por aí, que parece apresentável. Não devo escutá-lo, só

---

[47] *Nixtamal* é o nome que se dá ao milho que foi cozido com hidróxido de cálcio (cal). Ao alcalinizar a água, o hidróxido de cal potencializa o cozimento do milho. Já cozido, o *nixtamal* é moído para formar a massa com a qual se preparam as tortilhas, tamales e atoles, entre outras coisas.

devo ver ao primeiro. Somente ao primeiro para que possa viver feliz (TTO, 2009b: 232)[48].

Depois, a noiva entra em sua nova casa e troca a saia que usa: a saia preta, de lã negra e uso ritual, chamada *tilkueit*, pelas anáguas brancas, de algodão e uso cotidiano, chamadas *xochikueit*. O marido pede, então, que a esposa ajude suas irmãs e mãe a preparar as tortilhas para que a festa continue. Ali os convidados tomam café-da-manhã e dançam. No meio da manhã, a festa toma uma pausa. À noite, volta a recomeçar, agora na casa dos padrinhos, que receberão um peru trazido pelo novo casal[49]. A ave deverá ser preparada pelas mães dos noivos, madrinha, recém-casada, comadres (parentes rituais) e demais mulheres de ambas as famílias consanguíneas (cf. Flores de Morante, 1977).

De forma geral, a importância do processo que culmina no *siuatalis* é a produção do *namikouanij*, literalmente juntados/unidos. É interessante que o termo *namikouanij* seja traduzido pelos Nahua ao espanhol como matrimônio, casal ou casados. Um termo próximo é *namiktilis*, um substantivo normalmente aplicado para designar a instituição do casamento. No entanto, nenhum desses termos vem da raiz *kali*, "casa/habitação", como no caso do português, mas de *namik*, de "cônjuge, conjugado, juntado, unido".

Poderíamos dizer, por um lado, que a expectativa neolocal incluída na ideia de matrimônio, expressa pelo termo "casamento" na língua portuguesa, perde sentido na relação preferente pela virilocalidade dos Nahua, em que o casal coabita com a família do marido. No entanto, como já mencionado, isso é apenas inicial: o ideal é que em determinado ponto o casal se desprenda da unidade doméstica dos pais do marido e instaure um neolocal. De todo

---

[48] Tradução do seguinte trecho em espanhol: *"Tú muchacha, debes querer a tu marido, no deber serle infiel. Si algún hombre más te gusta, si por ahí alguien te habla, no lo escuches. Escucha al primero, por eso se dice que hay luz en el día. Además ya eres mayor, no eres una niña, ya piensas. Pon mucho cuidado. Recuerda siempre que debes de estar al lado de tu marido. Me gusta, pero no debo de andar con otro hombre por otro lado, o que el hombre me hable y yo le esté respondiendo, no. Sólo es con uno con quien debo vivir y mantenerme con él; pondré tortillas, haré comida, preparé nixtamal, haré las tortillas para ir a darle de comer en su lugar de trabajo. ¿Por qué? Porque lo amo, porque es mi marido, porque no es hombre que le gusta a una por ahí, que parece presentable. Pero no debo escucharlo, nada más debo ver al primero. Nada más al primero para que pueda vivir feliz"* (TTO, 2009b: 232).

[49] O peru é uma ave doméstica criada exclusivamente para trocas rituais. Um peru nunca é preparado para alimentar a própria unidade doméstica que o criou. Ele é, por assim dizer, a carne que provém do eixo doméstico por excelência. Atualmente algo similar acontece com a carne de porco, ainda que seja possível encontrar consumo interno. Já o frango é ordinariamente consumido no interior das unidades, isso apesar de ser uma ave doméstica e de ser presenteado em momentos rituais como o batizado de uma criança. É interessante o tabu do consumo interno do peru em relação à carne de porco e de frango tendo em consideração a característica endógena daquele e o fato de que os últimos dois são espécies introduzidas pela colonização. Em contraposição a esses casos, a carne de caça é sempre de consumo doméstico. Quando isso não acontece, acusa-se de adultério a pessoa que doou e consumiu carne de caça para fora de sua unidade doméstica. Uma discussão similar povoa parte da literatura das terras baixas (cf. Gow 1989; Lea 2012).

modo, como vimos anteriormente, a ênfase dada pelos Nahua no *siautalis* é à entrega da mulher aos sogros. É a eles que os padrinhos entregam a esposa do filho. Em muitos casos de violência doméstica, é aos pais do marido que a família da mulher reclamará, não ao marido diretamente. O acordo é entre dois casais de pais, de tal modo que a aliança nahua parece se dar não na produção de cunhados, mas na vinculação entre dois casais de pais e suas respectivas unidades domésticas na formação de uma possível terceira.

Por outro lado, o fundamental é a ênfase colocada não no formato inicial da residência de um casal, que embora é preferencialmente e majoritariamente virilocal, em alguns casos pode ser uxorilocal ou neolocal, dependendo da especificidade de cada acordo, mas na formação de um casal. Há, nesse sentido, uma inversão do drama da coabitação quando a forma de residência se inverte. O central no matrimônio nahua é a ideia expressa pelo termo *namik* (cônjuge, conjugado, juntado, unido): a produção de uma unidade mínima para adequadas relações com outras unidades e com o cosmos, fazendo avançar a trajetória masculina do prestígio que permite criar relações sociocosmológicas eficazes. Quando se casam, um homem e uma mulher passam a ser complementares, princípio evidente no termo *motekipanouaskej*. "Trabalhar um para o outro" implica uma certa noção de cooperação que produz unidade.

Partindo da leitura de Madi Dias (2017: 97) sobre a proposta de Lea (2004) em torno dos termos triádicos de referência nas relações de parentesco e amizade formal Mẽbêngôkre, poderíamos dizer, como aquele autor faz para a relação entre a mãe e o bebê Guna, que *namik*, ao expressar a junção de um homem e de uma mulher em matrimônio, produz uma estrutura relacional triádica, em que o casal vê aos demais como se fossem um, ao mesmo tempo que os demais os veem como se também fossem um em contextos de socialidade estendida e ritual. Ou, em outro sentido, que eles efetivamente constituem uma unidade de dois, no sentido de que a unidade mínima ameríndia tende ao dois (cf. Clastres, 2013; Lima, 1996), tendo no terceiro a segunda parte de um dualismo que é a forma limite do ternarismo (cf. Coelho de Souza, 2013; Lévi-Strauss, 1993, 2017).

No entanto, e isso é fundamental, a unidade representada pelo casal, *namik*, manifesta-se por meio do homem, que é quem incorpora o prestígio a partir do qual decorre o da esposa e demais membros da unidade doméstica. Apesar disso, a relação entre unidades domésticas, encarnadas por dois homens em relação, é compreendida como relações de sexo cruzado. Entre duas unidades, uma delas assume a posição de feminino. Isso será tema do próximo capítulo. Os homens nahua, quando performatizam relações entre unidades domésticas no interior de uma comunidade, tratam-se como consanguíneos "reais" (em termos de germanos, que compartilham um mesmo casal de pais) ou "rituais" (em termos de compadres, que compartilham um mesmo filho/filha). Esse elemento é fundamental na medida em que a comunidade passa a ser vista, atitudinalmente, como uma grande unidade doméstica, e o sistema comunitário de cargos como um tipo de organização familiar de produção e comensalidade. No limite, unidade doméstica e comunidade podem ser equivalentes a depender da escala da relação que está em questão[50].

No acordo entre os dois casais de pais que levam ao *siuatalis*, é justamente a condição de casal de ambos que permite que eles determinem os meandros do casamento dos filhos. Na perspectiva nahua, os noivos são incompletos: não são uma unidade social e não detêm prerrogativas para fazer trocas e assumir compromissos, isto é, são ainda solteiros. Em termos de dádivas, o fundamental aqui é que o fluxo é de uma unidade doméstica, fundada sobre a complementariedade da mãe e do pai do noivo, para outra, que se assenta na complementariedade dos pais da noiva. Se no Registro Civil, pertencente ao governo mexicano, faz-se um contrato entre noivo e noiva, o *siuatalis* é uma produção social que se afirma a partir das relações de reciprocidade entre a família da noiva e do noivo. A aliança se dá, portanto, entre dois *namikouanij*, dois pares de juntados que funcionam como um: uma relação (o casamento dos filhos) entre relações (o casamento dos pais da noiva, por um lado, e o dos pais do noivo, por outro). O que se tem é, portanto, uma triangulação em que a aliança entre os pais da noiva e os pais do noivo é mediada pela criação de um novo casal, tema já tratado pela teoria da aliança (cf. Lévi-Strauss, 2012).

Essa perspectiva é fundamental porque revela um determinado estatuto da pessoa: sua conjuncionalidade. A pessoa nahua é partível e divisível sobretudo porque ela é conjuntiva: permite formar acoplamentos entre pessoas (cf. Wagner, 2011) e fazer emergir os casais, sujeitos imprescindíveis

---

[50] Mais casos etnográficos mesoamericanos sobre esse tema podem ser encontrados em Neurath (2000) e Maciel (2018a). Nas terras baixas, um caso análogo é descrito por Hugh-Jones (1993). Da minha parte, a inspiração da atenção para as escalas vem da perspectiva fractal de Wagner (2011) e da definição do papel escalar do *big man* melanésio por Sahlins (1963), assim como do chefe ameríndio por Perrone-Moisés (2011) e do vozeiro andino por de la Cadena (2015). No entanto, é ao casal Comaroff (2003) e às apostas metodológicas de Tsing (2005) que devo o reconhecimento da importância de se atentar para a alteração dos fenômenos a partir de uma atenção escalar, ainda que em certa medida meu esforço tenha ficado muito aquém da indicação desses autores, e se direcione para um tipo de problema outro que não as dinâmicas globais, com as quais eles estão preocupados.

que são a condição de possibilidade para algumas operações sociais. Nesse sentido, duas pessoas, um homem e uma mulher, acoplam-se um ao outro por meio do casamento para produzir uma nova pessoa social, evocando, portanto, uma imagem conceitual do divíduo (Strathern, 2009), pessoas que se conectam umas às outras para produzir novos índices de agência[51]. Além de invocar uma "divisão sexual do trabalho" (cf. Beaucage; TTO, 2009; Chamoux, 1981), essa ideia é também o resultado de uma modulação da economia de desejos, de sentimentos e da sexualidade de homens e mulheres que os permitem constituir casais (cf. Taggart, 2015), atos fundamentais da produção adequada de pessoas dentro do sistema sexo/gênero nativo, trazendo uma perspectiva de englobamento (cf. Dumont, 2008) como produção, transformação e distribuição de comida que tem no gênero um preceito primordial (cf. Fausto, 2001; Lea, 1994, 1999; Madi Dias, 2015).

MOTEKIPANOUASKEJ: DIVISÃO SEXUAL DO TRABALHO E COMPLEMENTARIEDADE

Em língua náhuatl, o termo *tekit* diz respeito a um campo semântico que podemos apontar como sendo análogo ao do termo trabalho, em português[52]. No entanto, seu contrário não é o ócio ou o tempo livre (*nikemantia*,

---

[51] A categoria de divíduo tal como apresentada por Strathern não se centra na apresentação de casais, mas de pessoas em geral. Seu tratamento tem como foco explorar e desdobrar um tema da antropologia que remonta a Mauss (2017: 299): o quanto as pessoas, nas sociedades da dádiva, são também seus clãs, vínculo criado pela própria força da troca. Não é nosso interesse sugerir que homens e mulheres se confundem com a própria relação matrimonial em que participam. Ao contrário, a relação matrimonial faz com que as diferenças entre homem e mulher no interior da unidade doméstica sofra um giro topológico quando emerge de dentro para fora, apresentando-os como um: é uma forma social do aparecimento. Nesse sentido, a categoria de divíduo rende uma interessante imagem conceitual, produtiva para tratar do problema que aqui delineamos.

[52] Algumas pesquisas demonstram a dificuldade de dar conta da amplitude do campo semântico do termo trabalho e análogos nas línguas indo-europeias ao tratar de homologá-los a categorias e termos ameríndios (cf. Descola, 1986). Nesse sentido, Chamoux (1994) alerta para o problema de se pensar determinadas formas de atividade produtiva em sociedades não modernas sob o marco de categorias que trazem em seu âmago pressupostos atrelados ao mundo industrial e capitalista. Trabalho seria, para a autora, um desses casos. O fundamental, argumenta, é que trabalho, tal como o entendemos, não é uma categoria universal, mas uma construção histórica e culturalmente localizada. Descola (1983) argumenta, por exemplo, que não há um termo correspondente para a ideia de trabalho entre os Achuar. A noção de um conjunto coerente de técnicas cujo objetivo único é produzir as condições materiais para a vida seria estranha ao mundo Achuar entre outras coisas porque trabalho e vida não constituem esferas diferentes. Num sentido próximo, Sahlins (1968) afirma que nas "sociedades da abundância", o trabalho não é alienável justamente porque não é visto como uma esfera separada do resto dos processos que constituem a vida. Nas "sociedades da abundância", as relações possíveis entre trabalho e produção são, portanto, de outra ordem que não as moderno-ocidentais que alimentam a categoria trabalho nos nossos próprios sistemas (cf. Sahlins, 1976). Tendo isso em vista, nossa escolha tradutória se deve ao fato de que trabalho é o termo escolhido pelos próprios Nahua quando transitam e se comunicam em espanhol. Nossa aposta é por um uso nativo, ainda que trabalho e *tekit* se excedam, impossibilitando homologações.

"ter tempo para si mesmo"), mas a preguiça (*tatsiuj*, "preguiçoso"), e não pressupõe uma noção de remuneração. *Tekit* se diferencia de pessoa para pessoa segundo sua posição na intersecção social, de gênero, idade, estado civil e nível de prestígio, e de um possível cargo comunitário (Chamoux, 1981: 68). De forma geral, o trabalho é tanto produtivo quanto reprodutivo: produz coisas, alimentos e pessoas[53]. Quem não trabalha é, sob a acusação de outra pessoa, um preguiçoso ou, o que é mais raro, uma preguiçosa.

A não coincidência de *tekit* e trabalho fica evidente numa anedota relatada pelo antropólogo canadense Pierre Beaucage. Vejamos[54]:

> [...] depois de tomar café da manhã na casa dos Osorio [família com a qual o antropólogo residia], respondi a pergunta habitual "¿kanin tiyouj?" ("Onde vai?") por "*Nitekitit*" ("Vou trabalhar"), referindo-me à minha pesquisa. Corrigiram-me logo em seguida: "*Titajkuiloti*" ("Você vai desenhar/escrever"), estar sentado em frente a uma máquina de escrever, isso não era trabalhar. Dias mais tarde, uma anciã [...] afirmava "aqui dá de tudo, mas ninguém quer trabalhar! (*Nikauin, nochi mochiua, sayoj ¡amo akaj tekitisneki ok!*). No entanto, o filho com quem ela morava trabalhava duro como pedreiro; mas, para a anciã, o único trabalho verdadeiro era o trabalho da terra. Às vezes invocava a memória do único dos seus filhos que gostava de lavrar a terra (Beaucage, TTO, 2012: 100-101).

O elemento fundamental na divisão sexual do trabalho entre os Nahua é, seguindo a proposta de Beaucage e o TTO (2012: 102), a relação que homens e mulheres estabelecem no ciclo de produção e transformação do milho, grão que é a base da alimentação e das cosmovisões dos povos mesoamericanos (cf. Bartra, 2011; Bartra et al., 2014; López-Austin, 1994) e cuja produção geralmente aparece na literatura e na linguagem cotidiana do campo mexicano como "trabalho da terra". De forma geral, *tekit* pode ser entendido como o trabalho de um casal e como um ato sem gênero (*genderless*). No entanto, no que diz respeito às atividades e às tarefas dos

---

[53] Entre os Nahua, recorda-nos Chamoux (1981), trabalho é também o que fazem outros existentes. Fazer chover, por exemplo, é um trabalho dos raios.

[54] Tradução livre do seguinte trecho em espanhol: "[...] *después de haber desayunado en cada de los Osorio, conteste a la pregunta habitual '¿kanin tiyouj?' ('¿A dónde vas?') por 'Nitekititi' ('Voy a trabajar'), refiriéndome a mi investigación. Me corrigieron en seguida: 'Titajkuiloti' ('Vas a dibujar/escribir'), estar sentado frente a una máquina de escribir, eso 'NO' era trabajar. Días más tarde, una anciana* [...] *afirmaba 'Aquí todo se da, pero ¡nadie quiere trabajar ya!' (Nikauin, nochi mochiua, sayoj ¡amo akaj tekitisneki ok!). Sin embargo, el hijo con quien vivía trabajaba duro, como albañil y cantero; pero, para la anciana, el único trabajo verdadero era el trabajo de la tierra. A veces evocaba la memoria del único de sus hijos al que le gustaba labrar la tierra*" (Beaucage, TTO, 2012: 100-101).

SIUATAMATIK: DIVERSIDADE DE GÊNERO NAHUA

homens, seu trabalho específico, elas podem ser aglutinadas ao redor do termo *tatoka* ("plantar"), enquanto que as das mulheres podem ser traduzidas pelos termo *tisilis* ("moer") ou *chiualis* ("cozinhar") (Beaucage et al., 2012: 103). De forma geral, o trabalho arquetípico apresentado como masculino é a agricultura, em específico a produção do milho, enquanto o trabalho da mulher é a culinária, a transformação do grão de milho em alimento (cf. Arizpe, 1973; Beaucage; TTO, 2012; Chamoux, 1981a; Taggart, 1975).

Em Tzinacapan, os *maseualmej* contam que os homens devem trabalhar na roça de milho que pertence à sua família e, com isso, prover os alimentos necessários. Ele deve lavrar a terra, plantar o milho, o café, o feijão, a abóbora, a cana-de-açúcar e o amendoim. Antes, também era responsabilidade do homem plantar algodão para que as mulheres produzissem fios e roupas. Hoje, poucos são os que mantêm o cultivo. O homem também caça e pesca, ainda que o trabalho agrícola seja a fonte majoritária de alimentos. Em caso de que a unidade doméstica tenha animais de grande porte, como cavalos, vacas e cabras, é responsabilidade dos homens soltá-los para que pastem, recolhê-los e, eventualmente, alimentá-los com ervas do campo. Os Nahua dizem que o trabalho do homem é aquele que exige esforço, tal como lavrar a terra, cortar e moer cana-de-açúcar, cortar e carregar lenha, podar os cafezais e carregar café, entre outras coisas. A maior parte do esforço cotidiano é feito pelos seres humanos, dado que poucas unidades domésticas contam com animais de tração ou veículos automotores.

Quando for necessário, entende-se que o homem é aquele que deve ir trabalhar fora, vender a mão de obra como jornaleiro nos cultivos dos vizinhos, das fazendas ou na construção civil e de infraestrutura, ainda que seja cada vez mais comum mulheres que trabalham fora e que produzem e vendem peças artesanais. São os homens quem atendem as necessidades de reparo na estrutura da casa ou de ferramentas de trabalho. Eles também fazem o trançado de fibras vegetais para produzir cestos, esteiras e abanos de fogão, entre outras muitas coisas. Não obstante, tanto as tarefas de reparo quanto as de trançado de fibra não são propriamente entendidas como trabalho, mas como uma atividade do tempo livre (cf. Beaucage, TTO, 2012).

As mulheres são quem desgranam o milho, o cozinham com cal e água, moem os grãos, preparam e cozem as tortilhas. Como elas cozinham, estão associadas ao coração de uma casa. Os Nahua contam que o fogo que crepita no fogão doméstico é o coração da casa. Nesse mesmo sentido, diz-se que as mulheres amam as suas casas. No entanto, isso não deve ser entendido como um indicativo de equivalência fácil entre feminino e doméstico, por um lado, e masculino e público, por outro, mas diz respeito ao fato de que a casa é um existente (um ser vivo mais do que uma estrutura), alimentada pelas mulheres e em reciprocidade direta com a unidade doméstica. Daí que elas se afeiçoem pelas suas casas como também pelos animais domésticos e as pessoas da família.

Além disso, elas fazem o *kaliktikchiualis* ("trabalho em casa"): lavar, costurar, remendar, buscar água e ajudar no recolhimento de lenha. Também são elas que se ocupam das crianças. Os meninos são responsabilidade delas até que o pai ou o avô comece a levá-los para a roça. As mulheres também mantêm pequenos pomares, cultivos de alguns vegetais comestíveis, como o *kelit*[55], e hortas medicinais. No interior de uma unidade doméstica, são as mulheres que detêm conhecimento de remédios, rezas e práticas de cura. Elas cuidam e alimentam os animais de pátio: frangos, porcos, galinhas, patos e perus. As mulheres também fazem artesanatos de diferentes tipos, que podem ser vendidos por elas para complementar a renda familiar, e bordam suas blusas.

O pai leva o menino para a roça desde pequeno para que o ajude, em sua medida, enquanto aprende e se familiariza com o trabalho e as técnicas corporais e produtivas adequadas. Para tanto, o menino leva consigo um pequeno facãozinho. A mãe faz o mesmo com as filhas, em casa, que cozinham com pequenas xícaras. Veremos, mais adiante, que os objetos usados pelas crianças são dados pelos seus padrinhos de batizado, escolhidos pelos pais. Além disso, as crianças recolhem lenha no entorno da casa e levam notícias e comidas entre casas.

Diz-se que o conhecimento sobre o trabalho é herdado dos pais. No entanto, os Nahua argumentam que os de antes eram diferente dos de hoje: outro tipo de pessoa. Em primeiro lugar, os mais velhos trabalhavam mais. As ferramentas, feitas de materiais pouco duráveis e menos resistentes que as de hoje, dificultavam o trabalho de homens e mulheres. A forma de trabalhar também mudou: antes os homens abriam buracos fundos e estreitos onde colocavam a muda do pé de café; hoje se fazem buracos rasos e extensos, deixando a terra mais fofa. A mudança se deve, entre outras coisas, às recomendações e à influência do pessoal técnico trazido pelas

---

[55] Trata-se de planta herbácea, silvestre e endêmica ao México, de cor verde, caule grosso, folhagem alternada e flores roxas. Seus brotos e talos mais novos são comestíveis quando refogados ou como acompanhamento de guisados. O termo *kelit* diz respeito a diferentes espécies de plantas da família *amaranthus*, segundo a taxonomia científica.

políticas públicas em torno da chamada "Revolução Verde" nas décadas de 1980 e 1990: a chegada de tecnologias de produção que incluem o uso de agrotóxicos, por exemplo. Assim, os mais velhos não usavam fertilizantes: valiam-se somente de abono natural. Por essa razão, dizem, a terra dava mais frutos; cada pé de milho dava até três espigas, e estas eram grandes e com muitos grãos. Hoje, depois de tanto fertilizante, a terra está brava: ela não dá muito; duas espigas por pé e muita espiga pequena. Por isso mesmo, os de antes tinham mais força e mais vontade para trabalhar. Ademais, tudo o que se comia era plantado por eles mesmos, ao contrário do que acontece atualmente, em que a variedade de cultivos reduziu sobremaneira, sendo substituída pela compra no mercado de Cuetzalan. A mudança na forma e nas coisas que se faz e se come produz pessoas diferentes: menos aptas para o trabalho, essas pessoas trabalham de forma diferente.

De todo modo, homens e mulheres se veem atribuídos de qualificações, conhecimentos e habilidades específicas e complementares. Por essa razão, autores como Chamoux argumentam que a constituição de um núcleo familiar possa ser entendida como uma conjunção de técnicas de produção, de tal modo que o casamento seria um tipo de contrato de trabalho entre esposos (Chamoux, 1981b: 80), noção que parece comungar da compreensão lévi-straussiana de família (Lévi-Strauss, 1986: 69-98).

De forma geral, a divisão sexual do trabalho entre os Nahua implica que tanto homens quanto mulheres de uma unidade doméstica (e algumas vezes da família estendida) trabalham em dois grupos de pessoas de mesmo sexo. Quando vai para a roça de milho ou para o bosque, o homem mais velho (pai e avô) leva os filhos e os netos. Em casa, a mulher mais velha (mãe e avó) trabalha com suas filhas solteiras, noras e netas. Ainda que essa divisão pareça obedecer a uma determinação espacial, em que a casa é a área do trabalho feminino e a roça/bosque, do trabalho masculino, isso é um mero efeito das atribuições específicas de cada grupo. Ainda que se diga que os homens fazem os trabalhos que exigem maior esforço porque eles são inadequados para as mulheres, dado que elas poderiam adoecer (a corporalidade da mulher é mais instável), é bastante comum encontrar mulheres na roça.

Na época de plantio, cabe às mulheres levarem os alimentos que prepararem para dar de comer aos homens da sua unidade doméstica e aos *mozos*, termo empregado para indicar aqueles que trabalham junto, mas não são da unidade doméstica. Os *mozos* podem ser jornaleiros, que recebem em dinheiro pelo trabalho, parentes que conformam a família estendida e ritual, primos e compadres, ou, o que é mais recente, amigos de escola. No entanto, é comum encontrar mulheres trabalhando na roça, ajudando no plantio, no corte das ervas daninhas ou na colheita do milho, mas especialmente do café. Nesse contexto, dir-se-á que as mulheres "ajudam" no trabalho da roça. Há outros casos, quando o marido trabalha fora ou está doente, quando não há homens na unidade doméstica ou quando a mulher é solteira ou viúva, em que ela ou elas devem fazer todo o trabalho da roça sozinhas. Nesse caso, diz-se que são mulheres que trabalham como homens porque não têm homens que trabalhem com elas. O contrário é praticamente impossível: nunca vi ou ouvi falar de uma unidade doméstica composta só de homens, ainda que as unidades domésticas em que só há mulheres comecem a se proliferar entre outras coisas devido à chamada feminização do campo ou ao êxodo rural masculino.

Outro tipo de caso são as atividades que requerem a colaboração dos grupos de mulheres e homens para que sejam executados, como o plantio de gergelim e a produção de açúcar. Segundo o que relata o TTO (2009b: 174), o gergelim era comumente plantado pelos *abuelos*. O terreno era roçado e preparado no mês de março: toda a vegetação deveria ser arrancada e queimada, para evitar a proliferação de grilos. O gergelim, dizem, não é como a cana-de-açúcar, que resiste. Ele é muito delicado e os grilos o digerem rapidamente. Para plantá-lo, era necessário molhar a semente e passá-la na cinza do fogão, para evitar que, depois de depositada na terra, os insetos a comessem. O plantio demanda, então, uma grande quantidade de trabalho e processos cuidadosos e minuciosos que devem ser divididos entre mulheres e homens para que dê resultados a tempo para o plantio. Além do mais, o próprio plantio requer o trabalho de dois: o homem vai na frente escavando e abrindo buracos, enquanto a mulher vai atrás, depositando as sementes e acomodando a terra. Diferentemente do milho, o plantio do gergelim não dá para ser realizado sozinho (TTO, 2009b: 174). O gergelim é muito apreciado: torrado e moído, ele serve como um análogo do sal e como base para a preparação de um tipo de *pipián* (feito de gergelim, portanto, e não de amendoim, que é mais comum), um molho saboroso que se serve com carne.

Assim, Chamoux (1981b: 72) tem razão quando afirma que os arquétipos de mulher "dona de casa e cozinheira" e homem "agricultor" são um modelo de referência. A maior parte das pessoas escapam aos arquétipos os excedem ou não dão cabo deles, produzindo, em termos de gênero, uma série de linhas de fuga ao modelo. Em especial, atualmente uma grande parte dos *sanmigueleños* trabalha para a indústria do turismo local, na venda de artesanatos, como guias turísticos, empregados de hotéis, restaurantes e lojas e, ademais, como proprietários de hotéis, restaurantes e lojas de fundo cooperativo. Além disso, muitos são funcionários do Estado: trabalham na subprefeitura, na biblioteca pública, nas clínicas de saúde e, principalmente, nas escolas, entre outras coisas.

No entanto, tampouco se tratam de modelos de referência tão flexíveis. Minhas amigas, professoras de escola básica e bilíngue, referiam-se continuamente ao seu dever como mulheres e mães nas suas unidades domésticas. Chegando do trabalho, precisavam fazer as tortilhas, alimentar as crianças, lavar roupa, remendar e cuidar dos animais, além de outras atividades. Se por um lado há mulheres que não se dedicam somente às atividades da "mulher cozinheira e dona de casa", essas atribuições continuam sua responsabilidade. Num sentido parecido, um amigo advogado, que trabalha para o governo do município, ia todos os sábados para a sua *milaj* (roça de milho), cuidar dos seus pés de milho, dizia. Além de ser sua responsabilidade levar grãos para a sua casa, algo que fazia por meio da produção da pequena roça de milho e com um complemento de grãos comprados, ele dizia que a comida tem gosto melhor e nutre mais quando é fruto do próprio trabalho. Por isso, ele me disse, a sugestão de comprar toda a comida não é boa: não queria ver sua família desnutrida. Ademais, levar boa comida para casa é uma demonstração de amor. É mais do que subsistência, portanto: diz respeito ao que poderíamos chamar de uma economia nutritiva de afetos [*nurture*][56].

A vida depende do trabalho. O homem precisa comer bem para que ele produza bastante e a sua unidade doméstica também coma bem. Comer bem e produzir em abundância estão relacionados de forma tal que aparecem como um nexo ontológico: quando parentes homens ajudam o marido a roçar e a plantar a *milaj*, a mulher deve preparar bastante caldo com carne e muitas tortilhas para dar-lhes de comer. Comendo bem, produzem bem, mas, mais do que isso, o milho fica feliz quando as pessoas estão trabalhando bem alimentadas para produzi-lo, dado que comer alegra. Daí que ele se multiplique. Se alguém trabalha com fome, o milho fica triste e bravo, dando

---

[56] Para além do paradigmático trabalho de Strathern (2009) com os Hageners da Melanésia, no americanismo, autores como McCallum (2001) e Gow (1991) já argumentaram a importância do *nurture*, como forma de nutrir o corpo com cuidados, na promoção do crescimento de alguém como parente.

poucos grãos nas espigas. A carne a ser servida deve ser a do frango: diz-se que o seu consumo ajuda a que os pés de milho resistam aos fortes ventos que tombam a plantação, destruindo a roça.

Observadas essas condições e tendo em vista a proposta de que os arquétipos do trabalho dos homens e o das mulheres sejam pensados ao redor da produção e da transformação do milho (cf. Beaucage; TTO, 2012), um adendo deve ser feito. O ciclo produtivo do grão está composto de períodos em que se demanda uma grande intensidade de trabalho, e outros, em que a demanda é quase nula. Isso implica que o trabalho dispensado por homens seja flutuante ao longo do tempo, muito intenso em determinado momento, mais suave em outro. No caso das mulheres isso não é assim: o trabalho é contínuo, algo já antes dito sobre os Achuar, por exemplo (cf. Descola 1986). Aliás, um dito em Tzinacapan se refere ao fato de que as mulheres nahua nunca se sentam (ademais do fato de que a posição de descanso é, muitas vezes, estar de cócoras). Certa vez, na época de preparo da terra para o plantio de milho, uma vizinha me disse que o marido havia ido "trabalhar feito mulher", uma comparação que revela não o modo em que se trabalha, mas a quantidade: muito.

Do antes dito, temos que o trabalho do homem e o trabalho da mulher são complementares (cf. Arizpe, 1973; Beaucage, TTO, 2012; Chamoux, 1981a; Sánchez, 1978; Taggart, 1975). Os modelos arquetípicos do trabalho para homens e mulheres tendem à reprodução da complementariedade expressa pelo termo *motekipanouaskej*. Trabalhar um para o outro é trabalhar juntos: produzir unidade. Nesse contexto, escapar ao arquétipo sem dar conta do seu conteúdo é visto como uma ruptura da reciprocidade, o que leva à produção de dois tipos de personagens, igualmente arquetípicos: o homem preguiçoso e a mulher que desperdiça comida, ainda que, em menor medida, também haja mulheres preguiçosas e homens desperdiçadores. Isso porque a preguiça é a antiversão do trabalho do homem, enquanto o desperdício é o contrário do trabalho da mulher. Vejamos como isso se dá na reconstrução de um *sanil* ("conto, relato, narrativa, mito") sobre um homem preguiçoso[57]:

> Não é bom ser preguiçoso, porque através da preguiça a pessoa adquire vícios: se torna um bêbado, um briguento ou um ladrão. Para que isso não aconteça, é importante não

---

[57] Trata-se do *sanil* chamado *Se tokniuj tatsiuj* ("um homem preguiçoso"), contado por Rufina Manzano e recopilado pelo TTO (2009a).

ser preguiçoso. Certo jovem, quando vivia com o seu pai, trabalhava de forma correta, mas quando se casou, deixou de trabalhar. Não comprava nada para a sua esposa nem lhe dava dinheiro. Ela ia preparar tortilhas em casa alheia ou tinha que realizar alguma tarefa para que lhe dessem comida. Chegando à casa, ainda dava de comer ao marido.

Quando chegou o mês de janeiro, a esposa lhe disse: "Trabalhe! O quê vamos comer? Somos muito pobres". Ainda que não quisesse, o marido foi trabalhar. Trabalhou um pouco e logo se deitou para dormir. Depois, quando acordou, viu que se aproximavam os raios, a neblina e a chuva. Então ele pensou: "se eu fosse um raio, ficaria muito contente, porque não teria que trabalhar. Por enquanto, eu já rocei o suficiente para uma garrafa de sementes. Vou dizer à minha esposa que consiga as sementes e vou plantar somente isso."

A esposa conseguiu a garrafa de sementes e o marido foi plantar. No entanto, depois de plantar toda a área roçada, sobrou um quarto de sementes. O jovem decidiu escavar fundo e enterrá-las, apertando bem a terra para que não germinassem, e tornou a dormir. Logo, veio novamente o raio, e o jovem disse: "É melhor, Deus todo-poderoso, que eu seja um raio, que me transforme em raio. Assim não cansarei para poder comer. Só andarei por aí voando, choverei e pronto". Deus, que o escutou, pensou: "Este filho meu não quer trabalhar. Agora sentirá o que é bom e o que é ruim para que saiba que é melhor trabalhar".

No dia seguinte, quando o jovem foi novamente para a roça, um homem que passava lhe perguntou o que fazia. "Nada, estou descansando", respondeu. "Por que você não trabalha?", perguntou o homem. "Não quero trabalhar, tenho muita preguiça." "E como você vai viver?". "Agora estou pensando que é melhor eu ir para outro lugar. Quero ser um raio". "E, por quê você plantou assim essas sementes? Você já verá de onde vem essa semente. Em *Talokan* há muita. Aí é onde estão a nossa mãe e o nosso pai provedores. Toda semente a partir da qual nos alimentamos vem de lá. Por que você desperdiça? Vai estragar! Se você acha que sobreviverá no ar, avise sua mulher. Eu falarei com os meus amigos raios e se eles quiserem você, eu te aviso amanhã".

Quando chegou à casa, disse à sua esposa que ia embora, que deixaria a enxada e que iria trabalhar em algo que lhe desse dinheiro. A esposa ficou contente. No outro dia, o homem desconhecido voltou à roça do jovem e pediu que este o acompanhasse. Disse que os raios já haviam subido ao ar, mas que o estavam esperando para que também fosse.

Sucede que o homem era, ele mesmo, um raio, e levou o jovem ao *Talokan*, o lugar de onde nos mandam. Ali havia uma casa da qual o jovem estava proibido de sair. O homem-raio lhe disse: "Você não sairá daqui. Você vai cozer o milho com cal e água, ferverá os feijões e tudo o que necessitamos para comer. Aqui você terá que prepará-lo".

No entanto, ao preparar o *nixtamal* (milho cozido com cal) e ao ferver os feijões, desperdiçava demais. Por isso, os raios decidiram levá-lo e entregá-lo a *totalokantotajtsin* (nosso pai do *Talokan* – pai provedor) e a *totalokantonantsin* (nossa mãe do *Talokan* – mãe provedora). A partir daquele momento, serviria aos pais provedores, aqueles que realmente mandam, para que aprendesse que não é bom ser preguiçoso e desperdiçar as coisas. Os pais provedores lhe disseram que ali estaria trabalhando. No *Talokan*, os dias passam como anos inteiros de trabalho porque os pais provedores devem manter a todos os seus filhos. Era muito trabalho. De lá sai a água que reverdece e o calor, que faz nascer os frutos.

Tempo depois, ele viu como outros que ali trabalhavam se vestiam muito bonito e saíam voando pelo ar. O jovem decidiu entrar no quarto dessas pessoas e procurar as capas que eles usavam. Aquelas pessoas eram os raios e ele queria ser um raio. Ele achou uma capa, se vestiu e saiu. Diferentemente dos outros raios, quando ele passava, criava desgraças: derrubava as montanhas, soltava muita água, inundava os vales, destruía casas e matava muita gente. Isso acontecia porque ele era pecador. Logo, os demais raios se deram conta de quem ele era e o detiveram. Chegando ao *Talokan*, os pais provedores estavam furiosos e mandaram que o retirasse dali, que o levasse de volta para o lugar em que o haviam encontrado.

Quando voltou para casa, o jovem mentiu para a esposa. Disse que não o haviam aceitado no trabalho e que não o haviam pagado, mas que ele iria tornar a trabalhar na roça. No primeiro dia, roçou um pouquinho e foi dormir. Assim foi por dias, até que notou a presença de um bando de abutres, que ficavam só voando. Ele disse, então, que queria ser um abutre. Ele só se senta na árvore, descansa, voa, e quanto tem fome, desce ao solo para comer carniça. Ele disse de coração [desejou de verdade] que ele queria viver assim, andar voando para não ter trabalho.

No outro dia, o abutre se aproximou e começou a conversar com ele. "O que você disse ontem?", perguntou a ave. "Eu não quero trabalhar, tenho preguiça. Eu quero ser um abutre porque vocês não trabalham. O trabalho de vocês é só andar voando de uma árvore a outra, só passeiam". O abutre respondeu: "Se você aguentar comer carniça, você pode ser abutre". O homem decidiu, então, comer um pouco de carniça que estava perto dele. Como aguentou, não vomitou, o abutre disse que no dia seguinte voltaria para levá-lo.

O jovem voltou para casa. No outro dia, foi à roça, mas se esqueceu de se despedir da esposa. Quando viu o abutre, pediu que ele o levasse. Disse: "estou muito feliz em ir porque não terei que trabalhar. Não terei que manter a minha esposa, porque é difícil para mim mantê-la: ela precisa de milho, de caldo, de roupa, de fio, de agulha, de pente e eu não tenho dinheiro. É melhor voar". O abutre lhe disse então que tirasse a roupa, sua camisa e calça, que ficasse pelado. Quando terminou de se despir, o abutre rapidamente retirou a sua capa e a jogou sobre o jovem preguiçoso. No final, o abutre era homem e o jovem, abutre.

O abutre, que agora era homem, colocou a roupa do jovem e pegou a sua enxada. Decidiu roçar todo o terreno. Quando a esposa do jovem apareceu ali, não sabia se era o seu marido. O homem disse: "agora eu já estou trabalhando. Amanhã vou pedir dinheiro emprestado e vou te dar o milho e dinheiro para as despesas. Vou trabalhar de três em três dias e você deve vir trazer comida. Vai comprar uma galinha e vai prepará-la para que eu a coma". A mulher ficou muito contente porque o marido já trabalhava e não era mais um preguiçoso. Ela preparou a comida e levou para o marido. Quando chegou à roça, se sentou com ele e ficou observando como se aproximava um abutre feio. Ela disse, então, ao marido: "Não te dá repulsa esse abutre? É feio demais e você está comendo. Joga uma pedra nele, para que morra". O marido lhe respondeu: "Não. Não o matarei, é um animalzinho de Deus. Deixe que ele viva".

> O marido e a esposa decidiram, então, jogar duas tortilhas para o abutre. E assim viveu por muito tempo, até que, por graça de Deus e ainda que vestisse a capa de abutre, tornou a ser homem, mas morreu dois dias depois. Porque era preguiçoso, Deus colocou em seu lugar aquele que lhe deu a capa de abutre e este é quem vive com a esposa. Eles vivem bem e têm milho. (Taller de Tradición Oral del CEPEC, 2009a: 287-333).

A carniça é a comida de quem não trabalha e de quem, como os abutres, não tem parente. A preguiça não só é o contrário do trabalho do homem, que exige esforço, como o preguiçoso (*tatsiuj*) é, ademais, um sujeito detestável. Ele afeta negativamente a vida daqueles com quem convive porque não constrói relações que nutrem, que produzam "intra-ação". No caso do *sanil* que apresentamos, a esposa e as pessoas que morreram nas catástrofes são afetadas pela improdutividade e pelo pecado do preguiçoso (pecado é utilizado, nesse contexto, para se referir ao que é condenável: a preguiça). Já o desperdiço (*taauiloua*) é o avesso de uma tarefa feminina bem-executada, como o fato de que a personagem em questão enterrasse um quarto de sementes e, depois, no *Talokan*, desperdiçasse o grão na produção da comida. Chamoux (1981b: 80) argumenta que o trabalho do homem é a contraparte do trabalho da mulher, e vice-versa. Como dizíamos anteriormente, o trabalho dos homens e o trabalho das mulheres são complementares e necessários à vida. Nesse sentido, a ruptura da reciprocidade é um descumprimento da ideia de casamento por falhar com as relações de amor e cuidado que ele deveria implicar: a mulher pode reclamar do homem, e ele dela, ocasionando, no limite, o divórcio.

Desde os primeiros dias da minha estadia de Tzinacapan, acostumei-me com uma recorrente cena matinal: mulheres que percorrem a comunidade em busca dos seus maridos. Depois de uma noitada de bebedeira, eles acabam caindo ou se deitando sob o abrigo dos tetos das casas. Quando os encontram, as mulheres os erguem e os acusam: ¡tauankej! ("bêbado, alcóolatra"). As queixas para os maridos vão sempre na mesma direção: "você é preguiçoso, não trabalha e só quer *trago* (aguardente)". A cena de pleito conjugal típica dos Nahua se dá entre acusações de que o marido não traz alimento ou que a mulher não prepara a comida. Às vezes, o problema não é esse, exatamente, mas as acusações vem daí por conta da legitimidade assegurada pelo descumprimento do paradigma do trabalho complementar pela outra parte.

De todo modo, a pessoa que desperdiça e que é preguiçosa não pensa no outro e não cumpre com sua tarefa: não é recíproco. A não reciprocidade é a recusa à formação de um termo de unidade, que se fundamente no cuidado e no amor, e é, nesse sentido, prejudicial à família na medida em que não faz nascer nem crescer pessoas [*nurture*]. De forma fundamental, dedicar cuidado e lembrar-se dos cuidados recebidos fundamentam as relações de parentesco e, por meio das cerimônias comunitárias, o sentido de comunidade. Quem é preguiçoso e quem desperdiça não cuida: enfraquece e eventualmente desfaz, portanto, as relações de parentesco. Gow (1991: 150) argumenta, para o caso Piro, que a carência da generosidade é a decadência do parentesco.

De homens que são vistos perambulando pela comunidade antes das quatro da tarde se diz que são preguiçosos. A essa hora se supõe que eles deveriam estar atendendo os seus trabalhos na roça ou no bosque. Homens que visitam outras unidades domésticas antes desse horário são vistos como sobrepassando a hora de visita das mulheres. São elas que visitam nesse horário. Elas vão encontrar-se com a mãe ou as irmãs no momento em que os homens estão ocupados. Por um lado, isso evita que eles estejam controlando o que se diz e o que se faz, por outro, possibilita diminuir as desconfianças de que elas estejam cometendo adultério. Este último é assumido, aliás, como um mal quase sempre feminino: quando falam sobre adultério, os Nahua contam histórias sobre mulheres casadas que cozinham para outros homens. A metáfora de cozinhar para outro é entendida como alusão ao ato sexual. No entanto, e mais fundamental para o nosso argumento, cozinhar para outro homem significa fazer algo pensando em alguém que não aquele com quem deveria se construir relações de reciprocidade, de cuidado e de "intra-ação" (cf. Barad, 2007). Não há amor, portanto. Nesse sentido, uma relação em que uma das partes seja adúltera é entendida, sob o olhar da ortodoxia nahua, como infrutífera, incapaz de fazer crescer.

Nas visitas vespertinas, as mulheres demonstraram amor pela sua mãe e irmãs, levam presentes, fofocam, cuidam e dão infusões em caso de mal-estar. Esse é o momento em que as mulheres casadas saem do núcleo doméstico de afins virilocais para retornar ao seio da família de origem. Mais tarde, os homens que residem de forma uxorilocal ou neolocal saem para visitar a mãe, que o recebe com um prato de tortilhas molhadas em feijão (as *enfrijoladas*) e café. O filho se sente amado pelo gesto e agradece dizendo que as tortilhas da mãe são mais doces que a da esposa. A mãe se sente, então, lembrada e querida: seu filho pensa nela assim como ela pensa nele. Doçura é, como veremos, o gosto do amor.

De modo geral, todo trabalho requer conhecimento para ser bem-feito. O trabalho do homem é um ato de corte (*teki*): corta a terra para plantar, corta a lenha, corta os galhos do cafezal, corta as ervas daninhas, corta a cana, retira o milho e corta os grãos de café. O trabalho da mulher é um ato de criar, transformar e fazer (*chiualis*): transforma milho em tortilha, linha em bordado (cf. Beaucage; TTO, 2012). Certa vez perguntei a uma companheira nahua se os homens também não transformam grão de milho em pés da planta. "Não muito", ela me disse. Quem faz crescer o milho na *milaj* são os cuidadores (*tajpiyanij*): "duendes" que habitam no *Talokan*, nas cavernas e debaixo das plantas, e fazem com que elas aumentem de tamanho[58]. Os homens trabalham, mas não fazem crescer. Aliás, quando os homens querem fazer crescer por si só, colocam fertilizante, e a terra começa a apodrecer pouco a pouco, porque fica brava. E, no entanto, muitos usam fertilizante porque a terra já está viciada; sem a administração de químicos, passariam fome, dizem. Algumas organizações nahua combatem essa visão e defendem a utilização de abonos orgânicos, como é o caso da Cooperativa *Tosepan Titataniske* (cf. Maciel, 2015).

Nesse contexto, o trabalho inclui uma noção de epistemologia em que saber e poder realizar algo coincidem sobre um mesmo campo, estando estreitamente vinculadas. Isso é fundamental no conto do homem preguiçoso. Ele foi levado ao *Talokan* pelos homens-raio. Inapto para o trabalho dos homens, que exige esforço, atribuem-lhe tarefas femininas. No entanto, ele não sabe/pode executar essas tarefas, e acaba causando o desperdício. Não fazer direito é sinônimo de que não se sabe e não se pode, ou, num outro sentido, de que não se trata de uma pessoa adequada para aquela determinada tarefa. Alguém só pode fazer algo porque sabe fazê-lo. Isso se aplica tanto para o conhecimento generalizado para homens e mulheres como os específicos, de parteira e curandeiro, entre outros.

O aprendizado nahua se dá por imitação (cf. Chamoux, 1981a; Maciel, 2015; Pérez-Nasser, 2012): as crianças aprendem dos mais velhos observando-os e acompanhando-os no trabalho, ainda que as novas gerações sempre

---

[58] O paralelo imediato é com um fenômeno análogo conhecido na literatura amazonista como "donos", "donos controladores" ou "mestres de animais" (cf. Cesarino, 2010; Coelho de Souza, 2014; Fausto, 2008; Guerreiro, 2016; Kohn, 2013).

aprendam diferente, como vimos[59]. Esse conhecimento se expressa pelo verbo *ixmati*, "saber pelos olhos", tratando-se, portanto, de um conhecimento prático (Beaucage; TTO, 2012: 107). Ou seja, remete-se tanto ao fato de que se aprende por imitação, vendo e repetindo, como ao fato de que o produto desse conhecimento altera, produz e coloca algo novo no campo do sensível, a partir do qual as pessoas podem estabelecer relações. Isto é, *ixmati* se refere também à capacidade daquele que conhece de produzir diferenças perceptíveis no campo visual.

Nesse sentido, a complementariedade na divisão sexual do trabalho é também uma diferença nos acervos de conhecimentos a partir do qual homens e mulheres mobilizam e transformam as coisas do mundo e a vida social nahua. Em outros termos, homens e mulheres sabem coisas diferentes e, não raramente, contradizem-se sobre como fazer uma ou outra coisa, como sobre o que é e como se manifesta o amor e sobre como se dão as relações entre pessoas, como veremos mais adiante. Assim, nossa perspectiva se aproxima tanto à noção, apresentada por McCallum (1999), de um gênero Kaxinaua produzido epistemologicamente quanto a Crook (2007: 92-95) e ao relato que esse autor faz de homens e mulheres que concebem a formação de pessoas de formas distintas, algo que poderíamos chamar de "ontologias genderizadas"[60].

---

[59] Entre outras coisas, aprender um mesmo conhecimento de forma diferente é um desdobramento do fato de que a continuidade está assentada, em grande medida, sobre a transformação parcial contínua: as formas do social estão continuamente alterando-se, mas transformam-se sempre em si mesmas, ou em formas ligeiramente distintas dentro de um marco de "mesmidade" percebida (cf. Neurath, 2016).

[60] Seguindo uma proposta análoga a de Hendriks (2017: 5), o que estamos chamando de "ontologias genderizadas" se refere a instabilidades ontológicas internas a mundos nativos que permitem proliferar e distorcer as ontologias heurísticas que produzimos em nossas produções antropológicas. Nesse sentido, afirmativas nativas de caráter ontológico podem ser conflitantes e dizer respeito aos distintos modos em que pessoas atualizam realidades (cf. Mol, 1999) a partir de disputas especulativas sobre fundos virtuais de plausibilidade que organizam seus mundos. Veremos, mais adiante, que essa noção é fundamental para entender o conflito entre diferentes tipos de pessoas em torno da possibilidade de que *kuilomej* constituam complementariedade com homens. A manutenção da diferença entre ontologias enquanto "acervos de realidade" (cf. Almeida, 2013) e ontologias enquanto ferramentas heurísticas (cf. Holbraad; Pedersen, 2017), bem como das relações entre elas para pensar as múltiplas realidades em relações de assimetria vem da proposta de uma "ontologia política", isto é, do uso de ontologia como uma ferramenta que ativa fatos produzindo formas de mundanização (cf. Blaser, 2014). Nesse contexto, assertivas conflitantes como "*kuilot* não se casam", dita por um homem, e "quero encontrar um homem com o qual trabalhar e constituir família", dita por um *kuilot*, dizem respeito à plausibilidade de realidades em disputa, ou, em outros termos, à forma em que a realidade é efetivada, tornada ativa por práticas e discursos que se tornam mundo. É nesse esquema, dos conflitos ontológicos que pleiteiam e participam de um mesmo acervo de pressupostos sobre a realidade, que podemos conceber que os conflitos entre ontologias "fonte e sumidouro", "extração sustentável" e "panema" (cf. Almeida 2013) possam coexistir na disputa pelo uso de um parque de conservação: "ontologias múltiplas convivem e podem ser incompatíveis entre si" (Almeida, 2013: 12). "Ontologias genderizadas" diz respeito, portanto, ao modo em que realidades emergem das práticas e dos discursos que se produzem tendo como contexto de disputa pelo mundo as diferenças de gênero.

Entre os Nahua, trata-se não só de conhecer coisas distintas, no entanto, mas de uma economia de gestos, de afetos, de relações e de posturas corporais produzidas pelos laços de gênero, de afinidade, de consanguinidade e na formação de unidades de trabalho, sobre os quais se sustenta a ideia de complementariedade, que produzem determinadas condições de mundo. Assim, se para Lévi-Strauss (1986) a divisão sexual do trabalho é uma criação artificial que pretende produzir dependência entre os sexos, não podendo ser explicada em termos anatômicos (Lea, 2012: 143), para os Nahua não se trata nem de um problema fisiológico e nem de uma produção arbitrária. Antes, é o resultado de uma produção de pessoas de tipos diferentes, assim como de adequações corporais (simbólicas porque anatômicas, ou vice-versa) produzidas por um ou outro conjunto de conhecimentos, aos efeitos que eles implicam em termos de possibilidades de mundo e aos resultados do tipo de relação que um corpo permite engendrar.

MOTAOL UAN MOTAPALOL: UMA ECONOMIA DE AFETOS

Quando traz a comida para o marido, a mulher lhe dirá: *motaxkal uan motapalol* ("sua tortilha e sua comida"), ¡xikua! (coma!). Nesse momento, o marido sente que a mulher o ama. Quando ele retornar da roça trazendo espigas, ele as entregará à sua esposa e lhe dirá que são *motaol* ("seu milho"). Então, a mulher sentirá o carinho do seu marido. De forma geral, há, para os *sanmigueleños*, uma estreita vinculação entre afeto, trabalho e alimentação.

O amor é algo que afeta o corpo e tem diferentes modalidades[61]. Quando os parceiros de uma relação de "trabalho um para o outro" recebem a contraprestação de uma relação de troca, sentem amor um pelo outro. Quando veem os maridos saírem para trabalhar na *milaj*, buscar espigas, feijão e dinheiro para entregar a elas, as mulheres sentem que eles as amam porque, como pensam na família, vão trabalhar. Entre as razões de por que gostam de seus maridos, elas sempre mencionam o fato de que eles sejam trabalhadores, que acordam cedo e trabalham duro para garantir o sustento de todos. Em contrapartida, quando os maridos retornam à casa, elas têm o

---

[61] Entenderemos a noção de amor como uma afetividade determinada e desenhada por meio das categorias nativas, um tipo de afeto entre pessoas que são, elas mesmas, feixes de relações. Recusando-nos a tratá-lo como um simples fruto de relações entre indivíduos, encaramos o amor como uma série de modulações sociais derivadas da combinação entre manifestações socialmente prescritas de comportamento entre pessoas sociais e de transgressões a elas. Nesse sentido, interessa-nos considerá-lo como um manifesto das relações entre papéis sociais (nem sempre prescritos). Um mapeamento inicial dessa discussão pode ser encontrado no texto de Viveiros de Castro e Bezaquem de Araújo (1977).

cuidado de o esperar com as tortilhas cozidas e o café preparado. Quando ele chega, eles comem juntos. Para o marido, um sinal de preocupação e de amor é o fato de a mulher esperar para comer com ele, dividindo as tortilhas e o café. Assim ele se sente amado e querido: sua esposa não come porque se preocupa por ele. Quando chega, ele entrega o *maicito* ("milhinho", em sinal de respeito e carinho) e o feijão para a esposa, que os converterá em tortilhas banhadas em feijão, as saborosas *enfrijoladas* que depois ela lhe dará de comer.

Os homens dizem que receber a comida de uma mulher faz com que eles sintam que elas pensam, gostam e se preocupam por eles[62]. Não é só o ato de oferecer, conta-se que saber/poder fazer algo para alguém, pensando nessa pessoa, é uma forma de investir amor num produto. Trabalhar pensando no outro é uma forma de produzir amor nas coisas, por isso o milho que o próprio homem planta é mais nutritivo que o milho comprado, bem como a tortilha feita em casa, mais saborosa que aquela que se compra. O milho que o homem traz tem carinho, e quando o transforma em tortilha ou *tamal*, a mulher também coloca afeto. Isso se aplica não só para a esposa, que costuma esperar o marido para que comam juntos, mas também à mãe. A entrega de comida a um homem é a forma feminina de demonstrar amor. Assim como a entrega dos produtos do seu trabalho à mulher, grãos e eventualmente dinheiro, é o modo em que os homens manifestam amor. A troca sobre a qual descansa o *motekipanouaskej* ("trabalhar um para o outro") é, portanto, uma economia de afetos entre pessoas de "sexo cruzado" (cf. Strathern, 2001).

Em primeiro lugar, isso nos leva a uma concepção de amor em que amar, pensar e produzir para oferecer são coisas estritamente vinculadas. Nesse sentido, estamos distantes de uma noção de afeto que se contrapõe à racionalidade ou à ação (cf. Surrallés, 1998), mas uma em que essas coisas se colocam em contínuo para que sejam eficazes. É inconcebível, portanto, que alguém possa amar sem fazer. É a eficácia do fazer que revela a verdade do pensar. É no efeito que se dá o fundamento da relação. Assim sendo, uma teoria nahua das emoções aparece como uma modulação do saber-poder e do fazer para alguém: uma forma de ação. Para além disso, saber

---

[62] A noção de que se faz algo pensando em alguém ou com o outro em mente é um tema já desenvolvido em etnografias americanistas e melanésias. De forma geral, argumenta-se que fazer algo para o benefício de alguém em quem se pensa é uma forma de contrapartida relacional às assemelhações e às conjuncionalidades que produzem pessoas, e, por essa razão, está intimamente vinculado ao idioma e às forças constitutivas do parentesco (cf. Lea, 2012; Madi Dias, 2015; Strathern, 1999).

e amar são formas de "coração-nar", ações guiadas pelo coração, o núcleo de articulação entre as diferentes partes que compõem uma pessoa: seu corpo-morada (a materialidade imediatamente visível; corpo) e seus *alter egos* (as partes da pessoa que habitam partes menos visíveis do mundo, como o subterrâneo, o interior das florestas etc.). O coração aparece, em muitas etnografias mesoamericanas, como o centro anímico da pessoa (cf. Bartolomé, 2006; López-Austin, 2004; Maciel, 2018a; Martínez González, 2015). Nesse sentido, aproximamo-nos da relação entre pensamento, emoções e intencionalidade já etnografada por Descola (2006) e por Surrallés (2003), entre outros.

Por outro, a forma nahua de conceber as relações de troca entre pessoas de mesmo sexo e de sexo cruzado parecem inverter a disposição entre mediação e não mediação etnografada por Strathern (2009) entre os Hageners. Assim, se entre os melanésios as relações de mesmo sexo são feitas por trocas mediadas, enquanto as relações de sexo cruzado se dão de forma não mediada, entre os Nahua as condições são outras. Na esfera das relações internas às unidades domésticas, o amor entre mulheres e homens depende da troca mediada por grãos e alimentos, entre outras coisas, enquanto as relações entre pessoas de mesmo sexo, de mulheres que trabalham juntas, por exemplo, nasce da convivência e dos aprendizados, como veremos. No entanto, as relações entre unidades domésticas, assentadas sobre a trajetória masculina do prestígio e entendidas como uma esfera de trocas entre homens, dão-se de forma mediada, como vimos no caso do *siuatalis*. Isso se deve ao fato de que, nas trocas entre unidades domésticas incorporadas por dois homens em relação, um deles emerge como associado ao feminino e outro, ao masculino, a depender da idade e do prestígio de cada um. Isso diz respeito a um princípio cosmológico que exploraremos com mais detalhe no capítulo seguinte.

Nesse sentido, quando as mulheres se referem às suas mães, mencionam o fato de as terem ensinado a cozinhar, coser, lavar, cuidar dos filhos, manipular ervas, lavar e amarrar os cabelos, mas, especialmente, citam o fato de que trabalhavam juntas. Trabalhar junto é um mecanismo, no interior das relações entre pessoas de mesmo sexo, para aprender as técnicas de trabalho, mas também para se divertir, para contar histórias e para dividir possíveis sofrimentos. O mesmo se aplica no caso dos homens. Eles falam do amor pelo pai porque trabalharam juntos: o pai os ensinou. Em particular, certa vez um amigo me contou sobre ele ter cortado o pé na roça quando criança, e o fato de o pai ter o atendido de forma rápida, valendo-se dos seus conhecimentos para salvar o filho. Sempre que ele falava do pai, mencionava, com carinho, esse acontecimento. Na roça, os homens também conversam. É um espaço de intimidade masculina, em que eles podem falar livremente sobre os mais diversos assuntos, como reclamar de alguma falha das mulheres ou tratar explicitamente de temas de sexualidade. De forma geral, o afeto em relações entre pessoas de mesmo sexo é um desdobramento de que se trabalhe junto, das histórias e dos conhecimentos envolvidos no processo.

Há, no entanto, exceções importantes. Uma delas é a relação entre pai e filha. Entre os Nahua, trata-se de uma vinculação distanciada quando comparada às relações entre pai e filho ou mãe e filha ou filho. Isso acontece, entre outras razões, porque além de não trabalharem juntos, o pai entrega alimentos à sua esposa e não às filhas. Ainda que elas transformem esse mesmo grão trazido pelo pai em alimento, fazem-no como subsidiárias da mãe, e isso é fundamental. As mulheres dizem que um bom pai traz grãos para a mãe, e elas sentem afeto por isso, mas a relação entre pai e filha é algo distanciada. Por outro lado, a convivência das pessoas de sexo cruzado é relativamente curta: os homens passam a maior parte do tempo fora do espaço doméstico, trabalhando (cf. Bourdieu, 2009: 419-437). A jornada de trabalho nahua é longa e árdua, e os homens e as mulheres coincidem em um momento muito curto do dia, o que reduz a possibilidade de convivência entre pai e filha. Ademais, muitas mulheres reclamam dos pais: são duros, incisivos e dão muita bronca. Nesse sentido, outras dizem gostarem do pai justamente por sua atitude inversa: o pai dá pouca bronca. Isso é fundamental se temos em conta que a hierarquia de prestígio nahua se fundamenta em dois índices de assimetria, de idade e de gênero: alguém mais velho englobando um mais novo e um homem englobando uma mulher (cf. Dumont, 2008), levando a um tipo de gerontocracia que, se nos permitir Arizpe (1973), caracterizaríamos como de gênero.

Em seu estudo das afetividades entre os Ifaluk, povo micronésio, Lutz (1988: 5) argumenta que as emoções são elementos eminentemente culturais, de tal forma que as pessoas, ao sentirem e falarem sobre elas, realizam julgamentos sobre processos sociais. Em especial, a autora demonstra como um sentimento chamado *fago* ("compaixão, amor, mágoa") pelos Ifaluk está vinculado ao importante lugar concedido ao cuidado (*nurture*) entre pessoas com estatutos diferentes (e, portanto, próximo daquilo que estamos chamando, para o caso nahua, de amor), o que é especialmente importante tratando-se de um grupo que habita um recife de corais constantemente às voltas com os resultados de tufões e inundações, entre outras coisas. A autora se vale dos dados etnográficos Ifaluk para, então, contrapô-los às noções modernas de "amor", que, segundo ela, estão vinculadas ao individualismo e à busca e ao estabelecimento de relações estáveis.

Partindo da exploração do caso específico do sentimento *fago*, Lutz (1988: 144-149) sugere que o amor entre os esposos é, nas sociedades de economia de dádivas[63], o desdobramento do fato de que eles trabalhem juntos e troquem dádivas entre si. Segundo Taggart (2015: 177), entre os Nahua uma noção parecida pode ser aglutinada em torno do termo *paquiliztli* (ou *pakilisti*, no caso dos *sanmigueleños*), usado para denotar a felicidade de um homem e de uma mulher que, trabalhando um para o outro, gostam-se e vivem bem. Em Tzincapan, quando alguém diz *nipaktok* ("estou bem/alegre/feliz"), significa que a pessoa está bem em todos os sentidos possíveis: uma felicidade plena. Em seu dicionário da variante local do náhuatl, o linguista nahua Zamora Islas (2014: 83) apresenta a seguinte digressão em torno do termo *pakilisti* ("gozo, felicidade, alegria"): "não fala de miséria, de desnutrição, de doença, de má educação e de prisão; fala de uma alegria profunda, fundir-se de felicidade, satisfação, desfrute e prosperidade"[64]. *Pakilisyot*, aquilo que é intrínseco à alegria e à felicidade pode ser entendido, então, como bem-estar, a fusão que garante a produção de uma unidade, o casal, e as relações de trocas entre eles, que não só produzem afetos, mas também sustentam a existência da unidade doméstica, como vimos.

Ademais do bem-estar emotivo, o termo também indica a ausência de dores físicas e doenças. Segundo Beaucage e o TTO (2012), *pakilis* é também bem-estar físico, razão pela qual os autores decidem, em outro artigo, traduzir o sentimento por "saúde/felicidade" (Beaucage et al., 2012: 187). Argumentam, acertadamente, que *pakilis* é o contrário de *kokolis*

---

[63] A referência é ao trabalho de Mauss (2017): especificamente o fato de que a troca emerja, nesse contexto, como um veículo de influências, de tal modo que aquilo que se dá porta a força do doador, seu mana, e o receptor tenha que retribuir para mediar e controlar essa força. Na leitura de Wagner (1967), a dádiva é o que permite separar, produzindo tipos diferentes de pessoas por meio do parentesco; ela estabelece com quem se deve trocar e com quem se deve consumir determinadas substâncias. O dom é o que separa, criando parentesco ao controlar e interromper determinados fluxos de influência (especialmente a do tio materno sobre o sobrinho). A troca diferencia enquanto a comensalidade, o consumo compartilhado de carne, permitiria a mutualidade do ser (cf. Sahlins, 2013). Ambas criam tipos diferentes de parentesco. Para Viveiros de Castro (2009), a economia da dádiva é uma circulação de substâncias que permite estabelecer influência, e não tanto o direito de propriedade sobre algo, como numa leitura juralista, revisão crítica que também faz parte dos argumentos de Vanzolini (2015: 26-29).

[64] Texto original em espanhol: "*no habla de miseria, de desnutrición, de enfermedad de mala educación y de prisión; habla de una alegría profunda, fundirse de felicidad, dicha y prosperidad*" (Zamora Islas, 2014: 83).

("doença/dor") e de *tajyouilis* ("sofrimento"). Assim, *pakilis* é o sentimento que os Nahua associam ao bom funcionamento do modelo familiar de complementariedade por meio do matrimônio, das trocas entre pessoas de sexos cruzados e das unidades de trabalho de pessoas de mesmo sexo (cf. Taggart, 2007, 2011, 2015), mas estreitamente relacionado à produção e ao consumo de alimentos, conectando as atividades de homens e mulheres e remetendo a uma noção de equilíbrio.

De fato, os alimentos são centrais para a produção da socialidade nahua, tanto no interior das unidades domésticas quanto a nível comunitário. Millán Valenzuela (2010: 18) argumenta que as festas cerimoniais dos *maseualmej*, como a *siuatalis,* que exploramos no começo deste capítulo, giram em torno da produção, distribuição e consumo de alimentos, entre outras coisas. Para o autor, uma forma possível de se compreender a festa é como um momento de produção de alimentos para dar conta de um consumo que extrapola a unidade doméstica, implicando uma distribuição comunitária de comida que, em momentos como a festa do santo padroeiro, pode abarcar milhares de pessoas, chegando a cobrir a comunidade inteira. Fala-se, então, do dispêndio de uma enorme quantidade de trabalho, que começa anos antes, e se distribui entre todos. Para Millán Valenzuela, a doação de alimentos é um dos eixos do sistema cerimonial. Além disso, diríamos, é um dos fundamentos das trocas recíprocas que, se bem se acentuam durante as festas e cerimônias coletivas, têm um importante fundo corriqueiro que antecede o ritual e faz da reciprocidade algo do âmbito do ordinário; ou, em outro sentido, diminui a distância entre o ordinário e o ritual na medida em que ambas as esferas são responsáveis pela criação das redes sociais de troca e comensalidade, efetivando, portanto, aquilo que se entende como uma comunidade[65].

Comer alimento sólido é, aliás, o que permite transformar uma criança de *pili* ("bebê" – termo sem gênero) em *okichpil* ("menino", de *okich-,* "sêmen" + -*pil*, "criança") ou *siuapil* ("menina", de *siau-,* "mulher" ou "útero" + -*pil*). Nesse momento, o corpo da criança começa a tornar-se sólido e ela, a ser vista como efetivamente humana, isto é, com uma corporalidade já minimamente estabilizada como humana, o que não significa que o bebê não fosse humanizado desde o nascimento. Ter o corpo assentado como

---

[65] Ademais do fato de que as pessoas de uma comunidade sejam também entendidas como aquelas que vivem sob a regência e a proteção de um mesmo Santo Padroeiro, como São Miguel para o caso de Tzinacapan, e que os *alter egos* dessas pessoas estejam relacionados por vínculos de parentesco, dois temas complexos que podemos aqui senão mencionar.

humano é um processo que começa no momento do parto, quando o bebê passa a compor o mundo do sensível, daquilo que se vê, e conclui quando recebe a primeira porção de alimentos sólidos. Para ser efetivamente humano, no entanto, deve abandonar a condição sem gênero de recém-nascido, um intermediário entre-sexos, para tornar-se parte de um dos dois segmentos do mundo perceptível: masculino ou feminino. Isso acontece quando o bebê tem três meses de idade, e deve ser alimentado com derivados do milho: tortilha, *tamal* e *atole*.

O momento ritual em que isso acontece é chamado de *nauilpualtiloni* (Millán Valenzuela, 2008: 24), remetendo aos 80 dias contados a partir do nascimento para que se realize o ritual. A tradução literal de *nauilpual-* é "quatro contas". Na matemática nahua, cada conta corresponde a 20 unidades, de tal modo que as quatro contas às quais o termo se refere são os 80 dias de vida do recém-nascido. Comer o milho produzido pelo pai e transformado em alimento pela mãe é o que garante, no ritual, que o corpo do recém-nascido se estabilize; os humanos são feitos de milho, contam os mesoamericanos em geral. No caso do bebê que se torna menino ou menina, aquilo que ele será depende das marcas corporais, mas se completa com a designação do tipo de trabalho que a pessoa deverá executar e das ferramentas que recebe para tanto.

Depois de alimentar o bebê com alimento sólido, os seus padrinhos falam com ele ou ela, convidando-os a que executem, ao longo da sua vida, as atividades e as tarefas que se esperam deles segundo os paradigmas sobre os quais se fundamenta a divisão sexual do trabalho. Também aqui a performance oral dos padrinhos é fundamental: eles inscrevem, a partir das marcas corporais do bebê, as capacidades potenciais da criança e a convidam a ativá-las. Quando se trata de um menino, os padrinhos darão ao afilhado um pequeno facão, instrumento com o qual, anos mais tarde, a criança irá para a *milaj* junto ao seu pai e com o qual começará a aprender a forma de trabalhar dos homens. À menina, os padrinhos darão uma xícara. Quando estiver com a mãe, a criança toma o instrumento para aprender a cozinhar. Em ambos os casos, as crianças e os adultos chamam esses atos de brincar: uma forma de aprender por imitação. Ademais dos instrumentos de trabalho, os padrinhos entregarão às crianças roupas de menino e de menina, fazendo com que seus corpos apareçam de forma marcada pelo gênero. De todo modo, o consumo do milho afirma a estabilidade humana da criança, enquanto o convite e a entrega das ferramentas e das roupas por parte dos padrinhos são o primeiro passo para transformar corpos marcados em homens e mulheres, produzidos pelas capacidades de cada tipo de corpo. É a partir desse momento que se marca a diferença de gênero e o bebê passa a participar de um dos grandes eixos cósmicos: masculino ou feminino[66]. Antes disso, ele é entendido como uma extensão do corpo da mãe, algo que é dela.

A tortilha é o alimento fundamental dos Nahua e é o destino da maior parte da produção de milho. Sua importância é de tal ordem que ela é entendida como uma classe diferente de alimento, recebendo uma distinção semântica própria: se o termo em náhuatl para comida, em geral, é *tapalol*, a tortilha (*taxkal*) não se enquadra nessa categoria mais ampla (cf. Millán Valenzuela, 2010). É por essa razão que a mulher, quando entrega a comida ao homem, diz *motaxkal uan motapalol* ("sua tortilha e sua comida").

Uma boa mulher, mãe, avó, esposa ou pretendente, é sempre citada como uma habilidosa fazedora de tortilhas. É assim que os homens se referem a elas quando querem exibir as qualidades das suas consanguíneas ou esposa. Também é assim quando os Nahua se lembram de mulheres pelas quais sentem afeto. Receber comida de uma mulher é sinal de que se é amado, tanto para homens quanto para mulheres. Assim, a memória da tortilha de uma mulher da qual o amor faz falta é sempre um relato presente: as tortilhas da mãe, da avó ou da esposa já falecida são sempre recordadas como muito saborosas. Uma amiga, por exemplo, contava-me, saudosa, que sua avó fazia tortilhas como ninguém. Lembrar-se disso evoca amor pela avó falecida. Outra amiga sempre me convidava, aos domingos, para comer em sua casa: eu adorava o *pipián de pollo*, frango em molho de gergelim, que se preparava em sua casa. Quando estávamos à mesa, ela brincava dizendo que eu gostava muito das tortilhas da mãe dela, as "melhores tortilhas de

---

[66] Esses elementos diferem dos dados apresentados por López Hernández (2014: 353) para o caso *mexica*, Nahua pré-hispânicos conhecidos como astecas. Segundo a autora, a designação de gênero de um bebê se dava desde o princípio. Na cerimônia de nascimento, argumenta, além do nome, rotulava-se o bebê com a presença simbólica dos utensílios associados a um ou outro gênero, fundamentando-se na diferença sexual: menina (cozinha) e menino (guerreiro). A cerimônia terminava quando se desprendia o cordão umbilical e este era enterrado, para o caso das meninas, no fogão da casa e, para o dos meninos, no campo de batalha. Com isso, diz a autora, definiam-se os seus âmbitos de ação: doméstico, para a mulher, e público, para o homem. Os dados da autora são efetivamente interessantes, porque sugerem que a entrega das ferramentas se fazia no momento do nascimento da criança, e não no momento em que passa a se alimentar com comida sólida, como os Nahua contemporâneos. No entanto, a separação rígida entre doméstico e público a partir da qual se constrói a relação entre pessoa e local de enterro do cordão umbilical, segundo a autora, parece ser pouco produtiva para o caso dos *sanmigueleños*.

Tzinacapan", dizia. Isso denotava não só o fato de que eu era querido ali, mas o amor e carinho que ela sentia pela mãe.

Se a associação geral entre mulher e tortilhas é corriqueira, dado que prepará-las é a principal habilidade feminina, a associação entre mãe e tortilha é de ordem muito mais íntima e afetiva. A mãe é quem ensina a filha a prepará-la. É um processo longo, de anos, até que a mãe reconheça que a menina já é capaz de fazer tortilhas adequadas. Ao longo desse extenso período, a própria menina deve comer as tortilhas tortas, grossas, secas e rachadas que possa produzir, intercalando-as com tortilhas que a própria mãe fez: perfeitamente simétricas, redondas e de grossura exata e nivelada. Quando a tortilha da menina fica boa, ela passa a fazê-la para todos, junto à mãe e às irmãs mais velhas (cf. Pury-Toumi, 1997). No caso das mulheres, então, associar a mãe às tortilhas tem um profundo caráter de amor e de aprendizado, para além do fato de que elas tenham se alimentado da tortilha que ela as deu, caso que é compartilhado pelos filhos homens. Na mudança de residência pós-marital, a mulher manifesta a saudade da mãe lembrando das suas tortilhas, e pode declarar, no meio da tarde, que irá comer uma "tortilhinha" (outra vez, diminutivo é sinal de carinho e respeito) com a mãe, isto é, que irá visitá-la.

Isso nos leva, portanto, a uma compreensão de amor que depende da relação que o ego assume com outra pessoa, de tal forma que ele se constrói a partir da expectativa relacional de uma posição determinada, que é condição e produto da relação. Os Nahua trocam comida, é verdade, e isso diz respeito a uma noção de complementariedade pelo casamento e de constituição de uma unidade doméstica. No entanto, eles o fazem porque trocam amor, e este deve ser continuamente produzido. Não se trata simplesmente de uma economia de bens alimentares que têm o milho como eixo central, mas de uma economia de afetos que se impregna na produção e na transformação de alimentos. O amor é o que faz homens produzirem e mulheres transformarem, de tal modo que o fruto do seu trabalho está investido desse sentimento. O milho tem a capacidade de nutrir, mas sem o amor do homem que o produz e o da mulher que o transforma, ele nutre menos do que poderia e isso não é uma questão menor.

Taol tonemilis, taol tonakayo ("o milho é nossa vida, o milho é nosso corpo"), dizem os *maseualmej* (Beaucage; TTO, 2012: 102). O milho dá corpo ao humano, de tal forma que não é gratuito que a afirmação da humanidade de um bebê se dê não quando ele nasce, mas quando consome o primeiro alimento sólido feito de milho. O termo que estamos traduzindo por corpo é, em náhuatl, -nakayot (-naka-, carne + yot, intrínseco a, parte de). Apesar do seu uso ser análogo à nossa noção corporal, sua plasticidade conceitual diz respeito à carne de alguém[67]. Aliás, -nakayot deve ser acompanhado de um possessivo: não existe corpo, ou, em outro sentido, todo corpo compõe uma pessoa determinada. Nesse mesmo sentido, o termo que traduzimos por humanos é takamej, cuja tradução literal é "homens", e diz respeito ao uso de uma noção genérica de humano [humankind]. Este último uso, do humano como "espécie", é incomum na maior parte dos povos amazônicos. Viveiros de Castro (1996) argumenta que a noção de humanidade é egocentrada entre os amazônicos, dizendo respeito à condição social de pessoa [humanity]. Este último uso também existe entre os Nahua, que o manifestam pelo uso de maseualmej, os merecedores, produzindo um tipo de humanidade responsável pelas condições de existência do mundo.

Alimentar os filhos com milho os faz crescer. Em outro sentido, o nexo de filiação entre um casal e os seus filhos é dado pela responsabilidade dos primeiros em fazer com que os segundos cresçam, enquanto estes devem ajudar e aprender dos seus pais. O mantimento dos filhos só é possível, ademais, quando há trabalho complementar: um que produz e outra que transforme o grão de milho. Daí a importância da noção de "intra-ação": o amor na relação que compõe um casal é o mesmo que faz nascer e crescer pessoas, que derivarão, em outra instância, como novas relações de amor (com os pais e com uma possível nova complementariedade). Nesse sentido, o amor é uma força gerativa.

Fazer crescer é iskaltia, de tal forma que os pais, em relação com seus filhos, são teiskaltijkatatsitsin, "pais sustentadores", ou, mais literalmente, "pais que fazem alguém crescer" (de te-, infixo que indica a humanidade de quem recebe a ação + -iskaltijka-, "fazem crescer" + -tatatsitsin, "papaizinhoinhos", duplamente diminutivo para ressaltar o carinho e o respeito pelos pais). Essa condição de sustentadores que fazem crescer é compartilhada também pela senhora e pelo senhor de Talokan, o lugar ao qual o homem preguiçoso do sanil antes apresentado é levado pelos homens-raio. Eles são chamados de toteiskaltijkatatsin (to-, nosso + -te-, "a alguém" + -iskaltijka-, "faz crescer" +

---

[67] Uma noção de "minha carne" ou "conjunto da nossa carne" parece estar presente em diferentes contextos etnográficos. No caso dos Mẽbêngôkre, o termo normalmente traduzido como corpo é ĩ. No entanto, alerta-nos Lea (2012), a tradução mais precisa para o termo seria "carne corporal". Em tzotzil, sbek'tal é o termo para corpo. No entanto, esse termo se desdobra de bek'uet, usado para referir-se à carne de um animal ou pessoa (Maciel, 2018a: 116).

-*tatsin*, "paizinho"), "o pai da nossa subsistência" e *toteiskaltijkanantsin* (em que *tatsin*, do caso anterior, é substituído por *nantsin*, "mãezinha"), "a mãe da nossa subsistência" (Beaucage, TTO, 2012: 107). No *sanil*, os senhores do *Talokan* aparecem como pais de todos os seres humanos, aos quais chamam de filhos e devem fazer crescer. Para tanto, manda-lhes as sementes que têm no *Talokan*. Por isso, quando viu que o preguiçoso havia enterrado um quarto de sementes porque não queria trabalhar, o homem-raio lhe disse que não se deve desperdiçar. Se os pais trabalham para produzir, demonstrando seu amor para com os filhos, estes não devem desperdiçar. O desperdiço rompe com a reciprocidade esperada, promovendo a ingratidão, uma das formas em que a inveja, enquanto categoria nativa, manifesta-se.

Até aqui, argumentamos que o amor é um sentimento de carinho que produz e que emana do trabalho complementar da unidade doméstica, traduzindo parte de uma economia de sentimentos nas relações de filiação e de casamento que se fundamentam na "intra-ação", a condição de nascimento e crescimento de pessoas. Além disso, mostramos como o fato de que se trabalhe um para o outro se coloca sobre uma política da produção, transformação e distribuição de alimentos. O casal e os seus filhos sabem que trabalhando juntos vivem melhor, e, ao fazer, amam-se, gostam-se e se cuidam. O termo náhuatl normalmente traduzido por amor é *tasojtalis*. No entanto, ele dá conta de um campo semântico bastante complexo, podendo estar conectado com fenômenos análogos como a ternura e o carinho (Cortez Ocotlan, 2012: 82), mas também ao desejo sexual (Karttunen, 1983: 162), à gratidão e à lealdade (cf. Taggart, 2015). Segundo Zamora Islas (2014: 86), *tasojtalis* é um sentimento de carinho e cuidado que pode ser direcionado tanto aos seres humanos quanto aos existentes não humanos.

Além disso, e de forma evidente, tratamos de mostrar que as perspectivas sobre o amor variam segundo o gênero. Isso se desdobra do fato de que as mulheres e os homens estabelecem relações diferentes com outras pessoas, uma vez que o lugar de um homem nunca é equivalente ao lugar de uma mulher, mesmo se temos em vista a perspectiva das relações parentais. De certo, esse elemento se deve ao modo em que se dá a formação das unidades de trabalho e a regra de virilocalidade preferencial, mas também é consequência da assimetria entre homens e mulheres, razão pela qual falamos de um englobamento que opera a partir do gênero. Agora nos valeremos de duas relações específicas, entre a sogra e a nora e entre os germanos homens para explorar o avesso do *tasojtalis*: *nexikolisti* (inveja).

TASOJTALIS UAN NEXIKOLISTI: O GOSTO DO AMOR E DA INVEJA

O drama doméstico mais comum, no caso das mulheres, dá-se entre duas personagens fundamentais: a sogra e a nora. Tendo em vista a preferência residencial pós-marital virilocal, a nora passa a residir e trabalhar com a sogra, tornando-se subsidiária a ela. Se a mãe é responsável por ensinar a filha a fazer tortilhas, cujo consumo produz humanos, é a sogra quem a ensinará como cozinhar os demais pratos que compõem o cotidiano *maseual*, obedecendo não só o gosto mas também as especificidades da unidade doméstica (cf. Pury-Toumi, 1997). Os Nahua dizem, por um lado, que cada casa tem o seu sabor, referindo-se ao gosto da comida e ao tempero que as mulheres, por meio do procedimento de cocção, dão aos pratos. Por outro, afirmam, como em outros casos mesoamericanos (Pitarch, 1996: 137), que o corpo está formado daquilo que ingere: comer diferente, com sabores diferentes, produz pessoas diferentes[68].

Na casa do marido, a mulher aprende da sogra e deve trabalhar com ela. No entanto, é comum que a sogra e a nora entrem em conflito a partir das expectativas que as duas mantêm em relação a um mesmo homem, filho de uma e marido da outra. Como mulher mais velha, é a sogra quem, ademais de ensinar as filhas e as noras, deve organizar o trabalho doméstico. Ela goza de um estatuto de autoridade que se sobrepõe ao da nora[69]. Quando o homem, filho e marido, retorna do campo, a mãe e a nora podem disputar os frutos do seu trabalho. Uma mulher espera, por ser esposa, que ela seja a receptora, enquanto a outra, por ser mãe e por ser a mulher mais velha, pode exigir que ela receba os recursos. Quando elas começam a disputar, ambas esperarão, ademais, que o homem intervenha a seu favor. Como marido ou como filho, elas esperam que ele defenda seu lugar nas relações familiares.

---

[68] A relação intrínseca entre alimentação (produção, preparação e consumo), pessoalidade e constituição de pressupostos sobre o mundo é um tema clássico da Antropologia que remete aos estudos de etnobotânica e a uma noção de ecologia no estruturalismo de Lévi-Strauss (1986: 149-173), redesenhando as noções de silvestre e doméstico, bem como as mediações entre elas. De forma mais clara, Strathern (2009) argumenta que, para os melanésios, a pessoa é aquilo que ela come, enquanto, no americanismo, autores como Vilaça (2017) e Fausto (2001) reclamam a alimentação como um idioma do englobamento e da transformação das condições relacionais na Amazônia. Pesquisas amazonistas mais recentes exploram a relação de causalidade entre um modo de cozinhar, comer e produzir corpos, apontando para o papel fundamental dos afetos e sensações ocasionados pela comida e os seus sabores na formação de corporalidades determinadas (Yano, 2014a, 2014b).

[69] Para um rendimento analítico interessante dos arranjos sociais em torno da relação entre nora e sogra, consultar os trabalhos de Jardim (2006, 2007) para o caso de famílias indianas no sul do Moçambique.

Existem dois cenários possíveis. O casal pode decidir separar o fogo doméstico, de tal forma que a esposa passe a cozinha e a atender somente as necessidades do seu marido e possíveis filhos, ainda que dentro de uma mesma casa, ou passar a residir neolocalmente. Atualmente, muitos casais preferem residir dessa forma desde um primeiro momento, evitando os problemas que podem decorrer de um mau relacionamento entre a nora e a sogra. No entanto, nesse cenário, o pai do rapaz pode tomá-lo como uma ofensa.

Outra forma de agir é manter-se no mesmo núcleo doméstico, apesar da querela entre mulheres. Se o marido intercede ou não a favor de alguma delas, é irrelevante. De todo modo, a querela se arrastará, podendo levar, inclusive, a acusações de feitiçaria. Nesse caso, é comum que as noras decidam retornar para a casa dos pais com medo da sogra, ou que esta convença o filho a abandonar a esposa. A sogra pode acusar a nora de não querer trabalhar com ela, de ser alguém que desperdiça demasiado, preguiçosa e, como consequência, invejosa. A inveja é um sentimento perigoso: ela destrói laços entre parentes. Ao acusar a sogra de bruxa, a nora faz uma operação mais ou menos simétrica: diz que ela é invejosa. Se ela tem filhos, pode chegar a dizer que a sogra chupa o sangue do bebê (feito do leite materno, de sabor doce), drenando o amor que deve fazer crescer a criança em razão da sua inveja. Bebês podem chegar a morrer disso. Aqui, a inveja não deve ser entendida, no entanto, como uma emoção equivalente ao que ordinariamente entendemos pelo termo. Entre os Nahua, aquilo que eles traduzem ao espanhol por *invidia* (e eu, ao português, por inveja) é um complexo de emoções avessas ao amor.

Nesse sentido, existem assimetrias na relação entre "trabalhar juntos" e "trabalhar um para o outro" quando tomamos em conta as dinâmicas entre pessoas de mesmo sexo e de sexo cruzado. Em ambos os casos, essas questões carregam uma importante carga emocional, que ganha conotações distintas segundo o gênero de quem se põe em relação. A mulher se entristecerá pelo não cumprimento da expectativa de uma possível intervenção do homem. Como o marido/filho não se coloca a seu favor, ela pode entender que ele não respeita e não defende sua posição na constituição familiar. Isso é especialmente sofrido para a esposa, que pode morrer da tristeza e dos mau tratos da sogra e do marido, além de sofrer de uma série de doenças que são específicas às mulheres, chamadas *siuakokolismej* (cf. Beaucage, TTO, 2012; Beaucage et al., 2012). Ainda que em casos menos frequentes, sogras choram e se entristecem pela má relação com a nora, que não a respeita e que faz fofoca sobre ela e o seu filho. Nos termos de Taggart (2015: 178-181), o amor matrimonial deve ser entendido a partir de perspectivas, ele se constitui de fatores diferentes segundo cada pessoa e o lugar que ela ocupa numa intersecção de relações em que o gênero é um fator primordial e engendrador de outras condições.

Outro drama recorrente é entre germanos homens. Ambos trabalham com seu pai e habitam com ele. No entanto, percepções de que um trabalhe mais do que o outro na produção agrícola pode levar a acusações de preguiça. Ou, se um irmão sente que o outro come mais, ou a esposa e filhos de um comem mais do que a esposa e filhos do outro, um irmão dirá que o outro é invejoso. Competições pela predileção do pai também são recorrentes. De forma geral, os Nahua enfatizam que o amor entre germanos é fundamental: ele é o fundamento de uma unidade de trabalho de mesmo sexo (cf. Arizpe, 1973). Quando irmãos se desentendem, produz-se assimetria e o sustento e o crescimento da família (a "intra-ação") é colocado em risco. Os *maseualmej* têm uma infinidade de *sanilmej* em que relatam como a desunião dos germanos produz pobreza, enquanto trabalhando juntos todos eles prosperam.

Para além disso, é fundamental o fato de que a germanidade nahua seja organizada pela hierarquia de idade: o mais velho detém mais prestígio que os mais novos, e, muitas vezes, o irmão mais velho pode inclusive contestar a autoridade paterna e entrar em conflito com ela. De modo geral, no entanto, os Nahua dizem que o filho mais velho é o companheiro fiel do pai, aquele que ajuda nas decisões e pode chegar a questioná-lo, para que ele veja outras facetas de alguma decisão que deva tomar. Se um irmão mais novo faz isso, o pai o tomará, no entanto, como ingrato. Vale a pena tornar a dizer, para além disso, que os homens da comunidade, casados, pais e chefes de unidades domésticas, tratam-se entre si como germanos. A germanidade atitudinal entre homens é o código de tratamento dispensado quando se opera um giro de escala da unidade doméstica para a unidade comunitária, elemento observado também em outros contextos mesoamericanos, como antes indicado.

Apesar dos elementos antes elencados, de uma determinada prescrição de colaboração e amor entre germanos, é comum que eles disputem entre si e acabem rompendo com a unidade doméstica para passar a habitar neolocalmente. Assim, a inveja entre germanos é entendida como altamente perniciosa.

A inveja (*nexikolisti*) não é só o contrário, mas o avesso do amor (*tasojtalis*). Isso porque onde há amor, também há inveja. Ela existe em todos os tipos de relações, mas é naquelas relações em que o amor é mais intenso e mais produtivo que ela pode chegar a ser mais destrutiva e arrebatadora, como nas relações entre germanos e entre a mãe, a esposa e o filho/marido. Taggart (2015: 181) tem uma arguta explicação da relação entre amor e inveja, argumento que também é replicado por Beaucage e TTO (2012), e com o qual estamos de acordo. Segundo Taggart, a primeira associação da pessoa com o amor se dá por meio da doçura do leite materno, que permite crescer o amamentado e do qual o seu corpo passa a estar feito. Nesse sentido, o leite materno é o mais poderoso vetor de sentimentos no mundo nahua, de tal forma que o seu sabor doce é capaz de manter nutrido (com amor) o corpo de um recém-nascido.

O primeiro contato com a inveja se dá pelo mesmo canal, quando o bebê é desmamado. Normalmente, as mulheres nahua engravidam de forma bianual. Quando está no sexto mês da nova gravidez, ela desmama o filho da gravidez anterior. Para isso, ela lava os seios com a infusão de uma planta amarga chamada *chichixiuit.* Paulatinamente, o bebê deixa de mamar porque o sabor amargo da planta é desagradável, até que para de buscar o seio da mãe. O amargo é o sabor da inveja. Para que desmame, deixando de se alimentar do corpo materno, a criança deve também conhecer a inveja, que separa pessoas. Depois do parto, quando a mãe começa a amamentar o recém-nascido, a criança desmamada passa a invejar o irmão para, mais tarde, passar a amá-lo. A relação entre amor e inveja é de coimplicação: um sentimento não existe sem o outro porque um leva ao outro. No entanto, como vimos, a ordem em que isso se dá depende de cada caso. O amor pela mãe leva à inveja, depois, a inveja do irmão leva ao amor de se trabalhar juntos, e assim em diante.

O termo em náhuatl que se traduz por inveja é *nexikolisti.* No entanto, ele indica um elemento análogo a sentimentos que chamaríamos de ingratidão, ciúmes, individualismo, narcisismo, egoísmo e inveja. Nesse sentido, não implica simplesmente desejar algo de alguém.

De forma geral, os *maseualmej* contam que o amor e a inveja, dois sentimentos (*tamachlisti*) que se pressupõem, nascem no coração para depois se estenderem pelo corpo. O amor esquenta o coração, enquanto a inveja o esfria. O coração é uma metáfora da interioridade do corpo, em que habitam os seus outros, duplos e animais companheiros (cf. Bartolomé, 2006; Bourdin, 2008; López-Austin, 2004; Martínez González, 2015; Pitarch,

1996), como vimos. Não exploraremos esses fenômenos nesta pesquisa, mas interessa dizer, no entanto, que aquilo que vem do coração tem maior potência, dura mais. Há, no entanto, dois sentimentos que são o avesso complementar um do outro e que são manifestações de amor e de inveja. O primeiro deles se chama *nejnekilisti*, formado pela raiz –*nek*-, "querer". A esse sentimento podemos traduzir como desejo, querência, paixão, tesão e ânsia, e está vinculado com a vontade carnal, uma das manifestações do amor, aquele que, diferentemente das suas outras modalidades que nascem do coração, nasce do estômago. Seu avesso complementar, também nascido do estômago, é o ciúme, um tipo de inveja. O termo em náhuat é *chiaualis*, formado a partir de *chiauak*, "engordurado", uma metáfora para algo que gruda, que é difícil de tirar, mas que é considerado ruim, que atrapalha.

Diferentemente do amor em geral, que aquece o coração (a interioridade e a multiplicidade de partes que compõe a pessoa), o desejo é um acaloramento do corpo (uma exterioridade), assim com os seus avessos complementares são esfriamentos do coração e do corpo. O vai e vem de emoções é perceptível corporalmente por meio das variações de calor que elas ocasionam. A dinâmica entre frio e calor está associada, ademais, a possíveis descontroles corporais e doenças. Quem ama, divide, oferece, entrega e se alegra que o outro esteja bem, produzindo calor, enquanto o invejoso não divide os alimentos ou o fruto do seu trabalho, quer tudo para si e não se preocupa com o outro, levando aos esfriamentos.

No geral, e na linha de argumentos de Millán Valenzuela (2010) e de Taggart (2011), a vida cerimonial e ordinária *maseual* está constituída de momentos de troca de dádivas e de aconselhamento porque eles são instrumentos que retificam o coração, promovendo o amor (e a necessidade dele). A alegria e a beleza da festa e da cerimônia fazem com que as pessoas se sintam queridas, como o recebimento da noiva com o colar de flores trazido pelas cunhadas, e deslocam a inveja que alguém possa estar sentindo. Ser bem-recebido, comer em abundância, dançar e ver pessoas bem-vestidas, rojões e flores alegram. Compartilhar é uma forma de distribuir amor porque faz com que as pessoas sintam gratidão. Isso enfraquece os sentimentos de inveja e permite a (re)produção e o reforço dos laços de reciprocidade.

Sem as trocas e os conselhos, a inveja tomaria conta da vida nahua. Ela vai aparecendo e se desenvolvendo sozinha: ao mesmo tempo que se manifesta como um desgaste, uma disputa ou um não cumprimento das expectativas posicionais em relações de amor, a inveja também acentua esse processo, podendo chegar a exaurir o amor e causar rompimentos definitivos entre pessoas, como a fuga da comunidade a que se vem forçados os *kuilomej*, por exemplo. Já o amor, ele precisa ser continuamente produzido e os Nahua trabalham duro para que isso ocorra, tratando de dar cabo daquilo que se espera deles, ainda que o cotidiano esteja repleto de linhas de fuga. De todo modo, o matrimônio nahua é uma relação de trabalho complementar, que implica filhos, filhas e noras no trabalho cooperativo de uma unidade doméstica. No entanto, ele também é um esforço constante para produzir amor e continuamente nutrir relações de parentesco, fazendo nascer e crescer pessoas. A mulher e o homem fazem tarefas complementares das quais deve surgir o amor entre os esposos e entre eles e seus filhos e noras. Não são as atividades em si que geram parentes, mas os afetos que eles produzem e a capacidade destes de engendrarem realidades, alimentando e produzindo pessoas como resultado de relações e aproximando e acoplando pessoas para produzir novos sujeitos sociais, como os casais.

Na sua elaboração sobre a invenção da cultura, Wagner (2012) sugere que todos os grupos humanos conferem a uma parte da realidade em que existem uma condição de inerência, de que é algo inato, enquanto outra parte ficaria aberta à capacidade dos existentes de produzirem efeitos e transformações. É a esta última esfera que autores como Strathern (2009: 22, 40) inscrevem o campo da ação: da agência das pessoas. O ponto central é, no entanto, que os contextos e as esferas de inerência de um ou outro grupo humano se diferem entre si. No americanismo, Viveiros de Castro (2002, 2015), entre outros, argumentou que a afinidade é o estado relacional básico dos povos amazônicos, enquanto o esforço contínuo dos ameríndios estaria na produção de consanguinidade, de parentes. Nesta análise, a afinidade, traduzida como a forma básica da diferença, pode ser entendida como a condição inerente das relações, enquanto a forma da semelhança, a consanguinidade, é o campo que deve ser produzido. Ou seja, no contexto amazônico, a diferença é inata e a semelhança deve ser criada, implicando que o parentesco seja o resultado da agência humana (cf. Kelly, 2005).

No caso nahua, como vimos, a produção de parentes depende da força do amor (*tasojtalis*) em vincular pessoas; a essa força ou potência os Nahua chamam de *chikaujtasojtalisti*. O amor, que deve ser continuamente produzido e mantido, assume, no entanto, formas distintas segundo o tipo de relação entre pessoas de mesmo sexo e de sexo cruzado. É na produção relacional de homens e mulheres, por meio do aprendizado das técnicas, conhecimentos e atitudes que se esperam deles, que se dá a possibilidade da produção de parentes. Por outro lado, a inveja atua naturalmente separando pessoas. Disso decorre que é necessário esforçar-se para produzir amor e aparentamento. O caso nahua parece estabelecer um paralelo interessante com o amazonismo: naquele como neste caso, a diferença é a forma inata das relações, aquela para a qual as relações "naturalmente" tenderiam se os Nahua não se esforçassem para produzir amor, enquanto a semelhança deve' ser produzida. Podemos fazer nosso, então, o comentário de Belaunde (2006: 211) sobre a Amazônia: "Carecer de pensamentos, carecer de corpo e carecer de parentesco, portanto, são coisas intimamente relacionadas".

No entanto, não poderíamos argumentar, no caso nahua, que as relações de gênero se subsumam às de parentesco, como é defendido por alguns amazonistas. Segundo Descola (2001b), gênero não é uma categoria saliente das relações de alteridade entre os povos ameríndios. Valendo-se de diferentes exemplos etnográficos, o autor defende que as relações de gênero se subsumem às relações entre consanguinidade e afinidade porque estão embutidas nelas. Nesse contexto, afirma, as mulheres tendem a ser consanguinizadas enquanto os homens são normalmente associados às relações de afinidade (cf. Taylor, 1983). Além disso, as relações de gênero seriam de um tipo menos importante nas operações de contrastes que as relações de predação ou entre humanos e não humanos, sendo estas últimas as fornecedoras do contraste fundamental a partir do qual as sociedades ameríndias se pensam e se relacionam com um mundo cosmocêntrico (Descola, 2001b: 108).

Vale a pena remarcar que, diferentemente do que propõe McCallum (2001) e sua noção de gênero como a emersão de relações de agenciamentos e capacidades, na forma em que a categoria é apresentada por Descola (2001b: 98), assume-se que cada gênero tenha capacidades pré-dispostas. Assim, se as esferas da prática, como horticultura e caça, são regidas por conjuntos específicos de pré-condições, a divisão sexual do trabalho se dá assignando a cada um dos sexos tarefas que estejam de acordo com sua pré-disposição para uma determinada forma de sociabilidade (Descola, 2001b: 98). Partindo da proposta de uma "ontologia política" como medida de precaução e ferramenta heurística para pensarmos, em nossas análises antropológicas, a forma em que produzimos sucessão lógica entre pressupostos (cf. Blaser 2014; Holbraad; Pedersen, 2017), podemos dizer que, e apesar da denúncia de uma falsa universalidade de gênero, a categoria que emerge do comparatismo proposto por Descola (2001b) continua atrelada a uma noção reificada de gênero ocidental. Para Strathern (2009: 136), por exemplo, não é porque a pessoa é de determinado gênero que ela faz e conhece determinadas coisas, mas o contrário. Não é o gênero que leva à atribuição de tarefas, mas os conhecimentos e as tarefas que produzem o gênero, argumento que é também o de McCallum (2001).

Por fim, o contraste dos argumentos de Descola com os de Belaunde (2006) se mostra bastante revelador. Segundo a autora, também preocupada por um comparatismo pan-amazônico, o gênero é um eixo fundamental de transformação e diferenciação para os povos da Amazônia, resultado, entre outras coisas, da força do pensamento. Segundo a autora, que explora os argumentos de Overing (1986), gênero seria importante para explorarmos inclusive a potência transformativa e agentiva dos espíritos. Além disso, a autora já havia mostrado como, entre os Airo-Pai, as diferenças entre os gêneros podem ser entendidas como constituindo duas espécies diferentes de pássaros: os homens são japus, e as mulheres papagaios-verdes (cf. Belaunde, 2005). Nesse sentido, é necessário estarmos atentos às propostas de hierarquização de eixos de constituição de diferenças porque elas podem ser antes o efeito de uma aposta teórica do que o resultado de um esgotamento do olhar etnográfico.

No entanto, também não argumentaremos que as relações de parentesco se dão a partir da existência de homens e mulheres como diferenças irredutíveis de gênero (cf. Héritier, 1989), dado que isso corrobora um tipo de argumento ortodoxo com o qual *kuilomej* estão em conflito. Isto é, assumir homens e mulheres como as bases para pensar o parentesco reproduz apenas uma das versões em que mundo nahua se atualiza, aquela da qual pretendemos nos distanciar. Mais do que organizar as relações entre os gêneros, o parentesco nahua poderia ser visto como uma forma de multiplicar relações (cf. Millán Valenzuela, 2008). No entanto, e como veremos no capítulo a seguir, se bem o parentesco multiplica relações e dá o tipo de vinculação que se estabelece entre os Nahua com os Santos Padroeiros, os curandeiros e uma série de entidade não humanas (cf. Good, 2008; Lorente, 2011), ele é também uma linguagem que materializa corpos (cf. Butler, 1993). Não que corpos sejam linguagem ou que permitam prescindir do corpo-matéria, mas que o parentesco, como linguagem, produz uma visualidade do corpo. Isto é, o corpo-matéria não existe aquém da linguagem, que oferece os signos reconhecíveis que dão a forma em que o corpo aparece: é homem, é mulher, o que é? Isso é fundamental, por exemplo, para os argumentos de Madi Dias (2018, no prelo), segundo os quais a performance da terminologia de parentesco seria capaz de produzir uma transformação do gênero do falante.

O parentesco faz muitas coisas. Entre elas, reinscreve uma heterossexualidade fundada na reprodução humana sobre os corpos nahua. Assim, se bem o parentesco não se subsume ao gênero, eles emergem correlacionados. Parece-nos acertado, portanto, pensar como a lógica da heterossexualidade compulsória é produzida por linguagens que materializam (cf. Butler 1993, 2017), de tal modo que, como sugere Lea, podemos pensar a terminologia de parentesco como uma forma de tornar compulsória a heterossexualidade, de modo que o parentesco apareça como "[...] uma espécie de grade de socialidade ou tabuleiro, um *modus operandi* para mapear a inter-relacionalidade dos dois sexos" (Lea, 2018, no prelo: 12).

No entanto, se bem as terminologias de parentesco são uma forma de refletir sobre a heterossexualidade compulsória (cf. Lea, 2010)[70], isso não significa que ele não possa se transviar [*to queer*], como pretendemos explorar a seguir, e como argumentam autores como Freeman (2007), Madi Dias (2018, no prelo) e Weston (1991), entre outros. Assim, parece-nos correta a crítica que se dirige aos estudos que assumem a existência de homens e mulheres como o fundamento para tratar de parentesco, como é o caso de Héritier (1989, 1996). Isso porque as categorizações de gênero não raramente estão constituídas de relações triádicas e não binárias (cf. Lea, 2004), inclusive quando os sistemas admitem a existência de um terceiro gênero[71] (cf. Roscoe, 2000), ou porque nem sempre a procriação é englobada no primado do binarismo que se assenta sobre corpos anatomicamente específicos (cf. Héritier 1996). Se bem este último relaciona-se parcialmente com o caso nahua, como veremos, ele não diz respeito à lógica Azande ou Nuer, como mostrou Evans-Pritchard (1960, 2012). Para ser mais preciso, o problema que aqui se coloca é justamente aquele que aponta o binarismo como a forma limite de uma relação triádica (cf. Coelho de Souza 2013;

---

[70] Para Lea, o gênero articula o parentesco, sendo este último uma contínua tensão entre o social e o anatômico. Sua proposta é a de que o parentesco seja uma maneira de "filosofar sobre o gênero", uma forma de refletir a propósito do binarismo sexual (Lea, 2018, no prelo).

[71] O exemplo dado por Lea (2018, no prelo), que nos parece atinado, é o das Hijras da Índia. A ele adicionaríamos, ainda, as *muxe*, que são tratadas pelas etnografias como um terceiro gênero dos zapotecos de Juchitán, México (cf. Flores Martos, 2012; Gómez Regalado, 2004; Miano Borruso, 2002).

Lévi-Strauss 2017). O desafio é, então, explorar como diferentes grupos pensam e produzem gênero a despeito ou para além do binarismo que assume a existência de homens e mulheres.

Assim, no caso nahua, gênero e parentesco dependem um do outro na medida em que ambos emergem correlacionados: toda boa mãe é uma mulher adequada, assim como todo bom pai é um homem adequado. Sob essa perspectiva, só é capaz de ter parentes quem produz e distribui amor, fazendo outras pessoas sentirem-se amadas. Ao fazê-lo, a pessoa se torna uma grande mulher ou um grande homem: dá cabo dos paradigmas que produzem gênero. Veremos, no próximo capítulo, como os *kuilomej* questionam essa asseveração, contrapondo-a à possibilidade de uma forma de amar que não condiz com esses pressupostos.

Por fim, se bem que a divisão sexual do trabalho e a forma em que o matrimonio nahua funcionam possam ser encaradas como sinais de uma dominação masculina que gera uma "família patriarcal" (Beaucage; TTO, 2012), ou de uma ideologia da exploração da mão de obra feminina (Chamoux, 1981b), elas são, para os Nahua, uma máquina de produção de afeto, de carinho e, portanto, de parentes. No entanto, isso não exclui o fato de que muitos Nahua, homens e mulheres, ponderem a necessidade de repensar a divisão do trabalho e o matrimônio de forma a que suas assimetrias não impliquem no recorte das possibilidades de autonomia das pessoas ou coloquem em risco sua saúde, em especial nos casos de violência de gênero (cf. Raymundo-Sabino, 2014). No entanto, não se defende uma abolição do casamento e da divisão sexual do trabalho, mas o seu redimensionamento, como parece ser o tom de uma série de movimentos e organizações de mulheres indígenas que se congregam em torno tanto do "feminismo rural" (cf. Hernández Castillo, 2001a; Mejía Flores, 2012), quanto do "feminismo comunitarista" (cf. Paredes, 2013).

Há, no entanto, há um fundamento específico para o qual essa relação aponta e que deve ser explicitado: sua heterossexualidade constitutiva. O amor que produz parentes emerge das trocas entre pessoas de sexos cruzados e da constituição de unidades de pessoas de mesmo sexo que trabalham juntas, como vimos. Sob esse olhar, fenômenos análogos ao que chamaríamos de homossexualidade se tornam elementos altamente "perniciosos". Não é de se estranhar, então, que a condição de *kuilot* seja de uma enorme ambiguidade, ocultamento e disputa ontológica. Exploraremos essas questões no próximo capítulo.

CORPO E PESSOA *KUILOT*:
GÊNERO E SEXUALIDADE

Do ponto de vista das mulheres, [o mel]
é o sêmen do espírito Ayaraetã... Do ponto de vista masculino,
o mel age como uma vagina, é 'gordo' como ela.

(Viveiros de Castro, 1986: 351-352 apud Lima, 2013: 229)

Our actifs will always go back to their girlfriends in the end,
no matter how hard we try to outdo women and no matter
how much we love and care for our men.

(Hendriks, 2016: 237-238)

Era um domingo à tarde. Decidi tomar um livro e me sentar no banco da praça de Tzinacapan, a uns 80 metros da minha casa, para ler enquanto assistia a dois jogos que aconteciam ao mesmo tempo na quadra da comunidade, um de basquete, outro de futebol. Não havia nem 15 minutos que estava sentado quando avisto Ernesto descendo da van que faz o transporte entre Tzinacapan e a sede do município. Ernesto é um tipo de baixa estatura, de uns 20 anos, sorriso fácil e de muita conversa. Sempre foi muito gentil comigo. Sentou-se do meu lado e me disse: "Ele me ama; ele disse que me ama". O "ele" a quem ele se referia era Antonio, um moço de uns 25 anos que, naquela época, era morador de Yohualichan, outra comunidade nahua do município.

Ernesto conheceu Antonio num mercado de domingo, na sede do município. Segundo o que me contou Ernesto, ele estava tomando *tepache*[72] com uma amiga quando Antonio os abordou. Fingiu que era *loquito*, que não conhecia Cuetzalan muito bem só para puxar assunto e ficar em volta de Ernesto; ou é isso, pelo menos, que Ernesto contou. Naquele momento inicial, tornaram-se amigos e com frequência combinavam de se encontrar

---

[72] Bebida fermentada que se prepara com o suco e a casca de diversas frutas, sendo o *tepache* de abacaxi o mais comum.

no município para passear, comer doces ou tacos. Em certo ponto, Antonio convidou Ernesto para tomar umas cervejas, o que indicaria duas coisas: (1) que são *carnales*, amigos que se tornam muito próximos; ou, ainda, (2) que Antonio tinha um interesse de ordem afetivo-sexual por Ernesto.

Depois do primeiro encontro com cervejas, os dois andaram até Nahuiogpan, uma comunidade que fica na borda da sede municipal, embrenharam-se no mato e tiveram seu primeiro intercurso sexual. Depois disso, os dois passaram a se frequentar, sempre com a mesma intenção. Mas eles gostavam de variar. Sempre no mato, procuravam ter relações em lugares diferentes para assim evitar qualquer chance de falatório. Ernesto dizia que Antonio passava o dia pensando nele, que gostava das suas pernas, pele macia e mão pouco calejada, de modo que não era capaz de esquecê-lo.

Quando eu conheci o Ernesto e nos tornamos amigos, havia umas três semanas que ele saía com Antonio. Como esses momentos de certa constância sexual e afetiva são raros na vida dos *kuilomej*, soube logo das aventuras de Ernesto porque esse era o assunto preferido das conversas e dos encontros entre os nossos amigos. As apostas eram muitas. Alguns achavam que não demoraria para que o Antonio deixasse de se interessar por Ernesto, de modo que sua insistência em o encontrar era *pura calentura*, uma das formas em que meus amigos traduzem *nejnekilisti* (querência, tesão). Outros, que haviam se convencido de que Antonio e Ernesto estavam efetivamente apaixonados, achavam que para que vivessem juntos teriam que fugir para a cidade grande, como muitos *kuilomej* já haviam feito.

Ernesto considerava, no entanto, outra possibilidade. Para ele, Antonio estava interessado em mais do que apenas manter relações sexuais. Quando o convidava para comer doces, tomar sorvete ou comer tacos, Antonio demonstrava pensar e se importar com ele. Se fosse só calentura, por que não o havia puxado por aí, em qualquer lugar, e pronto? Não, Antonio não era, segundo Ernesto, um daqueles *muchachos* que "maltratam a gente", dizia. Ernesto sentia que Antonio havia lhe dado vários indicativos de que estava preocupado, pensando nele. Era amor, então, não só desejo/tesão. Era um aquecimento do coração, não só do corpo. Ernesto dizia que se Antonio quisesse, ele iria morar em Yohualichan (atendendo à preferência de virilocalidade), mas que isso dificilmente aconteceria porque a família de Antonio não sabia que ele gostava de Ernesto, um *kuilot*. Isso era sabido por que certa vez eles cruzaram com a esposa de um primo de Antonio em Cuetzalan; como não puderam evitá-la, Antonio disse que havia se encontrado com Ernesto ali, por surpresa, e que ele era amigo de um amigo (pessoas que compartilharam alguma fase de formação escolar).

Apesar disso, a possibilidade de que essa relação mais estável com Antonio se tornasse algo para ser visto pelos parentes deixava Ernesto feliz. Ele andava dizendo que constituiria complementariedade com Antonio, algo que nenhum *kuilot* de que se tenha notícia teria conseguido fazer. Complementariedade, como vimos, é resultado e promotor de amor não só pela pessoa com a qual se compõe um casal, mas pela sua unidade doméstica. Não bastava que fossem só os dois: Ernesto reclamava a possibilidade não só de ser *pareja* (companheiro) de Antonio, mas que assumisse uma posição social e produtiva no interior de uma unidade doméstica junto a seus parentes e em relação de sexo cruzado com Antonio. Por isso, fugir para a cidade grande, ainda que com o homem que se deseja, não constitui complementariedade.

No entanto, todos os *kuilomej* duvidavam de que fosse possível que o caso terminasse da forma como Ernesto imaginava e de tanto repetirem de que ele seria eventualmente deixado de lado, Ernesto decidiu perguntar diretamente para Antonio se ele o amava. Daí que voltamos ao banco da praça, onde eu estava com meu livro: "ele disse que me ama", contou-me Ernesto. Ele perguntou, Antonio respondeu e, depois, tiveram relações sexuais. Dali em diante, a relação afetiva dos dois parecia ter decolado. Antonio convidou Ernesto para ir ao mirante, depois ao rio, a uma cachoeira e até mesmo a Zacapoaxtla, outro município da Serra onde vão casais de jovenzinhos para fugir dos olhares atentos dos seus vizinhos. Ernesto estava eufórico e todas as dúvidas de que a relação dos dois fosse uma mera calentura começou a se dissipar. A história dos dois era uma novela para os *kuilomej*: todos acompanhavam de perto e estavam ansiosos para saber o que aconteceria.

Quatro meses depois de terem se conhecido, Antonio enviou uma mensagem de texto para Ernesto. Nela, ele dizia que não mais poderia se encontrar com Ernesto porque iria se casar com uma moça de Yohualichan. Depois, Ernesto soube que Antonio e sua noiva namoravam há anos, com acordo entre as famílias, e que Antonio já havia tido relações sexuais com *gays*. Sendo guia de turismo, Antonio tinha contato com uma série de turistas homossexuais que terminavam se envolvendo sexualmente e efemeramente com ele. Ademais, tinha se envolvido com alguns garotos mestiços da sede do município e com um ou outro *kuilot* das comunidades.

No entanto, Antonio tinha que casar-se: não o fazer não era, para ele, uma opção. Ernesto chegou à conclusão, algumas semanas depois, que ele teria aceitado continuar se encontrando às escondidas com Antonio. Independentemente das suas expectativas, Ernesto também tinha tesão por Antonio. No entanto, Ernesto sabia que Antonio havia descartado a possibilidade de seguir encontrando-o, mesmo que às escondidas, porque ele havia falado sobre amor, abrindo a possibilidade de complementariedade. Para não o magoar, Antonio se fez de *listo* (astuto), dizendo que o amava, mas para si mesmo sabia que não seria possível realizar o que Ernesto imaginava, aquilo que se espera de uma declaração de amor. Afinal, concluía Ernesto, Antonio era um homem especial e diferente (além de *papacito*, "gostoso", remarcava sempre), não era dos que fazem mal. Ele não queria magoar Ernesto, razão pela qual este último concluiu que tudo o que eles viveram foi muito bonito, ainda que não tenha terminado como ele esperava. Por fim, dizia Ernesto, "eu o amei".

Na vida de um *kuilot*, toda relação de afeto ou de contato sexual mais duradouro com um homem é uma esfera de disputa entre expectativa e pragmática, ou, para usar seus termos, entre ser sonhador e pôr atenção. Para o *kuilot* que está envolvido numa situação análoga à de Ernesto, imaginar caminhos possíveis para seguir compartilhando com aquele que se ama e se deseja é algo comum. Imagina-se complementariedade e se mobiliza um léxico de afetos que remete ao casamento, ao cuidado, às trocas e à reciprocidade. Foi assim com Ernesto, mas também com outros amigos que passaram por circunstâncias parecidas. No entanto, os amigos *kuilomej* são aqueles que devem dizer a *neta*: falar a real para que o amigo em questão esteja atento. Nenhum *kuilot* jamais se casou; os homens só os querem por calentura: desejo e tesão, dizem. "Lucas, se os amigos não te dizem a *neta*, como você vai se preparar para quando ele for embora?", questionaram-me.

Da perspectiva de quem vive uma aventura amorosa, os amigos são invejosos; da perspectiva dos amigos, o apaixonado é um sonhador, enquanto eles próprios estariam forçando-o a pôr atenção. A questão fundamental nessa tensão é, no entanto, que essa situação é sempre compartilhada. Quando alguém vê uma relação de fora, é um pragmático, alguém que põe atenção; quando a vivencia como protagonista, é um sonhador. Todo *kuilot* sonha, mas também é forçado a pôr atenção. No fundo, disseram-me, todo *kuilot* se coloca na posição de ser quase certamente abandonado e de sofrer por isso na esperança ínfima de que encontre um homem que decida estabelecer complementariedade, situação nunca vista, mas constantemente desejada. Como certa vez me disse um amigo, "os homens não nos sabem amar".

Neste capítulo, exploraremos os diferentes conflitos em torno do amor *kuilot* e dos seus desejos. Para além disso, buscaremos no campo da sexualidade e da reprodução os elementos em torno da produção de um corpo e de uma pessoa *kuilot*, que varia entre ser um não homem e uma mulher, a depender do contexto. Antes disso, no entanto, indagaremos pela importância do agenciamento de gênero em termos de uma cosmologia nahua sexualizada, em que os gêneros são fatias de mundo e qualidades que organizam a dinâmica de trocas num mundo dual.

DUALISMO NAHUA: MASCULINO E FEMININO NUM COSMOS SEXUALIZADO

Um dos temas mais bem trabalhados e explorados pela literatura mesoamericanista, tanto no que diz respeito às pesquisas etnográficas quanto às etno-históricas, é o acentuado caráter dualista que organiza o pensamento e o cosmos mesoamericano. Já na clássica e inaugural etnografia do casal Madsen, que trata de povos de ascendência nahua localizados na região sul do Distrito Federal, o dualismo aparece como um modo de organização das estruturas da prática e do pensamento ameríndio (cf. Madsen; Madsen, 1969). Segundo os autores, uma "arte do equilíbrio" entre forças duais e complementares regeria o bem-estar dos humanos e do mundo na cosmovisão ameríndia. Nesse sentido, argumentam, doenças que são classificadas como frias deveriam ser curadas por meio da administração e do consumo de alimentos e de medicamentos de qualidades quentes, e vice-versa, dado que frio e quente são não índices térmicos, mas qualidades essenciais das coisas que as atrela e as faz pertencer a um dos dois eixos duais que organizam o mundo. O tipo de dualismo específico do pensamento mesoamericano é, ademais, um dos elementos que permitiria falar da Mesoamérica como uma área etnográfica e, para alguns, como uma área cultural (cf. Kirchhoff, 1960).

Numa linha parecida, López-Austin (1994, 2008) argumenta que o dualismo é a forma fundamental de operação de pensamento e cosmologia na Mesoamérica, colocando sobre a mesa uma certa continuidade entre a estrutura da mente e do mundo (cf. Lévi-Strauss, 1986). López-Austin (1998: 24-25) afirma, retomando os argumentos de Hertz (1980), que em um pensamento dual tudo está organizado em razão do dualismo: o universo se divide em dois polos de qualidades diferenciadas, de tal modo que as forças de cada um deles se atraem e se repelem, ordenando e dando fluxo ao universo. Nesse sentido, a operação dual dá as bases taxonômicas a partir das quais se produz, sob o signo de algum valor associativo, tudo aquilo que existe. Trata-se, portanto, de um mecanismo produtor e associativo de existentes. Isto é, o dualismo seria o esquema de valor simbólico geral do cosmos e da relação entre as suas duas partes, verdadeiras sintetizadoras simbólicas (López-Austin, 1998: 25). É a partir dessa característica organizadora e associativa, que cria analogias que aproximam existentes, que Descola (2005) transforma o dualismo mesoamericano numa manifestação do analogismo, um dos seus modos de predicação ontológica, isto é, um estilo de mundianização [*worlding*] (cf. Descola, 2014).

Segundo López-Austin (1998), a característica fundamental do dualismo mesoamericano estaria na produtividade da oposição complementária e original (da qual decorrem outras) entre o que os mesoamericanos consideram ser o eixo feminino e o eixo masculino do cosmos. A produção de um mundo dual com essas características López-Austin (1998) chama de "sexualização do cosmos". O nome se deve ao fato de que não só a diferença entre o masculino e o feminino é o que permite produzir o contraste onto--epistêmico fundamental da classificação e da produção de seres nos mundos mesoamericanos, mas que também a operação cósmica se dá em termos de uma metafísica sexual, tendo no intercurso sexual o arquétipo básico de suas operações e dinâmicas. Nesse sentido, argumenta o autor, trata-se de um princípio lógico de fundo empírico que permitiria aos mesoamericanos pensar e atuar de modo efetivo sobre suas pessoas e em relação ao mundo em que habitam. Isso significa que não só o mundo se produz a partir de uma dinâmica sexual, mas que a classificação sexualizada dá significado e valor às coisas, produzindo segurança e legitimidade para guiar as ações humanas, argumento que também é o de Beaucage e TTO (2012: 141-143) em sua etnografia sobre os Nahua contemporâneos da Serra de Puebla.

Partindo do mito *mexica*[73] sobre a origem do cronotopo[74] humano, López-Austin (1998: 29) afirma que a "sexualização do cosmos" é a condição de início e formação do mundo a partir da separação das partes do corpo de *Tlaltéutl*, a pessoa primordial cujo corpo sacrificado é o próprio cronotopo em que os humanos habitam. *Tlaltéutl* é uma pessoa de natureza feminina e feroz que atacava e devorada outras pessoas de seu mundo pré-sacrificial[75]. Os gêmeos *Quetzalcóatl* e *Tezcatlipoca*[76], duas entidades complementares e que tendem a aparecer juntas, decidem, então, atacar *Tlaltéutl*. Valendo--se de um artifício enganador, *Tezcatlipoca* oferece seu pé para *Tlaltéutl*, que o devora[77], enquanto *Quetzalcóatl* a segura para que, juntos, os dois a desmembrassem. Separando o corpo de *Tlaltéutl* em dois conjuntos de unidades, os dois dispuseram as duas partes em posição vertical. Da parte superior se fez o céu, domínio do Sol e âmbito cósmico do masculino; da parte inferior se fez o inframundo, lugar das forças femininas e lunares.

Para que *Tlaltéutl* não tornasse a se articular, *Quetzalcóatl* e *Tezcatlipoca* mantiveram os dois conjuntos de partes do seu corpo afastados por cinco postes celestes ou árvores, que se tornaram canais de fluxos (*axis mundi*) para as substâncias masculinas e femininas que sobem e descem, fluindo através do corpo sacrificado que é o próprio mundo em que os humanos

---

[73] *Mexica* é o termo com o qual os Nahua pré-hispânicos que ficaram conhecidos como astecas se autodenominavam.

[74] O conceito de cronotopo, tal como apresentado por Bakhtin (1988), refere-se ao vínculo intrínseco existente entre as relações temporais e espaciais no interior de uma obra literária de recorte novelístico. Esse conceito denota uma inseparabilidade do tempo e do espaço que se constroem indiferenciados. Ademais, a organização do cronotopo é o que permite o devir da narrativa literária, por meio do qual ela ganha sentido, de tal forma que as características de um cronotopo terminam determinando a natureza dos personagens e os tipos de eventos que sucedem nele. Ao trazer esse conceito para o campo do mesoamericanismo, o que Navarrete Linares (2004, 2016) faz é, de forma geral, pensar os cronotopos históricos, os enlaces tempo-espaço que determinam pessoalidades e performances históricas e eventos que marcam os procederes sociais no complexo cosmos mesoamericano. O uso do conceito de cronotopo auxilia a entender os diferentes espaço-tempos em que os seres da cosmopolítica mesoamericana habitam e a forma em que eles se relacionam, de tal modo que dá conta de um cosmos composto de muitos corpos que são, ao mesmo tempo, muitos mundos, com seres e condições de existência específicos.

[75] Essa condição de entidade feminina devoradora estabelece paralelos interessantes com as noções de castração vinculadas à imagem das vaginas dentadas (cf. Báez-Jorge, 2010; Balutet, 2011; Echeverría García, López Hernández, 2010; López Hernández, 2014a, 2014b). No entanto, também se aproxima dos relatos dos *sanmigueleños* sobre mulheres predadoras que habitam o outro mundo (*Talokan*) e que são especialmente perigosas, como a *llorona*: elas carregam os seres humanos para o outro mundo e os devoram, transformando-as em espíritos.

[76] Trata-se de mais um caso em que gemelaridade aparece como a célula germinal (cf. Lévi-Strauss, 1993). Segundo Olivier (2010: 143), é notável a presença das figuras gêmeas nos mitos mesoamericanos de origem, como havia ressaltado Lévi-Strauss para o caso Nambikwara. O comum nos mitos mesoamericanos é que haja um passo das "divindades" gêmeas criadoras para seres divinos que detêm rasgos gemelares (cf. Olivier, 2010), como é o caso do mito de origem de *Sentiopil*, que esquadrinharemos a seguir.

[77] *Tezcatlipoca* é, segundo o léxico das análises míticas de Lévi-Strauss (2015, 2017), um mediador tipo *trickster* (cf. Baquedano, 2014).

existem (cf. López-Austin, 1994). Vale a pena mencionar, ademais, que a natureza feminina da pessoa primordial é um ponto fundamental do argumento de López-Austin sobre o processo de produção *do* e *no* cosmos mesoamericano: segundo ele, só o feminino pode gerar ambas as qualidades cósmicas, tanto o masculino quanto o feminino, isso porque as forças masculinas não teriam, para os mesoamericanos, capacidades gerativas (cf. López-Austin, 1980; 2008). Veremos como algo análogo organiza e é mobilizado na práxis relacional dos *sanmigueleños*.

Em Tzinacapan, um *sanil* narra a criação do mundo a partir da cópula cósmica de duas entidades, uma feminina e monstruosa e outra masculina e solar[78]. Diz-se que no tempo antigo, o mundo estava habitado pelos *tsitsimimej*, perigosas criaturas canibais descritas como ogros, monstros ou esqueletos. Acontece, então, que um beija-flor se apaixona por uma moça *tsitsimit*. Como ela não o queria, o beija-flor a bica, extraindo dela uma gota de sangue que ele mistura com o seu próprio. Disso resulta um coágulo que o beija-flor enterra na beira do rio. Desse coágulo nasceria um pé de *tsikat* (milho vermelho) de cuja espiga, depois de atirada ao rio por alguns *tsitsimimej*, emergiria *Sentiopil* (*Sen-*, de espiga + *-tio-*, de "Deus" ou entidade de outro mundo + *-pil*, bebê ou criança, sem marcação de gênero). Esse seria o responsável por criar as práticas terapêuticas, por plantar e consumir os primeiros alimentos feitos de milho, por colocar as sementes de milho no interior da montanha, o *Talokan*, e por queimar os *tsitsimimej* na tentativa de erradicar a antropofagia originária (cf. Reynoso Rábago, 2012), ainda que depois a poeira que deles restou tenha sido liberada por engano pelo sapo curioso, alçando voo e se convertendo numa série de insetos que "chupam sangue de gente", como as vespas e os pernilongos. Diferentes versões do mesmo mito podem ser encontradas em Beaucage e TTO (2012: 235), Reynoso Rábago (2003: 113-118; 2012: 624-626) e TTO (2009: 15-27) e é certamente um dos relatos mais contados em Tzinacapan.

Segundo Reynoso Rábago (2003: 141), o *sanil* de *Sentiopil* está organizado por uma série de oposições produtivas e significativas entre a esfera do masculino e do feminino. Em primeiro lugar, podemos identificar a relação entre dois personagens fundamentais e que medeiam e dão origem a *Sentiopil*: a mulher *tsitsimit* e o beija-flor. No que diz respeito à primeira deles, seu sexo corporal é sempre marcado pela narrativa: trata-se de uma

---

[78] O *sanil* de *Sentiopil* faz parte de uma série de narrativas conhecidas na literatura mesoamericana como "mito de Homshuk" (cf. Báez-Jorge, 1991; López Austin, 1992).

tsitsimit do sexo feminino; isso é importante porque o termo *tsitsimit* não implica um vínculo a priori com o masculino ou com o feminino.

Em relação ao beija-flor, ele é, para os Nahua, e nos termos de Zamora Islas (2014), a ave que "simboliza" o amor. No entanto, o pássaro é normalmente mobilizado em conversas corriqueiras e na linguagem metafórica das peças musicais do *xochipitsaua* para aludir à sexualidade masculina, sendo utilizado para indicar diretamente o pênis (cf. Beaucage et al., 2012). Além do termo *uitsikitsin* (beija-flor), o pênis pode ser chamado de *totot* (pássaro), o que, aliás, é mais comum. *Totot* é um termo mais genérico usado para se referir a uma série de animais que nós chamaríamos de pássaros: somente aquelas aves que voam. No entanto, o termo é bastante usado para se referir diretamente ao beija-flor. Assim, ainda que os Nahua digam *totot* para se referir ao pênis, a metáfora só é válida porque vale da mediação do beija-flor.

Segundo argumenta López Hernández (2015: 80-82), o beija-flor era associado pelos astecas a rituais solares e masculinos de fertilidade, sendo considerado a forma metamórfica (seu *alter ego* ou seu tonal, especulam) de *Quetzalcóatl*. Este último, além de sacrificar a *Tlaltéutl* junto a *Tezcatlipoca*, teria ensinado a prática de sacrífico aos humanos para que, com isso, eles pudessem manter a ordem cósmica produzida pelo sacrifício original do corpo feminino de *Tlaltéutl*. Além disso, *Quetzalcóatl* teria perfurado o próprio pênis com um espinho de *maguey* para mostrar aos homens que o sangue proveniente da genitália masculina possui a força de fecundar, tal como o sêmen. Para López Hernández (2015: 81) não é coincidência, então, que uma série de artefatos perfurantes, usados para rituais *mexica* de autoimolação masculina, tenham forma de beija-flor e se remetam a *Quetzalcóatl*. Esses artefatos de autoimolação têm extremidades pontiagudas que corresponderiam ao bico do beija-flor, de tal forma que a autoimolação seria, em termos próximos aos do *sanil* de *Sentiopil* que antes resumimos, uma bicada, retirando sangue das pessoas para que fosse usado em atos de fertilização.

No mito de *Sentiopil*, o beija-flor corresponde ao ente masculino e ativo que, frente à negativa da mulher *tsitsimit* em consentir com o ato sexual, decide bicá-la, uma metáfora que indica uma penetração fecundante não desejada. Assim, se o beija-flor está associado ao amor, conforme argumenta Zamora Islas (2014), não se trata de todo tipo de amor, como aquele que produz e emerge das relações de complementariedade e que produz parentesco, mas aquele tipo que nasce de uma modulação da externalidade e que traduzimos por querência, desejo e tesão, *nejnekilisti*. Veremos, mais adiante, que a noção de amor (*tasojtalis*), que exploramos no capítulo anterior, tem um importante fundo reproducionista no que diz respeito à relação de um casal, relacionados de forma complementar. Interessantemente, os Nahua associam o amor com a capacidade de produzir filhos. Ao mesmo tempo, a força do amor nasce de fazer algo pensando em alguém. Esse não é o caso da gestação original de *Sentiopil*. Ele nasce de uma querência: de um desejo. Como se pôde notar pelo relato, esse tipo de amor pode prescindir do consentimento da outra parte. Ou, para ser mais claro, a efetivação do tesão depende de uma iniciativa masculina (o beija-flor) e não necessita de uma aprovação feminina (a mulher *tsitsimit*). Esse modelo de querência, que autoriza um ato masculino que invade a esfera feminina, é também a forma em que as divisões do dualismo cósmico nahua entram em relação e se colocam em movimento, sendo, portanto, fundamentado num modelo da penetração que exploraremos a seguir.

Cotidianamente, então, o intercurso sexual é, no sentido de que no limite ele será decidido pelos agentes masculinos. Na esfera dos mitos, essa possibilidade é recorrente. O caso dos relatos mesoamericanos sobre a origem do Sol e da Lua é mais um exemplo disso. Neles, uma mulher se enfada e golpeia a um pássaro, matando-o por acidente. Apenada, ela o recolhe e o coloca em seu seio, por dentro da blusa. Em seguida, o pássaro, que em alguns casos recobra vida e em outros apenas deixa de fingir estar morto, desaparece, deixando a mulher grávida. Dessa gravidez nascem os gêmeos Sol e Lua[79]. A estrutura do mito e o problema por ela colocado se assemelham ao já explorado caso da gemelaridade instável, entre a identidade e a contraditoriedade em perpétuo desequilíbrio (cf. Coelho de Souza, 2013; Lévi-Strauss, 1993), que é também fundamento do dualismo mesoamericano (cf. Olivier, 2010).

Apesar da constituição anterior, em que as personagens aparecem atreladas a uma associação de gênero fixa, de tal modo que uma mulher *tsitsimit* se coloca como o ente feminino em relação ao beija-flor masculino, nem sempre a qualidade masculina ou feminina de um ente é fixa. *Sentiopil* é um bom exemplo. Como vimos, a terminação -*pil* se refere à fase da vida de uma pessoa recém-nascida que vai do nascimento até a estabilização da

---

[79] Deus é associado, pelos Nahua, ao Sol, enquanto a Virgem Maria é associada à Lua. Para os Nahua, então, a narrativa de Jesus Cristo, concebido sem pecado, pela ação do espírito santo (iconograficamente representado por uma pomba), é uma variação estrutural do mito de nascimento do Sol e da Lua e do mito de *Sentiopil*. Em todos os casos, um pássaro engravida uma mulher.

sua condição humana, quando o gênero passa a ser inscrito sobre ela pela ação ritual dos padrinhos. Nesse sentido, trata-se de uma fase sem gênero ou, para ser mais preciso, à fase em que o gênero não é marcado, de tal modo que ambos os gêneros coexistem em potência, dado que o bebê é um ser de corporalidade instável. No caso de *Sentiopil*, mais do que dizer que se trata de uma entidade sem gênero, o fundamental é remarcar sua capacidade de atuar como ser masculino, plantando e colhendo milho, mas também como um ser feminino, que cozinha coisas no banho de vapor e dá origem ao consumo do milho, por exemplo. Nesse sentido, *Sentiopil* tem dois gêneros que podem ser ativados a depender da ação mítica que empreende, atuando tanto como feminino quanto masculino para criar as condições de existência do mundo dos humanos.

Ao mesmo tempo, se bem que o cosmos tem um céu masculino e um inframundo feminino, dividindo a realidade a partir das categorias duais, cada um desses lugares está regido por casais governados pelo mesmo princípio. Vejamos como isso se dá seguindo, para isso, um argumento já desenvolvido por Castellón Huerta (1989: 125) e por Reynoso Rábago (2003: 142). Segundo contam os Nahua, no céu (masculino) existe um casal composto por "Deus" (masculino) e pela "Virgem Maria" (feminino), seres que podem também ser substituídos pelo Sol (masculino) e pela Lua (feminino), e que regem as dinâmicas celestes. Por outro lado, como já apresentamos no capítulo anterior, o *Talokan* (feminino) é regido por um casal composto pelo "nosso pai provedor" (masculino) e "nossa mãe provedora" (feminino). Na relação entre os dois pares de casais, Deus e a Virgem Maria se colocam como masculinos frente aos "Nossos Pais Provedores" do *Talokan*, que assumem o lugar de femininos. No entanto, quando estão em relação entre si, Deus é masculino e a Virgem Maria é feminina. No primeiro caso, o primeiro casal aparece como masculino porque está associado ao céu, enquanto o segundo casal emerge como feminino porque está associado ao *Talokan*. No segundo caso, é a especificidade corporal de cada um aquilo que os vincula ao masculino ou ao feminino, diferenciando Deus e a Virgem Maria.

A condição de feminino e masculino depende dos termos, mas é, sobretudo, um efeito da relação e da escala em que esta se coloca. Isto é, no dualismo nahua entre o masculino e o feminino, cada parte dispõe de uma mesma diferenciação interna que configuraria uma totalidade relacional própria. Assim, toda totalidade está composta, necessariamente, de duas partes, uma masculina e outra feminina, igualmente em relação. No mundo nahua, portanto, tudo é uma totalidade de dois em perspectiva escalar, de modo que cada escala opera o englobamento da anterior como uma das suas partes, masculina ou feminina. Apesar de uma afinidade clara com a noção de hierarquia em Dumont (2008), o cosmos nahua não supõe um nível final de englobamento, formado pela unidade do todo e produzido por sínteses sucessivas de inclusão e subordinação[80]. Na lógica nahua, o cosmos é aberto, sem síntese final e sem conjunção última que produza unidade. No limite, e se pensamos a partir do corpo de *Tlaltéutl,* então o próprio mundo, segundo as narrativas astecas, tende a aparecer como um corpo feminino.

Disso decorre que, se bem que as marcas corporais são, para os Nahua, o limite último da simbolização entre o masculino e o feminino, de forma ampla, estes últimos não dizem respeito apenas às primeiras, não estando, portanto, determinadas por elas. Para retomar parte de uma proposta de Strathern (2009: 278) sobre os Hageners, masculino e feminino, como eixos relacionais e ferramentas de simbolização, não dizem respeito a macho e a fêmea, nem a homens e a mulheres, ou não unicamente, tratando-se, na verdade, de um fenômeno mais amplo e que engloba a estes últimos. Isso se torna fundamental para que entendamos um segundo elemento de oposição e complementariedade que permite, no *sanil,* o nascimento de *Sentiopil*: a relação entre a planta de *tsikat,* o milho vermelho, e a água do rio.

Segundo os nahua, o milho é o "coração da vida". Para além da assertiva *taol tonemilis, taol tonakayo,* "o milho é nossa vida, o milho é nosso corpo" (Beaucage; TTO, 2012: 102), já apresentada no capítulo anterior, a própria etimologia da palavra *taol* (milho) indica sua centralidade para os processos vitais: por um lado, *ta-,* de substância e vida; por outro, *-ol,* contração de *-yol,* de coração, meio ou centro. Para Zamora Islas (2014: 121), que estuda etimologicamente a palavra, o milho é a "energia vital tanto para o sustento e para a procriação humana, é a origem da fecundidade e o fundamento da existência, sem milho o *maseual* [nahua] não poderia viver"[81]. No entanto, e ainda que o milho exista de forma categorial genérica por meio do termo *taol,* sua apresentação concreta depende de um tipo de modelo corporal específico, que diferencia masculino e feminino, ademais de indígena (*maseual*) e mestiço (*koyot*), a partir das cores que os grãos da planta assumem.

---

[80] Observe, então, a definição de todo dada por Dumont (2008): "[...] a formulação mais clara é obtida distinguindo e combinando dois níveis: no nível superior há unidade, ao nível inferior há distinção" (*apud* Lima, 2013: 242).

[81] Tradução livre ao português da seguinte passagem: "[...] *energía vital tanto para el sustento y para la procreación humana, es origen de la fecundidad y fundamento de la existencia, sin el maíz el maseual* [nahua] *no podría vivir, perdería su identidad*" (Zamora Islas, 2014: 121).

O primeiro tipo corporal é o milho branco, principal alimento dos Nahua. De nome *istaktaol*, ele tem suas origens, segundo as narrativas nahua, na direção oeste, onde nasceu e foi cultivado pela primeira vez e de onde foi trazido pelas formigas. O oeste é, ademais, a morada das mulheres, lugar em que está a entrada do Sol para o mundo do *Talokan*. Como tal, o *istaktaol* é uma entidade feminina, normalmente associada às mulheres mestiças, a quem os nahua chamam pelo mesmo vocativo com o qual às vezes falam do *istaktaol*, o termo *xinola*. O milho roxo é, por sua vez, uma entidade feminina e indígena. Chamado de *yauitaol*, sua origem está no lado sul do cosmos. *Kostiktaol* é o nome do milho amarelo, uma entidade masculina e mestiça. Por fim, o milho vermelho, uma entidade masculina e indígena, é chamado de *tsikataol*. Como vimos, é de uma planta deste último, a *tsikat*, que surge a espiga que produz o corpo de *Sentiopil*. Interessante para o nosso argumento é o fato de que esses quatro tipos de milho formem casais, de tal modo que o milho branco é a esposa do milho amarelo, conformando um casal mestiço, enquanto o milho roxo é a esposa do milho vermelho, dando lugar a um casal indígena.

Ao organizar suas produções de milho, a composição dos casais dá o modelo matrimonial a partir do qual se planta cada tipo na roça: o milho amarelo se planta ao lado do branco, e o vermelho, do roxo. Enquanto as espécies femininas são colocadas na parte de baixo da roça, as masculinas ficam na parte alta do terreno, considerando que as roças normalmente se encontram em ladeiras e terrenos íngremes. Essa disposição deve ser obedecida também no momento da colheita, separando as espigas segundo seu tipo corporal: ao colocá-las em depositários, como cestas e sacos de estopa, busca-se que espigas masculinas e femininas sejam depositadas alternadamente, deitadas em casais (Millán Valenzuela, 2010: 19-20). Disso temos, então, que o milho vermelho, de cujo pé sai a espiga que dá corpo a Sentiopil, é uma entidade normalmente vinculada ao lado masculino do cosmos.

No entanto, segundo o mito, para que Sentiopil efetivamente nascesse, a espiga do *tsikat* teve de ser atirada à água do rio. Conforme contam os Nahua, a água é uma entidade feminina. Ela brota do interior do *Talokan* e vem carregada das forças femininas que dão as características fundamentais desse setor do cosmos. Também como tudo o que diz respeito ao *Talokan*, a água contém uma importante força gerativa. Acordemo-nos, por exemplo, do alerta do homem-raio para o homem preguiçoso no *sanil* relatado no capítulo anterior: todas as sementes têm suas origens no *Talokan*. Ao mesmo tempo, os Nahua dizem que a chuva faz a terra produtiva: ela é o efeito das ações dos homens-raio que, saídos do *Talokan*, despejam água e enchem a terra da energia feminina que faz nascer e crescer coisas. Para plantar, dizem, é necessário esperar que chova, para que as forças femininas sejam incorporadas pela terra.

No entanto, como também vimos no *sanil* do homem preguiçoso, muita chuva pode ser catastrófica. A mesma energia que faz crescer pode apodrecer as sementes se for excessiva. Para que efetivamente seja gerativa, a energia feminina, que é um potencial de produzir vida, deve ser ativada pelas forças masculinas. A plantação deve ser feita, portanto, nos primeiros sinais de Sol: os raios solares ativam as energias femininas trazidas pela chuva e depositadas no solo, tornando-as produtivas e fazendo com que as sementes nasçam. No entanto, muita energia solar é igualmente perniciosa: sobrecarrega a terra e as sementes, secando-as e exaurindo-as do potencial feminino e gerativo que concentravam. Também nesse caso as plantas não nascem nem crescem, mas se secam e morrem.

Numa dinâmica parecida à relação terapêutica entre frio e calor presente na já mencionada etnografia de Madsen e Madsen (1969), o mundo relatado pelos *sanmigueleños* está feito de um concerto entre as forças opostas e complementares masculinas e femininas que, num jogo relacional, dá origem à existência dos seres e coisas do mundo. Toda possibilidade de devir depende, no mundo nahua, da constante interpenetração das qualidades do cosmos, procurando não a equivalência entre elas, mas um estado de quase equilíbrio ou de "desequilíbrio perpétuo", fruto de um dualismo instável (Lévi-Strauss, 1993: 208-209).

O tema é, portanto, um clássico do americanismo e remete às pesquisas em torno das sociedades duais, das diferenças entre estruturas diametrais e concêntricas e a uma série de etnografias que, ao longo dos anos, mostraram que o dualismo é não só um princípio sociológico, mas a lógica cósmica da qual o social é um efeito. Em sua etnografia sobre os Apinajé, por exemplo, DaMatta (1976) mostra como esse povo está dividido em dois sistemas de metades cerimoniais. Um desses sistemas está composto pelas metades Kolre, associada à Lua, e Kolti, associada ao Sol, estando cada uma dessas metades formada, ainda, por membros femininos e masculinos. Ao mesmo tempo, argumenta o autor, a divisão também pode ser assentada sobre o gênero, de tal modo que as mulheres podem aparecer como Kolre e os homens como Kolti. Tratando desse mesmo material, Lima (2013: 232) argumenta que as divisões Apinajé são de tal ordem que a metade do Sol compreenderia tanto pessoas Sol quanto pessoas Lua, portanto.

Há, entre os Kaxinawá, algo parecido. Segundo Lagrou (1998), esse povo está dividido em duas metades, uma associada à Lua, chamada de Dua ou Brilho, e uma associada ao deus celeste Inka, chamada de Inu ou Onça. Essas metades têm, ademais, valores de gênero: enquanto Dua é feminina, Inu é masculina. No entanto, argumenta a autora, há uma independência da divisão entre o masculino e o feminino, por um lado, e entre Inu e Dua, por outro. Assim, "uma pessoa é masculina ou feminina, e pertence ou à metade Onça ou à metade Brilho, mas o *yuxin* (a alma) da sua pele é Brilho, e o *yuxin* do seu olho é Onça" (Lima, 2013: 232). Nesse sentido, se bem toda pessoa é, para os Kaxinawá, masculina ou feminina, o seu esqueleto é masculino enquanto a pele é feminina (cf. Lagrou, 1998).

Talvez a exploração mais bem acabada sobre o princípio do dualismo seja, ainda, a de Lévi-Strauss (1993)[82]. Como demonstra Coelho de Souza (2013), o dualismo aparece na obra do autor como uma modalidade da premissa universal de reciprocidade. Esta última seria tanto uma estrutura mental como o resultado da prioridade da relação de troca sobre os seus termos. Tratando mais especificamente da troca de pessoas que produz parentesco, a reciprocidade implicaria, como suposto, a dicotomia dos primos (entre os paralelos e os cruzados) que organiza a proibição do incesto. Isto é, as partes duais seriam não termos autocontidos que antecedem a relação, mas um efeito desta. Isto é, ser uma ou outra coisa depende do efeito da relação entre os agentes, daí que a identidade dos termos seja um estado provisório (cf. Viveiros de Castro, 2002). A "obrigação de retribuir" seria, portanto, a expressão de uma relação à qual os termos não preexistem, mas que são criados por meio dela (cf. Coelho de Souza, 2013), repercutindo algo semelhante ao que viemos chamando, baseados nos termos de Barad (2007), de "intra-ação".

Esse mesmo princípio é, entre outras coisas, o que sustenta a reinvenção etnográfica do conceito andino de *ayllu* no trabalho de Marisol de la Cadena (2015): uma relação na qual humanos e não humanos, especialmente aqueles que a autora chama de seres-terra, são parte e, ao mesmo tempo, é parte deles. Ser-no-*ayllu* não pressuporia humanos, por um lado,

---

[82] Se bem que a origem do problema é o próprio motor das estruturas elementares do parentesco (cf. Lévi-Strauss, 2012), o tema do dualismo ganha centralidade evidente na obra de Lévi-Strauss a partir das Mitológicas (cf. Lévi-Strauss, 2015 e *passim*) e quando passa ser o tema da investigação sobre a gemelaridade na "História de Lince" (cf. Lévi-Strauss 1993).

e território, por outro, mas significa que humanos e seres-terra emergem com e no interior do *ayllu*, sendo este, portanto, uma relação a partir da qual eles têm lugar (de la Cadena, 2015: 101). Em suma, o fundamento de um princípio dual estaria, na leitura de Lévi-Strauss (1993), na mesma premissa que organiza a troca, tornando-se, em ambos os casos, um jogo de perspectivas entre quem dá e quem toma (cf. Strathern, 2014).

Nesse sentido, o equilíbrio do sistema dual não está dado *a priori*, mas se constitui na medida em que fluxos (trocas) o colocam em movimento. Trata-se de um sistema em tensão, no entanto, na medida em que está marcado por um equilíbrio sempre precário. Por mais que se pretenda a paridade dos fluxos, estes sempre encontram limites. Para Descola (2005: 365), que se vale majoritariamente do trabalho de López-Austin como fonte de dados, a necessidade de equilíbrio entre forças duais é o que organiza tanto o macrocosmos (as dinâmicas cósmicas de produção e manutenção do mundo) quanto as relações microcósmicas (a constituição da pessoa, feita de quatro partes) dos povos nahua pré-hispânicos. Tudo está de tal forma regimentado para que se encontre o estado de quase-equilíbrio, mantendo a ordem das coisas, que o cosmos mesoamericano poderia ser bem descrito como um mundo do quase-caos, isto é, como um mundo à beira do colapso, razão pela qual a harmonia da quase sobreposição de uma força sobre outra é desejável.

É nesse sentido que, na linha dos argumentos de Coelho de Souza (2013: 307), retomando a Wagner (2011), o dualismo mesoamericano, como um tipo em perpétuo desequilíbrio, pode ser entendido a partir de uma perspectiva fractal, de tal modo que se configura como uma lógica de constituição e dinâmica que se replica em distintas escalas sociocosmológicas (cf. Wagner, 2011). Para Beaucage e o TTO (2012), essa é uma das razões de por que, do corpo ao cosmos, os nahua pensam os fluxos que constituem seus corpos e seu mundo sob uma mesma rubrica. Segundo os autores, ainda, o corpo humano pode ser pensado como o cosmos, e este, o que é mais comum, como um corpo humano[83].

Sendo uma entidade que se origina da relação entre dois pares de agentes masculinos e femininos, o beija-flor e a mulher *tsitsimit*, por um lado, e a planta de milho vermelho e a água do rio, por outro, *Sentiopil*

---

[83] Para os autores, o corpo humano é a metáfora para entender um mundo. No entanto, as falas e os mitos nahua tratam muito mais o mundo como efetivamente um corpo. Isso é verdade também se pensamos no mito *mexica* sobre a criação do cronotopo humano: ele se forma a partir do sacrifício original do corpo de *Tlaltéutl*. Isto é, da perspectiva dessa entidade, trata-se de um corpo; da perspectiva de quem a habita, trata-se de um mundo.

é a síntese dos dois polos em oposição complementar, e que ele é capaz de ativar, enquanto agência de gênero, em determinados momentos do mito. Nesse sentido, esse personagem mítico encarna a ambiguidade de gênero contida na ideia genérica de "milho", constituída por dois pares de milhos masculinos e femininos, como também pela não marcação de gênero em que o corpo do bebê se encontra. Não me parece que seja à toa, então, a constituição "sem gênero" do seu nome. Masculino e feminino, aqui, não atuam na demarcação do sexo anatômico da personagem, mas dizem respeito ao eixo de simbolização a partir do qual *Sentiopil* ativa uma ou outra capacidade corporal para gerar efeitos cósmicos. Na linha do que argumentávamos também no capítulo anterior, gênero emerge, entre os Nahua, como uma capacidade de engendrar determinados processos e obter determinados resultados a partir de um contínuo entre saber, poder e fazer que marca a epistemologia nativa. A duplicidade de gênero que constitui *Sentiopil* é, em outros termos, justamente o que lhe dá a capacidade produtiva de desenhar as condições do mundo em que os humanos habitam, dando conta de conhecimentos e agenciamentos masculinos e femininos.

Há casos, por exemplo, em que corpos entendidos como masculinos, porque são homens, aparecem como femininos em relação a outros. Esse é o caso da Dança dos Voadores, chamada em náhuatl de *koujpapataninij*, um ritual de fertilização em que corpos de homens se tornam femininos porque se associam às energias femininas saídas do *Talokan*. Conforme nos contam os Nahua, é no *Talokan* que se encontra a *xochikouit* (*xochi-*, flor + *-kouit*, árvore), a árvore da vida (González Álvarez, 2018: 85), que funciona como um canal de fluxo das águas (femininas) do *Talokan* para a superfície terrestre, o *Taltikpak*. A dança dos voadores seria um ritual que emula, e, portanto, produz o bom funcionamento da árvore da vida, de tal modo que não falte água.

Para isso, cinco dançarinos se vestem como pássaros, sobem um mastro de elevada altura, feito do tronco de uma árvore, e, da cume dele, realizam o ritual que assume a forma de uma petição (cf. Stresser-Péan, 2011). Antes disso, no entanto, um tronco deve ser solicitado aos guardiões dos bosques, cortado e transportado para a praça central da comunidade. Quando chega, e antes de ser colocado na posição vertical que se requere para o ritual, os dançarinos depositam oferendas no buraco em que o mastro será posto (ou plantado, conforme a terminologia usada pelos Nahua): alimentos como pimenta, tomate, canela e cravo, assim como cruzes, flores e cachaça são entregues e transportados, por ação ritual, ao *Talokan*.

Durante a realização do ritual, os dançarinos escalam o mastro e, no alto, quatro deles se atam a cordas enquanto o caporal, o chefe da dança, executa saltos e rodopios ao som de um pequeno tambor e flauta por ele tocados. Seus passos repetem e emulam os passos de *aueuejcho*, o "peru de água" que é o dono das águas do *Talokan*. Quando finalmente se atiram, os quatro voadores atados às cordas dão 13 voltas ao redor do mastro até tocar o chão. Nos termos de González Álvarez (2018: 88)[84],

> [...] este ritual expressa múltiplas relações tanto com o tempo, quanto com o espaço. No plano cósmico, o 'Mastro dos Voadores' integra ritualmente o inframundo (*Talokan*) ao qual se faz um sacrifício ao plantá-lo, a superfície da terra (*Taltikpak*) sobre a qual sapateiam os voadores antes de subir ao mastro, e o espaço-cosmos (*Semanauak*) com seus quatro pontos cardiais aos quais o caporal oferece música e orações e no qual vão 'quase-voando' (*papatanij*) quatro dos cinco participantes.

O fundamental para o problema que estamos explorando é, no entanto, a estrutura de contraste de gênero produzida pelo ritual. Embora a maioria dos dançarinos no *koujpapataninij* sejam homens e que a incorporação das poucas dançarinas mulheres seja algo recente (cf. Rodríguez Blanco, 2011), pouco importa, em termos do ritual, se os dançarinos são homens ou mulheres. Em ambos os casos, aqueles que se atiram emulam a descida das águas que, saídas do *Talokan* através da árvore da vida, descendem em direção à terra. Os corpos de homens e mulheres que se atiram amarrados às cordas são, no âmbito da ação ritual, forças femininas produzidas pelo dono das águas, o caporal que, como o "peru de água", salta e rodopia no alto do mastro em relação aos pontos cardeais.

Mais uma vez, então, masculino e feminino, assentados nas capacidades ativáveis das particularidades simbólicas de um corpo, não são valores que dizem respeito exclusivamente a homens e a mulheres, mas formam uma capacidade de agenciamento. Nesse sentido, ainda que se possa argumentar um fundo último e essencial da diferença entre masculino e feminino, no que diz respeito às pessoas, às coisas, aos processos de formação e ao cosmos, o contraste por eles operados dá lugar a um importante esquema

---

[84] Tradução livre ao português do seguinte trecho em espanhol: "[...] *este ritual expresa múltiples relaciones tanto con el tiempo como con el espacio. En el plan cósmico, el 'Palo del Volador' integra ritualmente el inframundo* (Talokan) *al que se hace sacrificio al plantarlo, la superficie de la tierra* (Taltikpak) *sobre la que van zapateando los Voladores antes de subir al palo, y el espacio-cosmos* (Semanauak) *con sus cuatro puntos cardinales a los que el caporal ofrece música y oraciones y en el que van 'casi-volando'* (papatanij) *cuatro de los participantes*" (González Álvarez, 2018: 88).

nahua de exercício da prática (Beaucage; TTO, 2012: 142). Ainda que façam parte de uma classificação holística do cosmos (López-Austin, 1998: 28), e que sejam fundamentos das formas de classificar e estabelecer relações de analogia (cf. Descola, 2005: 351-401), as dinâmicas entre masculino e feminino dizem respeito à capacidade relacional dos existentes, indicando que, no limite, todo ser está composto de ambas as capacidades, ainda que alguma se torne ativa por uma determinada afecção e produção corporal. Frente a isso, tudo é, no campo da relação, potencialmente masculino e feminino, da mesma forma em que, segundo meus amigos *kuilomej*, todo homem pode se tornar um *kuilot*.

Por um lado, temos então que tudo aquilo que existe é masculino ou feminino, alinhando-se a um dos eixos cósmicos. Por outro, os eixos atuam de forma a diferenciar entidades que poderiam, inicialmente, estar atreladas a um mesmo eixo, como na relação entre duas entidades inicialmente masculinas que, por força da relação, diferenciam-se entre si, tornando-se uma masculina e a outra feminina. Nesse sentido, e à diferença dos Hageners (cf. Strathern, 2009), não existem, a rigor, relações de mesmo sexo no caso nahua. Na relação entre a sogra e a nora, por exemplo, a primeira se torna masculina em relação à segunda porque seu corpo mais velho, de esposa, mãe e sogra, às vezes avó, concentra mais calor, a energia masculina, que o da nora. Masculino e feminino são, no caso nahua, os conteúdos sígnicos a partir do qual se operam diferenças e relações.

Isto é, se bem todo corpo pode ser apreciado a partir das qualidades que o formam, de tal modo que uma mulher se alinha ao feminino e um homem ao masculino, na diferenciação exigida e produzida pela relação, masculino e feminino emergem como condições e efeitos relacionais. Masculino e feminino são, portanto, qualidades sensíveis e perceptíveis do mundo que atuam de forma sígnica[85], operando simbolizações que recortam e separam para relacionar. Essa discussão nos conecta, pois, com a importante noção lévi-straussiana de "lógica do sensível" (cf. Lévi-Strauss 2012b): um modo de produzir conhecimento que trata das qualidades concretas das coisas do mundo para produzir reflexões lógicas.

Nesse sentido, e como bem argumenta Cabral de Oliveira (2016: 146), a lógica do sensível implica a produção e a mobilização de signos, elementos intermediários entre o conceito e o percepto e que mantêm um

---

[85] A noção de signo que aqui utilizamos se assemelha ao conceito de índice na teoria simbólica de Peirce (1931), recuperada recentemente nas produções etnográficas de Kohn (2013) e de Cabral de Oliveira (2016), entre outros.

nexo irrevogável com o mundo. A percepção das qualidades do mundo é fundamental, portanto, para a construção dos signos que permitem operar a lógica do sensível[86]: são elas que permitem a produção de categorias sensíveis, mas vinculadas aos elementos que constituem o concreto. Assim, a experiência corporal da percepção e apreciação do mundo dá lugar à forma em que se apreende, vive-se e se agencia o próprio mundo.

No caso nahua, não é de se estranhar que a função sígnica e agentiva de masculino e feminino se fundamente numa apreciação das diferenças entre homens e mulheres, desprendendo-se destes últimos na mesma medida em que transformam suas marcas corporais na elaboração sobre aquilo que diferencia elementos em produção de relação. Esse procedimento lógico é observável, por exemplo, na manutenção dos termos para pênis e útero, *takayot* (a parte do homem) e *siuayot* (a parte da mulher), para tratar do contraste entre masculino e feminino. Então, se bem masculino e feminino não devem se confundir com homens e mulheres, como bem nota Strathern (2009), no caso nahua as marcas corporais de homens e mulheres são signos do masculino e do feminino. Tornaremos a nos debruçar sobre o tema das marcas corporais mais adiante. Assim, e nos termos de Cabral de Oliveira (2016: 152), "as categorias classificatórias são pensadas e mobilizadas a partir de índices [entre eles aquilo que estamos chamando de marcas corporais], ou seja, de elementos concretos que obliteram um complexo jogo de qualidades sensíveis".

Se homens e mulheres podem ser apreciados e percebidos como pertencendo, em si mesmos, aos campos do masculino e do feminino, essa é apenas uma classificação ou uma indicação potencial em relação a um corpo marcado. No entanto, é na relação entre duas entidades que a diferença entre masculino e feminino passa a funcionar como simbolização, tornando produtiva e agentiva a distinção entre masculino e feminino (cf. Gell, 2007; Kohn, 2013). Isso acontece porque ambos se tornam condensações de uma série de qualidades não imediatamente evidentes (cf. Cabral de Oliveira, 2016). Isto é, ao assumir a posição de masculino ou de feminino num contexto relacional, encadeia-se uma série de qualidades que, ainda que não perceptíveis, aparecem como potenciais de cada eixo de simbolização. Percebe-se o feminino, por exemplo, como a potência de geração de

---

[86] Para a noção de percepção, Cabral de Oliveira (2016: 146) recorre a Ingold (2000). Segundo esse autor, a percepção é um "engajamento do ser no mundo". Sem discordarmos dessa definição, somaríamos a ela a ideia de percepção para Severi (2007), uma apreciação das especificidades de algo que, percebidas, transformam-se em uma condensação das qualidades marcadas pela diferença.

vida, ou, em outros termos, o feminino é, entre outras coisas, o índice da geratividade potencial. Nesse segundo caso, então, o contraste é poderoso porque permite especular e agenciar aquilo que vai além do que é dado a ver, de modo que se pressupõe o engendramento de transformações (cf. Cabral de Oliveira, 2016; Severi, 2007). Tratamos, portanto, do campo da eficácia da relação, algo continuamente enfatizado por Strathern (2009), isto é, que a relação é encontrada por meio dos seus efeitos. Veremos, a seguir, como isso se dá no caso dos corpos dos *kuilomej* quando estes transitam do eixo relacional da sexualidade para o da reprodução e o do parto.

De modo fundamental, então, todo corpo assume formas genderizadas: é masculino ou feminino. Entre os Nahua pré-hispânicos, o termo que designaria esse princípio é *tlalticpacáyotl*, literalmente a "qualidade na superfície terrestre", mesma que López-Austin (2004) traduz por "sexo", referindo-se a masculino e a feminino. Segundo esse autor, o modelo da genderização corporal entre os pré-hispânicos estaria fundamentado na divisão original que dá lugar ao casal de anciãos que comandam os eixos cósmicos, chamados de *Cipactónal* e *Oxomoco*, uma mulher e um homem idosos que atuariam distribuindo as qualidades necessárias para o adequado funcionamento do mundo. Algo análogo se encontra descrito no *Popol Vuh* dos maias quiche:

> A primeira parte do *Popol Vuh* começa com uma descrição da criação do mundo por um casal de deuses primordiais, homem e mulher, que recebem, entre muitos outros nomes, o de *Xpiyacoc* e *Xmucané*. Esta deidade dupla e andrógena corresponde a um princípio básico da mitologia maia e mesoamericana, a complementariedade entre as forças masculinas e femininas, associadas, respectivamente, ao luminoso, o quente e o celeste, e ao escuro, o frio e o terrestre[87] (Navarrete Linares, 2006: 108).

Aproximando-nos da linha de argumentos de Barbra Tedlock (1992), diríamos que, para os nahua, a genderização dos corpos é o princípio fundamental por meio do qual o mundo tem lugar e permite ser transformado e agenciado pelos sujeitos. Trata-se, ainda seguindo a autora, de uma premissa que sustenta o dualismo complementário e extensível mesoamericano, a

---

[87] Tradução livre ao português do seguinte trecho: "*La primera parte del* Popol Vuh *se inicia con una descripción de la creación del mundo por una pareja de dioses primordiales, varón y mujer, que reciben, entre muchos otros nombres, el de Xpiyacoc y Xmucané. Esta deidad doble y andrógina corresponde a un principio básico de la mitología maya y mesoamericana, la complementariedad entre las fuerzas masculinas y femeninas, asociadas, respectivamente, a lo luminoso, lo caliente y lo celeste y lo oscuro, lo frío y lo terrestre*" (Navarrete Linares, 2006: 108).

partir do qual se pensa não só a origem das coisas e seu funcionamento e recriação, mas também um movimento a partir do qual novos elementos podem ser incorporados ao mecanismo analógico que lhes é anterior. Isto é, trata-se de um sistema aberto que permite efetuar "coberturas de sentido" (Sahlins, 2008), mas, mais do que isso, é uma ferramenta de especulação sobre o cosmos.

Para os nahua, a condição mínima de existência de um corpo específico, marcado de forma estável pela espécie, um intermediário entre a universalização do mundo e a particularização de uma entidade, é assumir uma forma masculina ou feminina. Todo corpo existe virtualmente, o que inclui as demais partes da pessoa, como seu *alter ego* animal, por exemplo, no entanto, ele só pode chegar a existir de forma atualizada quando adquire forma masculina ou feminina. O gênero é a qualidade perceptível de um corpo que se atualiza[88] e cuja virtualidade (o fato de existir em potência) pode prescindir da marcação de gênero, tal como o caso de *Sentiopil*, ainda que o gênero que se assuma em um ou outro momento do mito seja, ainda, sua capacidade de operar transformações.

"MASCULINA-AÇÃO": REPRODUÇÃO E SEXUALIDADE

Miguel, que leva o nome do santo padroeiro de Tzinacapan, é um rapaz de baixa estatura, de uns 23 anos e filho de um casal que goza de grande prestígio na comunidade. Ele e Fernando tinham uma relação de "amizade com direitos", dizia, uma amizade colorida, para colocá-la em nossos termos. Miguel disse que Fernando e ele se divertiam muito, mas que Fernando tinha vergonha de ser visto com ele. Por essa razão, este só o procurava à noite, quando se encontravam sob o abrigo do quarto em que a família de Miguel guardava a lenha para o fogão. Fernando chegava sempre à mesma hora, eles transavam, conversavam um pouco e logo ele ia embora. Miguel tinha desejo por Fernando e este por ele, ainda que se tratassem como amigos. Certo dia, tratando de provocar ciúmes em Fernando, Miguel brincou dizendo que encontraria um garoto mestiço com quem se casar. A reação de Fernando foi extrema: disse que Miguel não poderia fazer aquilo, que ele era exclusivo dele e que não o dividiria com ninguém. Apesar de ter faltado pouco para se tornar uma agressão,

---

[88] Analogamente, McCallum (2001: 5) argumenta que entre os Kaxinawa o gênero e o corpo são inseparáveis. Dado que o gênero é um conhecimento corporificado, não existiria o corpo antes do gênero.

o acontecido deixou Miguel contente, uma vez que não esperava que seus encontros sexuais com Fernando significassem tanto para este último.

Semanas depois, Fernando fez um comentário que deixou Miguel irritado. Ele disse que queria que Miguel fosse seu namorado, mas que, apesar disso, ele também teria uma namorada mulher. Para Miguel, um *kuilot*, aquilo era inconcebível, ainda que para Fernando, em sua condição de homem, aquilo era necessário. Se Fernando queria namorar com ele, dizia Miguel, ele não poderia ter uma namorada mulher ao mesmo tempo; aquilo não era namorar. Para Fernando, por sua vez, ter uma namorada mulher era uma necessidade. Se bem ele gostasse de transar com Miguel e pudesse sentir desejo e querência por ele, um tipo de amor, portanto, o que ele não poderia era se casar com Miguel, constituindo com ele o tipo de amor em "intra-ação" que nasce do tornar-se um casal e que supõe uma capacidade reprodutiva. Fernando queria se casar e ter filhos e Miguel nunca poderia produzir filhos com ele. Ter filho assenta a pessoa: a faz mais prestigiosa porque a demonstra eficaz e sábia. Um homem que se casa e tem filhos é, para os nahua, uma pessoa cujo conjunto entre corpo, "almas" e *alter-egos* animais é coerente. O drama, que durou umas semanas mais, concluiu com o óbvio: "ele me deixou porque não posso parir bebês", contou-nos Miguel.

Como vimos no capítulo anterior, uma determinada trajetória do prestígio masculino está fundamentada, entre os Nahua, na constituição do casamento. Há, no entanto, um efeito esperado da constituição de um casal que se baseia no nascimento e no crescimento de pessoas. Assim, se bem a complementariedade que constitui e emana do casamento é um fator fundamental para que pessoas possam ser agentes de operações sociocosmológicas no âmbito da comunidade, a verificação da eficácia dessa complementariedade está na geração de filhos. Como uma relação de "intra-ação" (cf. Barad, 2007), como decidimos chamá-la, a complementariedade deve produzir efeitos por meio dos quais se garanta que ela existe e é eficaz, de tal forma que os filhos são o indício pragmático que demonstra que a complementariedade de um casal é real, engendrando efeitos.

Em termos nativos, os filhos são possíveis devido ao *chikaujtasojtalisti*, a força ou a potência do amor, isto é, constatar que um casal ter filhos é, para apropriar-nos de um dos termos de Almeida (2013: 17), um "encontro pragmático", atestando a existência de complementariedade: do amor que é um esquentamento do coração. Esse é um ponto essencial para que entendamos os limites das capacidades do masculino e do feminino no que se refere a um campo essencial da vida nahua, a reprodução de humanos, e como isso afeta a possibilidade de que alguém que é homem se torne, por força das relações de acoplamento, uma mulher.

O fato é que, para os Nahua, incluindo os próprios *kuilomej*, estes últimos, ainda que em determinadas circunstâncias assumam e engendrem efeitos femininos, não podem gerar filhos. A razão, como veremos, está em que seus corpos não permitem parir bebês. Essa interdição ontológica (*kuilomej* não parem bebês) decorre não de uma ausência de potências femininas que produzem vida, mas da inadequação das condições corporais, ou, para ser mais preciso, no fato de que o *kuilot* esteja marcado pelo ânus e não pelo útero, como as mulheres.

Ainda que os *kuilomej* possam assumir a posição feminina, o ânus que diferencia seus corpos é incapaz de parir: essa é uma habilidade exclusiva de corpos que têm útero. No limite, então, ainda que feminino e masculino não digam respeito a homens e mulheres e que, no cotidiano das relações nahua, os *kuilomej* possam ser considerados como mulheres, assumindo capacidades e agenciamentos femininos, no âmbito da reprodução humana, feminino e masculino se assentam de forma clara sobre as marcas corporais. De forma mais evidente, se bem no intercurso sexual o *kuilot* é como uma mulher, produzido pela passividade, no que diz respeito à esfera da reprodução ele é um não homem.

Se, como vimos, o cosmos nahua funciona segundo o arquétipo do intercurso sexual, esse intercurso é marcado, no entanto, pela capacidade masculina de ativar as potências femininas e, destas, de gerar vida. Vejamos como isso se dá na dinâmica fundamental da reprodução humana, a qual depende da atuação de uma mulher (feminino) e de um homem (masculino). *Xinach* é o termo que designa os diferentes tipos de sementes dos quais nascem plantas, animais e seres humanos. Se no mundo judaico-cristão se diz que o homem é quem deposita no ventre da mulher a semente da qual surgem humanos, esta é, no caso nahua, uma entidade feminina. O sêmen do homem, *okich*, não é uma semente, mas uma resina (*chokilot*), que banha e ativa a fecundidade da semente feminina (Beaucage; TTO, 2012: 269), sendo esta última produzida no *xinachakon* ("ovário da mulher", de *xinach-*, "semente" + *-a-*, "água" + *kon*, "reservatório"). Essa descrição se assemelha bastante, portanto, à do brotamento de sementes de plantas em relação ao Sol e à água da chuva, explorada anteriormente. É interessante, ademais, que existe uma continuidade entre o elemento que constitui o sêmen masculino e a matéria da qual estão feitos os ossos, formados de uma substância ancestral que o homem herda por ascendência patrilinear, enquanto as mulheres dão ao bebê a carne e o sangue do seu corpo e que, no entanto, essa substância é de uma mulher específica. Isto é, enquanto os ossos são matéria ancestral herdada pela lateralidade paterna, remetendo aos ancestrais genericamente chamados de *abuelos*, a carne e o sangue de alguém são coisas que se ganham de uma mulher específica, a mãe de ego[89]. Fundamental, então, é o fato de que toda pessoa humana, independentemente se é homem, mulher ou *kuilot*, ou da capacidade de agenciamento de gênero que eventualmente ative, está composta por uma parte masculina, os ossos, e uma parte feminina, a carne e o sangue.

No entanto, se a geratividade é um ato feminino, como vimos, a sexualidade, ou aquilo que diz respeito ao intercurso sexual, é, por contraparte, masculino. Quando querem dizer que um tema diz respeito ao ato sexual, o termo utilizado pelos Nahua é *okichnakayot*. Ele está composto por *okich-* (sêmen), *-naka-* (carne) e *-yot* (parte de ou intrínseco a), indicando uma associação direta entre aquilo que diz respeito ao intercurso sexual e aquela que é uma partícula específica da condição do corpo do homem: *okich*, que, sendo o sêmen, é também o prefixo que especifica a marcação de gênero de uma criança do sexo masculino; o termo para menino é, recordemos, *okichpil*. *Okichyot* pode ser traduzido, por sua vez, como "virilidade".

Correlato a isso está um termo que indica a chegada das qualidades masculinas (uma "masculina-ação") que ativam as sementes femininas das quais nascem pessoas: *takaxinachyot* (*taka-*, "homem" + *-xinach-*, "semente" + *-yot*, "parte de, intrínseco a"), aquilo que diz respeito à "masculina-ação da semente". Esse termo cobre um campo semântico próximo ao que nós chamaríamos de reprodução. A primeira vez que o ouvi foi por meio de uma reflexão, numa aula de biologia, sobre a reprodução das plantas. Na segunda vez, que me causou mais estranhamento, foi numa conversa em que dois amigos Nahua especulavam sobre a enorme quantidade de mestiços que

---

[89] É interessante esse dado se comparado com outras etnografias americanistas e melanésias. Lea (2012: 93) mostra como para os Mẽbêngôkre "o sêmen masculino é considerado o principal, se não único ingrediente do feto [...]", enquanto a mãe seria o depositário dessa substância. Entre os Apinayé, o sêmen do pai forma o corpo, mas a mãe contribui com o sangue. Segundo Monachini (2015), o corpo do bebê Kalapalo é produzido pelo sêmen masculino, depositado no ventre feminino por intercursos sexuais continuados. No caso Daribi, descrito por Wagner (1967), o corpo externo da criança é entendido como fruto da substância paterna que está localizada no sêmen do pai, e que é compartilhado com todos os homens do clã paterno. Da mãe, a criança herda o sangue, do qual se originarão os órgãos internos, os ossos e o próprio sangue, e que é compartilhado apenas pelos tios maternos (e não por todo o clã de origem da mãe). Entre os Daribi, o corpo tem origem tanto em substância materna quanto em substância paterna (cf. Wagner, 1967).

havia nas cidades, dizendo que eles se reproduziam muito, tinham muitos filhos. Em ambos os casos, *takaxinachyot* era mobilizado para se referir a uma ação masculina sobre o feminino, uma ativação da capacidade gerativa, mas também à potência do feminino de gerar.

Se bem o intercurso sexual pressupõe a participação de duas pessoas, a sexualidade é uma esfera de ação masculina, marcada pelo termo *okich-*, sêmen, de tal modo que *okichnakayot* pode ser traduzido, então, como sexualidade ou aquilo que diz respeito ao sexo. No mundo nahua, o intercurso sexual, como o cosmos, é uma penetração de forças masculinas no âmbito feminino; trata-se, portanto, de um agenciamento masculino que, direcionando-se à outra parte, a feminiza. Nesse sentido, o ato é, em si mesmo, uma máquina que confina o estatuto do outro (*kuilot*) ou da outra (mulher) ao eixo do feminino, uma vez que o agente do acoplamento é sempre masculino.

O MASCULINO E O FEMININO NUMA LÓGICA DA PENETRAÇÃO

Do antes visto decorre um princípio ontológico fundamental: no mundo nahua não existe tal coisa como "homossexualidade", uma vez que o intercurso sexual exige, por lógica de contraste entre o masculino e o feminino, uma relação entre diferentes. Isso nos leva a uma aproximação topológica, em que a penetração opera uma linha ao mesmo tempo distintiva (o ato sexual sempre envolve diferentes) e relacional (no sentido de que o intercurso é uma troca) (Calheiros, 2015: 494-495). Isto é, entendido como ação do masculino sobre o feminino, o intercurso sexual produz a diferenciação da outra parte: a torna feminina. O princípio é o mesmo que organiza o comentário lévi-straussiano sobre o casamento por captura: não é necessária a constituição prévia das unidades em troca para que esta ocorra; a captura força a relação e constitui, com os limites que já delineamos anteriormente, a contraparte (cf. Lévi-Strauss 2000). Mais uma vez, os termos são efeitos das relações. O *kuilot*, também chamado de *siuatamatik*, aquele que parece mulher, torna-se, pela pragmática do acoplamento relacional entre diferentes por meio do intercurso sexual, uma mulher pragmática. Ademais, é como se o ato sexual fosse feito *por* homens, que penetram, *em* mulheres e *kuilomej*, sendo ambos os penetrados. Estes últimos são concebidos quase como receptáculos do ato sexual; o lugar do intercurso.

Essa relação se faz evidente mediante a noção de virgindade: *siuapilyot*. O termo está composto por *siuapil-*, menina ou garota, e *-yot*, parte de ou intrínseco a, indicando que a virgindade é uma condição de ser garota, portanto antes de ser mulher, e cujo eixo de recorte é a penetração. A virgindade corresponde ao fato de alguém não ter sido, ainda, penetrada. *Siuapil ok* é a forma de dizer que alguém ainda é virgem. No entanto, a expressão é, literalmente, "ainda menina". Disso decorre que ser virgem é uma condição feminina. A virgindade masculina, tão comum aos problemas gerais da adolescência ocidental, não é uma questão para os garotos nahua, cuja experimentação sexual, diga-se de passagem, começa muito cedo.

A condição do acoplamento relacional do feminino está dada, então, pela passividade sexual. Em outras palavras, no intercurso sexual tanto a mulher quanto o *kuilot* se tornam pacientes da atividade sexual masculina. O pênis (*takayot*) que penetra a vagina (*akasiuayot* ou *siuaselikyan*, tendo este último um sentido mais próximo ao que entendemos pelo clítoris) ou o ânus (*kuitaten*) é, portanto, um análogo dos raios solares que invadem a terra, ou do sêmen, como resina, que banha a semente da mulher (*siuaxinach*). O que tenderíamos a ver como sociológico (relação entre homens, mulheres e *kuilomej*), biológico (a reprodução humana ou o nascimento de plantas) e cosmológico (a concepção dual do mundo) estão, na verdade, em um contínuo sociocosmológico que tem na oposição complementar e contrastiva do dualismo entre masculino e feminino seu eixo fundamental, de tal modo que o modelo cósmico se replica de forma fractal para compreender as relações gerativas. Daí que autores como López-Austin (1980, 1994) e Descola (2005) insistam em caracterizar os povos mesoamericanos como cosmocêntricos.

No caso específico dos *kuilomej*, no entanto, ser penetrado produz uma variação fundamental. Antes de ser *kuilot*, uma pessoa assim categorizada já foi, em algum momento, um homem – ou alguém cujo estatuto sexual masculino não variava. Isto é, entre os *kuilomej* não existe a ideia de que se nasce *kuilot*[90], mas de que se torna um quando se é penetrado (de tal forma que não existem *kuilomej* virgens), quando se apaixona por um homem e quando passa a se aproximar das capacidades de agenciamento feminino. Um *kuilot* é, portanto, alguém que já foi um homem e que, agora, é um não homem, alguém que tem seu estatuto variado entre ser uma mulher e a negação de um homem.

Um homem, *takat*, está marcado por aquilo que é a sua parte exclusiva ou seu elemento intrínseco, o pênis, chamado pelo termo *takayot*, literal-

---

[90] Diferentemente de alguns *muxe* zapotecos e algumas *omeggid* Guna, portanto, que reclamam por terem nascido como são (Flores Martos 2012; Madi Dias 2015).

mente "a parte do homem". Já a mulher, *siuat*, está marcada pelo útero, *siuayot*, literalmente "a parte da mulher". Mais uma vez, não é coincidência que a parte do homem seja justamente aquela que lhe dá capacidade de penetração, enquanto a parte da mulher é aquela associada com a capacidade gerativa. Como viemos argumentando, essas relações reforçam as capacidades de gênero e a associação, no âmbito sexual e reprodutivo, dos homens com a esfera do masculino e a das mulheres com a do feminino. *Takayot* e *siuayot*, além de corresponderam ao pênis e ao útero, são os termos que os Nahua mobilizam para operar o contraste entre masculino e feminino. Isso não quer dizer que para os Nahua masculinidade seja equivalente de pênis, nem que feminidade seja equivalente de útero, mas que um mesmo termo cobre ambos os campos semânticos e que, como me disse uma amiga certa vez, a masculinidade é uma abstração criativa da função do pênis, de tal forma que poderíamos pensar que a feminilidade seja, simetricamente, uma abstração criativa da função do útero, isto é, o modo pelo qual opera a lógica do sensível.

Assim, se bem que o gênero nahua é algo que transcende a esfera do ser homem ou ser mulher, isso não significa, como em outros casos etnográficos (cf. Strathern, 2009), que os corpos nahua sejam entendidos como andrógenos. Ativar uma capacidade feminina ou masculina não implica, de forma imediata, deixar de ser homem ou mulher. Nenhum corpo nahua já assentado como humano pode, fora do tempo dos mitos, emergir como andrógeno: todo corpo humano é necessariamente atualizado pelo gênero da marca corporal. Algo similar é dito por Calheiros (2015: 489) sobre os Aikewara. Assim, no tempo de outrora, no mundo que antecede a este, "[...] não existiam diferenças (externas e mensuráveis) entre os seres, que ali não existiam 'formas' estáveis; que ali existia apenas o 'não marcado' da existência; em outras palavras, que ali só existia a forma humana em sua condição mais básica".

KUILOYOT: O ÂNUS E A PASSIVIDADE DO KUILOT

No que diz respeito ao *kuilot*, ele é marcado não pelo pênis, como deveria ser se ele ainda fosse um homem, mas pelo ânus, que dá a sua especificidade corporal. Nesse sentido, o ânus se torna, entre os Nahua, uma importante marca sígnica de gênero, de tal modo que uma "democracia do ânus", formada por uma pretensa condição anatômica fundamental, "[...] desmarcada do ponto de vista do gênero" (Viveiros de Castro, 2011: 890) e compartilhado por todos, só poderia ser assumida se reduzíssemos o ânus (e a vagina, o útero e o pênis, entre outras coisas) a um mero problema de anatomia. Do nosso ponto de vista, isto é, ainda, uma reificação heterocentrada e essencialista das formas de aparecimento corporal. "Quem tem cu tem medo", diz o ditado recuperado por Viveiros de Castro, mas no caso nahua, o ânus que tem medo é aquele que é reinserido na dinâmica de estabelecimento de relações de diferenças e acoplamento; isto é, o ânus do *kuilot* que é recolocado no âmbito do social (cf. Deleuze; Guattari, 2010). Marcas corporais são anatômicas, por certo, mas são principalmente sígnicas, como vimos. Nesse sentido, o ânus ao qual nos referimos é muitas coisas, mas nunca "[...] aquela 'parte íntima' indiferentemente compartilhada por masculinos e femininas [...]" (Viveiros de Castro, 2011: 890)[91].

O termo em náhuatl para ânus é *kuitaten*, que indica algo como "à beira do excremento"[92]. *Kuita-* vem do termo *kuitat*, excremento, enquanto o sufixo *-ten* indica à beira ou a beirada de algo. Palavras que têm uma mesma

---

[91] Partindo do mito do povo Taulipang da Guiana sobre a origem do ânus, registrado em 1905 por Koch-Grunberg, Viveiros de Castro (2011) argumenta que a narrativa de Pu'iitu, o ânus independente que caminhava pelo mundo, ele mesmo um corpo desprovido de ânus (o orifício), marca a passagem de uma situação pré-orgânica em que o ânus era uma pessoa e a situação propriamente orgânica em que ele se encontra distribuído entre todas as espécies. Segundo o mito, antigamente as pessoas não tinham ânus e provavelmente defecavam pela boca. Pu'iito andava pelo mundo, então, peidando na presença de todos. Os animais decidiram, então, pegar Pu'iito e dividi-lo entre eles. Cada tipo de animal pegou um pedaço do ânus para si: os papagaios pegaram um pedaço menor que os veados, e estes, menor que o da anta. Foi assim que as espécies teriam adquirido ânus, do contrário, ainda defecariam pela boca ou arrebentariam. Para Viveiros de Castro (2011: 893) e sua leitura do mito de Pu'iito, o ânus é um particularizador de espécies: não se trata de dar um ânus idêntico a toda espécie, mas um que seja próprio e específico. Nesse contexto, tamanho e formato do orifício caracterizariam cada espécie num campo de multiplicidades de ânus. No entanto, o autor assume, sem que haja qualquer referência a isso no mito tratado, que o ânus que serve para diferenciar as espécies não possa servir para produzir diferenças intraespecíficas, como as de gênero. No interior das espécies, o ânus seria, para o autor, sinônimo de democracia. Sob nossa perspectiva, a passagem de um argumento a outro não é, em absoluto, evidente. Pensemos, por exemplo, na exploração comparativa e etnográfica de Belaunde (2006): se homens e mulheres são espécies diferentes de pássaros, então não podemos assumir de barato, nem sequer dentro da própria linha argumentativa do autor, que o ânus atue de forma não marcada no que diz respeito ao gênero entre os ameríndios. Precisaríamos de mais mediações etnográficas para sermos convencidos pelo argumento (ensaístico) do autor.

[92] Zamora Islas (2014: 41) identifica também o termo *kuitmojtsol* como sinônimo de *kuitaten*.

raiz são, por exemplo, *kuitaxiloyot* (espinha dorsal) e *kuittamal* (glúteos). Inicialmente, e influenciado pela tradução dada por Sahagún ao termo *cuiloni*, um análogo de *kuilot* em náhuatl clássico, pensei que essa palavra, em razão da raiz *kui-*, remetia-se diretamente a excremento.

Na obra de Sahagún (2002, *apud* López-Austin, 1980: 265), *cuiloni* é traduzido como sodomita, pervertido, corrupto, cão de merda, pessoa excremento, merdinha, repugnante e asqueroso, entre outras coisas. Para além do fato inquestionável de que os cronistas e os conquistadores se valessem das suas próprias concepções morais cristãs, assim como de seu arcabouço racista e heteronormativo, para descrever e atuar sobre as práticas sexuais e de gênero ameríndias (cf. Fernandes, Arisi, 2017; González Gómez, 2014; Sigal, 2005), não me parecia incabível que a raiz *kui-* em *kuilot* remetesse, para os ouvidos nahua, diretamente ao excremento e funcionasse como um termo ofensivo e pejorativo, dado que chamar alguém de excremento é, para os Nahua, uma terrível ofensa. Essa ideia foi descartada, no entanto, em razão da associação direta entre o termo e o ânus, tal como concebida pelos Nahua.

Na entrada para *kuilot* no dicionário de Zamora Islas (2014: 68), o termo aparece como correspondente de fino, delicado e homossexual, estando esta última tradução entre aspas. No dicionário de Cortez Ocotlan (2012: 71), o termo aparece referindo-se a uma vara roliça, de pequeno diâmetro, que é usada para a montagem de tetos de edifícios. Efetivamente, *kuilot* é um termo que pode indicar essa vara, da qual se deriva o uso metafórico de fino, tal como reconhece Zamora Islas. De todo modo, *kuilot* está relacionado com *kuiloyot*, termo traduzido pelo autor como homossexualidade. Nossa tarefa aqui é também a de mostrar como homossexual é uma má tradução para *kuilot*, dado que o fenômeno designado por esse termo excede, entre os Nahua, a plasticidade conceitual do primeiro no mundo moderno-ocidental, de onde ele se origina.

A relação direta entre o ânus e o *kuilot* é, no entanto, reconhecida pelos Nahua. Certa vez perguntei a um amigo se não se ofendia com o termo *kuilot*. Ele me respondeu que não gostava, mas que não se ofendia porque era a *neta*, a verdade. Sem entender, questionei se era verdade que *kuilot* era como um *cacho de mierda*, ou algo assim. Assustado, ele me disse que *kuilot* vem de ânus, não de excremento. O *kuilot* é chamado assim, disseram-me, porque *kuelita maj kikalakilika* (gosta que metam/enfiem nele) e porque ele é um *uiloneki* (*uilo-*, uma forma vulgar de se referir ao pênis, algo como "pau" + e -*neki*, querer, gostar, desejar), alguém que gosta de pênis. Por oposição, um homem que mantém intercurso sexual com um *kuilot* o faz porque *kuelitakuitkot* (gosta de ânus) ou *kuelita kij kuitkalakis* (gosta de meter/enfiar no ânus). Perguntei mais de uma vez aos meus amigos *kuilomej* se um homem que gosta de ânus não pode penetrar mulheres. A resposta era sim, mas exclusivamente na vagina; mulheres não são penetráveis pelo ânus, diziam-me. É como se o sexo anal como mulheres fosse inconcebível, implausível na gramática corporal nahua. Gostar de ânus é, então, um equivalente de sentir desejo por *kuilomej*.

Ainda que a tradução dada por Zamora Islas ao termo *kuilot* seja "homossexual", como vimos, a palavra aponta para aquele que é tomado como parceiro passivo no sexo anal. Gostaria de chamar a atenção para o fato de que o *kuilot* é tomado, o que indica a atividade de quem toma, assim como para a passividade do *kuilot* que está implicada no uso do termo, de tal forma que o *kuilot* está, no âmbito do intercurso sexual e da sexualidade (como uma esfera temática e masculina da vida nahua), vinculado à condição de passividade sexual, o lugar ocupado e produzido pelo corpo da mulher nas relações sexuais (sem ânus), mas também pela esfera cósmica do feminino na composição do mundo nahua.

Nesse sentido, o ânus (do *kuilot*) e a vagina (da mulher) são equivalentes enquanto elementos que apontam para a passividade sexual de ambos. Tanto a mulher quanto o *kuilot* estão diferenciados dos homens, então, pela indicação de um corpo que está distinguido pela passividade ou, para ser mais direto, por serem receptáculos do ato de penetração masculina. É nesse sentido que, no intercurso sexual, o *kuilot* é, pela pragmática da penetração, uma mulher. É a isso que chamamos, aqui, de "equiparação sexual": a operação que faz com que o *kuilot* se torne, pela força do intercurso, uma mulher.

De forma mais direta, então, poderíamos dizer que a passividade é o mecanismo que faz com que o *kuilot* escape e negue a masculinidade nahua, assentada sobre a lógica da penetração. Daí que, ademais de ser um "tomado" no intercurso anal, construção pressuposta pelo termo *kuilot*, ele seja concebido também como *siuatamatik*, aquele que parece mulher. Ser mulher e ser agente passivo do intercurso sexual conformam, portanto, uma relação de efeito equiparativo no que diz respeito à sexualidade. Essa associação também aparece em outras etnografias que lidam com experiências análogas, em contextos não ocidentais, ao que chamaríamos de homossexualidade e/ou transexualidade. Exploremos alguns casos.

Em sua etnografia sobre os Nahua da huasteca do estado mexicano de San Luis Potosí, Mirabal Venegas (2016: 5) menciona que o termo *sihuatzi*, "mulherzinha", é usado tanto no contexto ritual para nomear performances de alteração de gênero por práticas de mimeses burlescas quanto na vida cotidiana, e como uma derivação do primeiro uso, para se referir ao que o autor considera ser "homossexuais" das comunidades indígenas. Madi Dias (2015: 76) nos mostra, numa linha parecida, como a tradução literal do termo *omeggid*, entre os Guna do Panamá, corresponde a "como mulher" ou "parece mulher". No caso dos zapotecos de Juchitán, o termo *muxe*, uma "zapotequização" da palavra *muchacha*,

> [...] trata de cobrir o termo de homem-feminino com o qual somos chamadas todas as pessoas que nascemos homem e crescemos com identidades genéricas femininas, é uma identidade similar à gay e ao transgênero, mas com características *sui generis* (Gómez Regalado, 2004: 200)[93].

Ser um homem-mulher é também a condição de *Ga'ipymonó'monó-tara* ("aquele-que-dá-demasiadamente-o-ânus"), personagem de um relato mítico Aikewara explorado por Calheiros (2015: 495): o termo preciso para sua condição pessoal é *kusó'angaw*, literalmente "mulher-simulacro" ou "mulher--por-engano". A associação entre parecer mulher e valer-se do intercurso anal é também o que produz o termo *kuimba'e revikuera*, "jovem que tem jeito que usa o ânus", forma em que os Kaiowa se referem a rapazes que têm práticas sexuais com outros meninos, segundo argumenta Cariaga (2015: 447). Na etnografia de Rosa (2015: 265) sobre os Ticuna, essa conexão é ainda mais evidente. A autora menciona o caso de um rapaz conhecido por ser um "parente com jeito de mulher" porque se assume como *caigüwaecü*, isto é, um homem que faz uso do ânus como vagina ou, ainda, "homem que faz sexo com o ânus" (Rosa, 2015: 263). Ser *caigüwaecü* ativaria no rapaz uma perspectiva feminina, de tal modo que a vontade por ele sentida de se casar se referiria, então, ao desejo de ser "esposa" de alguém.

A relação entre atividade e passividade é também fundamental na produção de um tipo de pessoa que, em zonas urbanas do Congo, é conhecida como *fioto*. Segundo Hendriks (2016: 233-234), ser ativo ou ser passivo depende, no contexto congolês, do papel que se supõe que um homem assume durante o intercurso sexual anal com outro homem. Suposição porque, como

---

[93] Tradução ao português do seguinte trecho "[...] *trata de arropar el término de hombre-femenino y con el cual se nos nombra a todas las personas que nacemos varón y crecemos con identidades genéricas femeninas, es una identidad similar a la gay y lo transgénero, pero con características sui generis*" (Gómez Regalado, 2004: 200).

SIUATAMATIK: DIVERSIDADE DE GÊNERO NAHUA

esclarece o autor, homens tidos como passivos não raramente assumem a posição de penetradores. Para Hendriks, o eixo atividade-passividade se vale de uma lógica genderizada da penetração, ou, em nossos termos, da penetração como mecanismo de produção de gênero, e reintroduz o binarismo masculino-feminino no interior das relações entre pessoas de mesmo sexo. Para o autor, o resultado disso é uma heterossexualização do desejo de mesmo-sexo como uma dinâmica entre homens ativos masculinos e homens passivos femininos.

Na relação dos *fioto* com seus namorados ativos, a penetração anal não coloca em risco a masculinidade de quem penetra. Ao contrário, os parceiros ativos dos *fioto* são compreendidos como homens "reais" ou "de verdade", com desejos sexuais "saudáveis", podendo lidar tanto com garotas quanto ser capazes de dar aos *fioto* o que eles desejam (Hendriks, 2016: 234). Essa seria, no argumento do autor, uma lógica falocêntrica fundamentada na penetração. Seu falocentrismo decorreria do fato de que reproduz e mantém intacta a masculinidade tida como "normal", equalizando a diferença entre ativo e passivo com a marcação entre masculino e feminino. Como resultado, o eixo da genderização, nesse contexto, estaria posto sobre o ato sexual.

Diferentemente dos *fioto*, no entanto, o estatuto dos *kuilomej* como um tipo de homem passivo não se sustenta. Em outros termos, um *kuilot* não é um homem. Como viemos argumentando, sua condição instável varia entre ser, a depender do contexto relacional, uma mulher ou um não homem. Nesse sentido, a relação entre *kuilomej* e homens não é, como no caso dos *fioto* e seus namorados, de natureza homossexual. A heterossexualidade das relações sexuais nahua é, portanto, de ordem ontológica: é implausível um intercurso entre iguais. Isso se verifica, inclusive, na recusa dos *kuilomej* a manter relações sexuais entre si. Eles não se penetram e deixam isso claro dizendo que a todo *kuilot le encanta la verga*: depois que conheceram o pênis, ficaram viciados nele, de tal modo que todo *kuilot* é um *uiloneki*, aquele que gosta de pênis, e não um *kuelitakuitkot*, aquele que gosta de ânus.

Essa é uma diferença clara também com os *fioto*. Segundo argumenta Hendriks (2016: 237), estes afirmam que não mantêm relações sexuais entre si, chegando a dizer, de forma jocosa, que não são lésbicas. No entanto, diz o autor, o sexo com penetração entre eles não é incomum. O desejo feminino de ser penetrado por homens de verdade não anula, de forma automática, a capacidade masculina dos *fioto* de serem agentes ativos da penetração, ainda que isso redefina sua masculinidade como efeminada (Hendriks,

2016: 238), argumento que também aparece no tratamento etnográfico de Kulick (2008) sobre as transações de gênero das travestis[94]. No caso dos *kuilomej*, a recusa do intercurso entre si é efetiva: *kuilomej* não penetram.

Entre os *fioto* é comum encontrar asseverações de diferente natureza sobre sua relação com a masculinidade. Se por um lado eles dizem que ainda são homens, por outro especificam serem homens de tipo diferente. Ao mesmo tempo que se afirma, ademais, que nasceram assim, desejando outros homens, também reconhecem que tornar-se *fioto* se deve a um processo de negação da masculinidade e de efeminação. Muitos consideram que o desejo de um homem de verdade por penetrar um *fioto* seja um tipo de tabu: os intercursos anais repetitivos abrem os corpos masculinos que deveriam se manter fechados (Hendriks, 2016: 238). Nesse sentido, as relações sexuais entre pessoas de mesmo sexo vão colocando em questão a integridade corporal masculina: por meio dos intercursos, o corpo "normal" de homem se transforma no corpo perigosamente aberto dos *fioto*. Num caso extremo, poderia murchar o pênis, tornando-o um órgão inútil e destruindo a masculinidade da pessoa.

No binarismo genderizado da penetração, os homens de verdade que penetram mulheres, por um lado, e *fioto*, por outro, não são equivalentes entre si. Isto é, se bem a penetração confirma a masculinidade de quem penetra, de tal modo que tanto aquele que penetra mulheres quanto quem penetra *fioto* sejam ambos homens de verdade, não é a mesma coisa se relacionar com mulheres e com *fioto*. Neste último tipo de relação há sempre o perigo potencial de que o desejo pelo ânus se torne um desejo por ser penetrado. É nesse sentido que Hendriks (2016: 238) argumenta que os próprios *fioto* perdem o desejo por homens com os quais é fácil transar.

O homem "de verdade" que os *fioto* desejam é uma presa. Ele deve ser seduzido e deve participar de um intercurso sexual anal do qual ele inicialmente não desejaria participar: é a sedução *fioto* que o convencerá do contrário. Isto é, os namorados dos *fioto* não podem ter por estes últimos um desejo de mesma ordem que estes têm por eles. É por isso que os *fioto* dão presentes aos seus namorados "normais": trata-se de uma forma de manter o desejo que se inicia na caça e na sedução. Essa ontologia implícita do desejo genderizado aponta, segundo Hendriks (2016: 239), para a impos-

---

[94] Sobre isso, Kulick (2008) argumenta que as travestis se colocam em dois tipos de relações com os homens: dos seus clientes, com quem normalmente atuam como ativas, elas recebem dinheiro; dos seus namorados, com quem normalmente são passivas, elas ganham gênero.

sibilidade manifesta pelos próprios *fioto* de se encontrar amor verdadeiro em relações de mesmo sexo, uma vez que elas não podem estar fundadas no desejo mútuo entre um homem *fioto* e seu namorado "normal", dado que isso terminaria convertendo este último também num *fioto*.

A complexa relação entre atividade e passividade na configuração das marcas da diferença e da similaridade nas relações homoeróticas do Congo urbano tem, portanto, especificidades que a distanciam do caso dos *kuilomej* nahua. No entanto, a asseveração de Hendriks de que a genderização se organiza sobremaneira a partir de uma lógica da penetração é também válida para o sistema nahua que produz homens, mulheres e *kuilomej*, como viemos argumentando. No entanto, é preciso ponderar que não só a penetração de *kuilomej* por seus parceiros homens não coloca em risco a masculinidade destes últimos como, ademais, o próprio ato de penetrar é tido como uma prerrogativa exclusivamente masculina.

Não há entre os Nahua, e no que diz respeito à sexualidade, um "processo": ser *kuilot* está colocado justamente sobre o abandono da prerrogativa da penetração. Nega-se a masculinidade assentada sobre a capacidade de penetrar antes de se tornar o equivalente sexual da mulher. Em termos de anterioridade lógica, portanto, o *kuilot* só pode se tornar uma mulher pela força da pragmática da penetração se, antes, ele nega a condição de ser o penetrador para ser o penetrado. Em relação ao sistema nativo de sexo/ gênero, a imagem aqui é menos a do processo que a da ruptura (não ser homem) seguida pela reinscrição (ser mulher). Assim, a dinâmica sexual da qual o *kuilot* emerge como uma mulher pragmática (penetrado) tanto foge quanto reproduz a matriz da sexualidade e da gramática corporal nahua, de tal forma que a emersão do modo de ser e de se relacionar sexualmente dos *kuilomej* é um escorregue e, ao mesmo tempo, uma atualização dos potenciais do modelo dual da sexualidade nahua, bem como dos desafios a eles colocados pela pessoa *kuilot*.

Em outros termos, a masculinidade sexual nahua está dada pela posição de penetrador, configurando a feminidade da outra parte independentemente se nela se encontra uma mulher ou um *kuilot*. No entanto, não podemos esquecer que, como vimos, o desejo por mulheres (vagina) e o desejo por *kuilomej* (ânus) são de tipos diferentes, uma vez que mulheres não podem ser parceiras de sexo anal. No entanto, não há espaço para uma versatilidade sexual (ser passivo e ativo) dos *kuilomej*. Contrastemos, uma vez mais, nosso contexto com aquele explorado por Hendriks.

O autor identifica, na economia do desejo homoerótico congolês[95], algo que ele chama de "problema da versatilidade sexual" (Hendriks, 2016: 232), expresso pela ideia de que pessoas podem ser como um celular de dois chips [*dual SIM card*]. Na linguagem dos *fioto,* pessoas que são como celulares de dois chips são hipócritas que fingem ser homens de verdade, mas que secretamente desejam ser penetrados por outros homens. Isto é, os dois chips se referem à capacidade de um mesmo corpo que, como um celular que faz uso de dois canais, pode se comportar como ativo e passivo, atitude que, como vimos, é altamente condenável porque exaure a masculinidade à qual se dirige o desejo dos *fioto.* Segundo os argumentos de Hendriks (2016: 238), então, há uma condenação da versatilidade sexual (que alguém seja ativo e passivo) ao mesmo tempo que se referenda a "bissexualidade" (penetração tanto de mulheres quanto de homens *fioto).*

Enquanto o celular é o corpo masculino, os seus chips permitem que se atualize o potencial feminino do corpo, centrado nos prazeres dissidentes da passividade no intercurso anal. O homem que se comporta como um celular de dois chips aparenta masculinidade, mas pode revelar uma feminidade oculta, razão pela qual os *fioto* dizem que essas pessoas não são confiáveis. No caso nahua, no entanto, os *kuilomej* são como mulheres, e o desejo de penetrar o ânus (que caracteriza homens que desejam *kuilomej)* não se traduz, de forma direta e evidente, no perigo de desejar ser penetrado pelo pênis (que caracteriza os *kuilomej).* O risco de o penetrador de ânus tornar-se o penetrado não é evidente no caso nahua.

Quando os *kuilomej* dizem que todo homem pode se tornar um deles, isso significa que qualquer penetrador, tanto aquele que deseja ânus quanto o que deseja vaginas, é igualmente um *kuilot* potencial porque pode recusar à masculinidade e desviar a sua marca corporal do pênis para o ânus. Nesse sentido, ser um penetrador de *kuilomej* não deixa um homem em estado de maior risco que os penetradores de mulheres. A diferença com o caso descrito por Hendriks está, portanto, no fato de que a penetração produz, entre os Nahua, uma variação pragmática e imediata de gênero. Para os Nahua, e tendo em vista a esfera da pragmática sexual, a penetração produz gênero (cf. Kulick, 2008).

---

[95] O autor entende economia num sentido próximo ao que delimitamos no capítulo anterior. Seria, portanto, "um sistema de produção, distribuição e consumo" de desejo que se vale de certas regras de atribuição de valor na configuração de fluxos (Hendriks, 2016: 233).

PARIR BEBÊS: UM PROBLEMA DE ORIFÍCIOS

De forma geral, argumentamos que há limites fundamentais no complexo sistema de simbolização, produção de capacidades e marcação de corpos que levam a uma concepção nativa de gênero como recurso de fluxos, oposições e geratividade entre masculino e feminino. Durante o intercurso sexual, o *kuilot*, que é penetrado por um homem, torna-se uma mulher, princípio que, como vimos, assenta-se na equiparação da mulher com o feminino e a passividade. No entanto, tratando-se de outras esferas da vida, o *kuilot* não é uma mulher, mas um não homem. Sua principal dificuldade está, nos contornos dados por Miguel no relato de sua relação com Fernando, no fato de que os *kuilomej* não possam parir bebês. Isto é, há algo da corporalidade dos *kuilomej* que não permite que, no âmbito da reprodução, eles assumam a posição do feminino.

Certa vez, perguntei a um amigo se, como *kuilot*, ele poderia gestar um bebê. A resposta foi negativa. No entanto, o interessante está no fato de que, para ele, a interdição não está colocada sobre uma impossibilidade de produzir sementes (*siuaxinach*) e de eventualmente fazer crescer um feto (*piliskaltilis*, de *pil-*, bebê + -*iskaltilis*, crescimento) em sua barriga, como faz uma mulher. Não é nessa esfera que se coloca sua inadequação corporal. Dado que os *kuilomej* podem assumir o lugar da passividade marcado pelo corpo feminino da mulher durante o intercurso sexual, uma proibição na gestação de bebês não poderia vir da incapacidade de gerar vida, uma vez que essa é uma das qualidades potenciais condensadas pelo aparecimento relacional feminino, bem como pelo seu agenciamento de gênero.

O problema está numa inadequação corporal anterior: os *kuilomej* não têm por onde expelir os bebês, carentes da anatomia corporal que conecta o interior do corpo da mulher à vagina: *siuayot*, o útero. No que se refere, então, à capacidade de parir, ânus e vagina não são, de forma alguma, equivalentes, de tal forma que, para os *kuilomej*, a razão pela qual não podem parir bebês não é a impossibilidade de engravidar, mas a de não ter por onde expelir o bebê. É por isso que os *kuilomej* não podem parir bebês e, como consequência, não engravidam.

A vagina é, então, anatomicamente acompanhada pelo útero, que, segundo os Nahua, permite que o bebê encontre o orifício pelo qual é expelido. Quando perguntei porque não podem parir pelo ânus, a resposta de amigos *kuilomej* foi, em tom de graça, que o bebê deles, expelido pelo ânus, seria uma diarreia, *kuitaat* (*kuita-*, excremento + *-at*, água). Interessantemente, o parto também é visto como um momento de escorrimento, configurando, ademais, um momento de grande perigo para a mulher e o bebê, tomados por uma sobredose de energia feminina que poderia causar um desequilíbrio fatal de energias (Beaucage; TTO, 2012: 268-271). A reprodução seria, portanto, uma capacidade inata ao agenciamento de forças femininas, mas se tratando de humanos, a capacidade de parir, expelindo os bebês, seria exclusiva à anatomia do corpo da mulher, marcado, como vimos, pelo seu útero.

Então, se bem que o ânus (do *kuilot*) e a vagina (da mulher) são equivalentes na medida em que são marcas corporais da passividade sexual, é fundamental deixarmos claro que a associação da mulher com o feminino não se dá pela passividade, ou não principalmente por ela, uma vez que não é o lugar da penetração, a vagina, que dá o seu estatuto enquanto tal. Isto é, a vagina não é "a parte da mulher", mas o útero (*siuayot*). O útero é, mais do que o lugar que permite produzir bebês, aquele que torna possível que eles saiam do corpo feminino da mulher através da vagina.

Em termos diretos, como bem colocou Miguel, *kuilomej* não parem bebês. Esse assento da proibição corporal reaparece numa série de pesquisas americanistas. Foi Lévi-Strauss (2015) quem primeiro se remeteu ao problema dos orifícios como uma especulação sobre a possibilidade de abertura corporal nos mitos ameríndios. Segundo o autor, grande parte do corpo mitológico americano trata da dialética entre a abertura e o fechamento do corpo operada entre o nível dos orifícios superiores, especialmente a boca, e os orifícios inferiores, em especial o ânus. Nas transformações estruturais que conformam a questão, a relação entre esses dois níveis de orifícios explora os limites e os pontos de contato entre diferentes corpos e o mundo (cf. Bakhtin, 2013). A associação entre o riso e a abertura da boca é entendida, nesse contexto, como a inversão complementar entre excretar e a abertura anal. O riso é, portanto, uma perigosa potência de abertura corporal e de dissolução de diferenças pela penetração da alteridade (cf. Lagrou, 2006; Lévi-Strauss, 2015; Morim de Lima, 2009).

Num sentido análogo, as excreções corporais, tais como sangue, urina, fezes, cuspe e sêmen, todos expelidos através de orifícios, são, nos termos de Overing (2006), o alvo associativo de um gênero grotesco (e burlesco) ameríndio. Nos cantos xamânicos Piaroa explorados pela autora, o grotesco, atrelado às excreções, diz respeito ao conhecimento sobre a dinâmica de poderosos (e venenosos) processos corporais. É a partir da apropriação dos recursos heurísticos de Bakhtin (2013) que a autora explora uma imagética do grotesco entre os ameríndios, ressaltando o quanto ela parte da delimitação e transgressão das fronteiras que aparentemente limitariam o corpo. O grotesco colocaria ênfase nas partes a partir das quais o corpo entra em relação de fluxo com o mundo externo: onde o mundo penetra nele e vice-versa. Por meio de orifícios e protuberâncias, o corpo se mistura com o mundo, constituindo, em termos de Overing (2006: 45), um ato fecundo. "Todos os orifícios são férteis: nariz, olho, boca, ouvido, vagina, ânus. Todos estão perigosamente abertos ao mundo" (Overing, 2006: 44). É nesse mesmo sentido que se abre a possibilidade de engravidar pelo ânus.

Voltemos ao trabalho etnográfico de Calheiros e ao caso do homem-mulher chamado pelos Aikewara de *Ga'ipymonó'monó-tara* ("aquele-que-dá-demasiadamente-o-ânus"). Segundo o autor, essa personagem

> [...] era 'um' que se fez 'uma', um que, apesar de ter nascido homem, crescera como uma mulher (isto é, madurou como tal). Um que recusava sistematicamente as mulheres e mantinha relações sexuais apenas com outros homens [...] que chamava de irmãos (*-ru*) – primos paralelos, provavelmente – e que a procuravam por ser uma exímia pintora corporal, coisa que [...] 'fazia melhor que as mulheres' – há aqui [...] uma possível alusão aos seus dotes sexuais. *Ga'ipymonó'monó* era uma *kusó'amgaw* (*lit.* "mulher-simulacro" ou, na glosa nativa, "mulher por engano") [...]. Sucedeu-se que essa mulher-por-engano, de tanto fazer sexo com outros – 'seu ânus era verdadeiramente insaciável', 'sua fome não acabava', diz o mito –, terminou engravidando de um de seus amantes (Calheiros, 2015: 495).

No entanto, como explica Calheiros, a gestação desse homem-mulher foi anormal. Apesar de cada vez parecer-se mais a uma mulher, semelhança acentuada a cada vez que ele tomava um novo amante, tratava-se de uma mulher imperfeita: seu útero era incapaz de "entregar uma pele verdadeira" aos seus filhos. Sua incapacidade era, portanto, não de engravidar ou de produzir um feto humano (como no caso do incesto), mas de imbuir seu filho de uma necessária diferença frente ao pai. Seu útero não aquecia o feto de tal forma que não era capaz de redobrá-lo: o resultado era, portanto, uma cópia do amante.

Numa cosmologia preocupada pela produção de diferenças, argumenta Calheiros, o fruto do útero do homem-mulher, um clone que reproduz semelhança, seria uma abominação. Por medo do não nascido que poderia ser uma cópia sua, um dos amantes de *Ga'ipymonó'monó-tara* o mata antes que ele parisse. Os Aikewara dizem, ademais, que se não o tivessem assassinado, o homem-mulher, que já tinha seios e útero, provavelmente ganharia uma vagina, por onde sairia o bebê. Desejar pelo ânus implicou, no mito de *Ga'ipymonó'monó-tara,* transformar-se em mulher: "[...] o desejo destoante se desdobra em movimento, em sexo, e conforme é posto em prática, opera uma transformação" (Calheiros, 2015: 498).

O caso de *Ga'ipymonó'monó-tara,* assim como as elaborações nahua sobre a impossibilidade dos *kuilomej* de parirem, estabelece um interessante paralelo com o mito de origem do desenho e do cipó, registrado por Lagrou (2007: 193-194) entre os Kaxinawa. A narrativa começa quando Yube, a jiboia mulher, ensina a Muka Bakanku, uma velha, os desenhos do jenipapo, da rede, da cerâmica e da cestaria.

> Muka só tinha um filho, *Napu ainbu.* E quando sentia que ia morrer, ela só tinha a ele para ensinar o que sabia. Ensinou para ele como desenhar, tecer e cantar: e quando morreu e o filho ficou sozinho, ele foi viajar para procurar seus parentes de outra aldeia.
>
> Quando chegou à aldeia, seus parentes, que não o conheciam, pensavam que *Napu* era mulher, porque *Napu* estava pintado como mulher, vestido como mulher e agia como mulher. 'Vem cá cunhada', falou para suas primas, 'vamos desenhar'. 'Você sabe?', perguntavam, 'sei', disse. E *Napu* ensinava às mulheres o que tinha aprendido com a mãe.
>
> Todos os *huni kuin* da aldeia ficaram entusiasmados [...] e muitos queriam casar com ele. Certo dia uma das suas primas foi tomar banho com *Napu* e voltou surpreendida. Ela avisou os homens, falando: 'não é mulher, é homem, eu vi'.
>
> Mas um dos homens estava tão apaixonado por *Napu* que não quis escutar. *Napu* falou, 'não faz isso comigo', mas o homem insistia e finalmente convenceu *Napu* de ir com ele para a mata, onde o namorou (*puikini,* no ânus, *txutaniki,* fazer sexo) e assim engravidou *Napu.* A criança cresceu e quando era para nascer, sua cabeça não conseguia sair. *Napu* morreu e os *huni kuin* ficaram com raiva do homem que matou *Napu* que sabia tão bem desenho (Lagrou, 2007: 194).

No mito kaxinawa, coloca-se a relação entre desejo pelo desenho e desejo pela mulher que marca a condição masculina. O homem deseja o desenho na mesma medida em que deseja o corpo pintado da mulher. Em contrapartida, um corpo masculino pintado como mulher vai se transformando. A morte de *Napu* se deve, no comentário de Lagrou (2007: 195), a uma transgressão epistemológica: os desenhos foram dados pela jiboia somente às mulheres, de modo que a transmissão desse conhecimento feminino a um homem é um tipo de desencaixe entre o estatuto do ser e o do conhecimento que possui. *Napu* foi, no entanto, incapaz de parir seu filho: seu corpo carecia da anatomia adequada para tanto. *Napu ainbu* é, ainda, a forma em que os Kaxinawa se referem a "homens que gostam de namorar outros homens".

Nos casos anteriores, como entre os Nahua, a anatomia corporal da mulher, que a vincula à capacidade de parir bebês, está dada não pela possibilidade de engravidar, mas pela presença dos orifícios e dos aparelhos corporais adequados para que o bebê saia, para expeli-lo.

IMPLAUSIBILIDADE DO AMOR ENTRE HOMENS

Tratemos agora do caso de alguns homens nahua casados que, sem serem *kuilomej*, mantêm contatos sexuais e jogos de masturbação recíproca entre si. Esse problema apareceu no relato de dois amigos homens. Estávamos em uma festa quando eles me contaram que dois homens que haviam passado por nós e que sempre são vistos juntos mantêm encontros sexuais entre si. Ambos de meia idade, eles se encontram semanalmente, desde a puberdade, na roça de milho de um deles para *coger*, inclusive com a ciência de suas esposas, que sabem disso. Apesar de se dizer que *cogen*, que transam, a penetração entre eles não está suposta como no caso das relações entre homens e *kuilomej*. Parece ser, ademais, que o caso mais frequente nesse tipo de encontro é a realização de masturbações recíprocas, em que um masturba o outro. No entanto, tampouco importa se há ou não penetração entre esses homens. A razão está, nesse caso, posta sobre o fato de que eles são casados e têm filhos.

Esses homens eram, para os olhos dos meus amigos, bons maridos para suas esposas e bons pais para seus filhos, cumprindo com as suas obrigações masculinas. Homens que se casam e têm filhos demonstram a eficácia de uma relação de complementariedade com uma mulher. Como vimos, um homem ascende na trajetória masculina de prestígio a partir da domesticidade e da filiação: o casamento e a produção de filhos assentam as partes da pessoa, aquecem seu corpo e potencializam suas capacidades de agenciamento. De forma evidente, prestígio e eficácia social estão estritamente vinculados à habilidade de um homem em produzir relações de parentesco (afirmativa que também vale para o caso das mulheres, como vimos). Tratando de incentivar a reflexão dos meus dois amigos sobre o amor, eu perguntei se aqueles dois homens que *cogen* na roça de um deles se amavam. Eles se entreolharam e um deles me respondeu: *no manches, güey, es por morbo, pues* (algo como: você está brincando? É por causa da libidinagem). A relação que se coloca é, pois, entre o amor e a produção de pessoas. No caso desses dois homens, o amor é direcionado à unidade doméstica e aos parentes. É neles que cada um deles pensa ao trabalhar e por meio da relação com eles que a "intra-ação" se constrói. No entanto, nada disso se vê prejudicado pelo fato de que se encontrem semanalmente para masturbar-se e *coger*.

Essa condição está estreitamente relacionada com a diferença entre a querência e o amor. Como vimos, a primeira é um tipo de amor. No entanto, ela nasce do estômago: é um esquentamento do corpo e não do coração, como acontece com os demais tipos de amor. O coração é o centro anímico da pessoa nahua. Não só é por meio dele que as partes da pessoa se relacionam e estabelecem um conjunto que, ao longo da vida, torna-se mais coerente, como é ele o núcleo que conecta as demais partes do corpo, sendo concebido, inclusive, como o centro do corpo, seu meio. O amor que nasce do coração chega a todas as partes do corpo porque ele é, como vimos, uma força e um pensamento: uma modulação da ação que gera frutos. Pensar é sentir, mas, ademais, é poder e saber. Fazer algo pensando em alguém é pretender seu bem-estar: esse é o amor (cf. Surrallés, 2003). A querência, por sua vez, nasce no estômago e, se bem que pode dirigir uma ação, esta se dá preocupada apenas por aquele que age.

Como o amor, a querência também se dirige ao outro. No entanto, o primeiro produz a pessoa amada como sujeito de uma intra-ação, enquanto o segundo produz a pessoa desejada como um objeto da ação. Em termos claros, o amor supõe que ao mesmo tempo que alguém pensa na pessoa amada fazendo algo, esta última também pensará na primeira enquanto trabalha, produz ou transforma. A querência não está preocupada por isso: ela exige um esfriamento do corpo e, para isso, o outro se torna um meio a partir do qual se controla o tesão. O orgasmo esfria o corpo que se aquece com o tesão. Se a querência recíproca existe é pouco importante. A querência gera acoplamento, portanto, mas é uma preocupação consigo mesmo. Nesse sentido, o amor é um sentimento fundamentado no princípio da reciprocidade na mesma medida em que é gerativo. A querência não. Daí a afirmação, recorrente entre os Nahua, de que o amor é o sentimento que produz filhos: a força do amor é a geração. Nesse sentido, homens podem se masturbar reciprocamente, porque sentem querência um pelo outro. Mas o amor eles sentem pelas suas famílias, esposas e filhos. Se o amor é o sentimento que gera filhos, amor entre homens não é, sob essa perspectiva, possível.

ORTODOXIA, PARENTESCO E REPRODUÇÃO

No sentido do antes argumentado, se bem que o agenciamento feminino está atrelado à geração de vida, e que todo corpo pode ativar agência feminina, as marcas corporais colocam limites à produção de pessoas. Por mais que ativem agências femininas, homens e *kuilomej* não podem parir bebês. Nesse sentido, no campo da reprodução humana, o agenciamento está fixado sobre as marcas corporais. Por mais que os *kuilomej* possam ser bons tios para seus sobrinhos, inclusive quando os pais destes migram e os deixam com a família, *kuilomej* nunca serão mães, como eles mesmos reconhecem.

No entanto eles poderiam ser pais antes de serem *kuilomej*. Conheci apenas um caso como esse: um *kuilot* que, sem se casar, engravidou uma namorada há um par de anos, antes de que se tornasse *kuilot*. Nunca vi tamanha dedicação como a que ele dispensava para com a sua filha, ainda que ela morasse com a mãe. Quando se referia a si mesmo em relação à sua filha, era o termo pai que ele usava; de fato sua filha o chamava de *notati*, "meu pai". Isso é interessante porque, se bem o *kuilot* é um não homem ou uma mulher, algo próximo a um terceiro gênero, ele admite, portanto, seguir ocupando o lugar masculino de pai em relação a um filho antes gerado.

No caso dos Mẽbêngôkrê, como apresenta Lea (2015), os homens são entendidos como o coletivo daqueles que têm pênis. Entre os nahua, ser homem implica não só tê-lo, mas ser marcado pelo pênis. *Kuilomej* têm pênis, mas são marcados pelo ânus. Como no caso dos Mẽbêngôkrê, as marcas corporais são, entre os Nahua, produtores de diferenças. No entanto, essa relação de implicação entre marcas corporais, gênero e o lugar que se assume no sistema de parentesco não diz respeito a algum tipo de pretensa verdade universal ou biológica. Evans-Pritchard (1960) menciona, por exemplo, o caso de mulheres que, por serem inférteis, tornam-se homens e entram na genealogia de parentesco como tal, casando-se com mulheres que as chamarão de "marido" e tendo filhos que as chamarão de "pai", ainda que estes últimos resultem da fecundação de suas esposas por outros homens. Radcliffe-Brown (1982: 15) diz, por sua vez, que em

> [...] várias regiões da África existe um costume pelo qual uma mulher pode contrair o casamento com outra mulher e assumir o papel de pai (pater) em relação à prole da esposa, cujo pai físico (genitor) é um amante reconhecido.

Algo análogo era recorrente entre os Azande. Segundo o mesmo Evans-Pritchard (2012), fazia parte dos costumes desse povo que jovens homens solteiros tomassem "rapazes-esposas". A maioria dos homens se casava tarde porque as mulheres eram prometidas em casamento desde muito cedo. A única maneira pela qual os jovens poderiam alcançar alguma satisfação sexual com mulheres seria, então, por meio do adultério. No entanto, essa era uma solução perigosa por conta das penalidades que incorriam se o ato fosse descoberto, o que incluía multas e mutilações que implicavam o grupo de descendência. Nesse contexto, relata Evans-Pritchard (2012: 18),

> [...] era comum aos solteiros cautelosos das companhias militares que viviam na corte, caso não se satisfizessem com a masturbação – prática que não era considerada vergonhosa, embora nenhum jovem a fizesse em público -, casarem-se com rapazes para, dessa forma, 'satisfazerem' com eles suas necessidades sexuais. Um jovem de boa posição em sua companhia talvez pudesse ter mais de um rapaz (kumbe gude). Para esses rapazes, seus companheiros eram badiya ngbanga, 'amantes da corte'.

Também era recorrente o casamento entre o rapaz e seu amante, devido a uma "carência de mulheres", tradução dada por Evans-Pritchard para a expressão *zanga ade*. De forma geral, então, esses "rapazes-esposas" eram soluções temporárias para a falta de uma mulher: todo rapaz Azande preferiria uma mulher no lugar de um homem. O interessante para o nosso argumento é que os rapazes tomados diriam ser mulheres na mesma medida em que se tornavam, para os seus amantes, *diare*, "minha esposa" (Evans-Pritchard, 2012: 19). Depois, esses jovens tomados como esposa e ditos serem mulheres se casariam, eles próprios, com mulheres, tornando-se seus esposos[96].

O que estamos tratando de dizer é que, se bem que o *kuilot* é um não homem, sob a ótica da ortodoxia nahua e no que diz respeito às suas relações de parentesco, ele assume o lugar de um homem, de tal modo que essa é a expectativa que os demais colocam sobre ele. Em relação a um filho, um *kuilot* só poderá ser pai (pater porque genitor). Em relação a seus pais, ele é um filho, nunca uma filha. Isso acontece porque a ortodoxia do parentesco nahua se associa aos limites impostos pela lógica nahua da reprodução humana (não um biologismo universal, portanto) à própria constituição dos corpos (um problema de orifícios), altamente dependente das suas marcas corporais.

Sob o olhar dos demais, as relações de parentesco que um *kuilot* poderia assumir são as de um homem, e ele próprio se vale de termos reservados ao ego masculino. No entanto, os *kuilot* também transtornam a expectativa do sistema de sexo/gênero nahua de dois modos: ao questionar o vínculo automático entre amor e reprodução quando reclama a possibilidade de constituir complementariedade com um homem, por um lado; e ao produzir importantes relações de aparentamento [*relatedness*] por via da amizade, um tipo de parentesco transviado que, comum a outros contextos ameríndios (cf. Madi Dias, 2018, no prelo), é recorrente no que diz respeito ao modo de vida de populações *queer* (cf. Freeman, 2007; Weston, 1991), sendo um exemplo fundamental a constituição do fenômeno conhecido como *drag families* (cf. Moncrieff; Lienard, 2017).

O AMOR *KUILOT*: COMPLEMENTARIEDADE E PARENTESCO SEM REPRODUÇÃO

No contexto nahua, tanto homens e mulheres quanto *kuilomej*, em certo sentido, coincidem sobre a implausibilidade de que um *kuilot* dê à luz um bebê. Se essa condição os exclui do âmbito feminino da reprodução humana, a passividade sexual os retira, em igual medida, da esfera masculina. Em outros termos, os *kuilomej* não tomam parte, de modo que não podem estabelecer e nem se tornar termos de relações de reprodução

---

[96] Em termos de contatos sexuais, relata Evans-Pritchard (2012), o rapaz dormia com seu amante, fazendo-o companhia e mantendo com ele relações sexuais. No entanto, estas últimas se dariam por entre as coxas, uma vez que os Azande teriam aversão ao intercurso anal. Ademais, friccionavam seus órgãos na barriga ou na virilha do amante.

humana enquanto *kuilomej*. Nesse contexto, assumem o lugar de homem. Para a ortodoxia nahua, o parentesco só pode ser produzido entre homens e mulheres. Apesar dessa perspectiva compartilhada, há um conflito ontológico sobre o que o corpo e a pessoa *kuilot* são capazes de fazer, e que separa os *kuilomej* das demais pessoas, reclamando um estatuto sobre suas próprias capacidades que destoa da perspectiva dos demais. De forma evidente, isso marca muito do conflito, vivido pelos *kuilomej* como um drama, entre amar um homem, ter de pôr atenção para não ser enganado e ser, hora ou outra, abandonado por ele. É daí que vêm, ademais, as acusações de que os *kuilomej* sejam maus parentes, perspectiva que deve ser confrontada com o reclamo *kuilot* de que as demais pessoas não os sabem amar.

O que queremos agora é refletir sobre a interdição que recai sobre os *kuilomej*: cotidianamente encarado como um não homem, sexualmente equiparado à mulher pela passividade e forçado a ocupar o lugar de homem nas relações de parentesco ortodoxas, que se fundamentam na ideia de reprodução, o *kuilot* seria incapaz de amar porque não estabeleceria relações de intra-ação, algo que, sob a perspectiva *kuilot*, é falso. Interessa entender, então, que não só os *kuilomej* seriam, sob sua perspectiva, capazes de amar e estabelecer complementariedade com homens, como, ademais, questionariam o fundo reproducionista sobre o qual ele se assenta.

Numa linha análoga à de Hendriks (2016, 2017) e Madi Dias (2018, no prelo), nossa aposta é que, tomando uma linha de fuga do sistema nahua de sexo/gênero, ao se reinscrever nele, o *kuilot* coloca um questionamento fundamental. Produzindo uma forma de amor que não depende da reprodução sexuada humana, o *kuilot* questiona o próprio binarismo fixo entre homem e mulher que organiza as relações de parentesco nahua. Pensar sobre o amor *kuilot* implicaria, portanto, pensar a possibilidade transviada de um parentesco nahua sem reprodução.

Sob o olhar geral dos homens e das mulheres, um *kuilot* não pode se casar ou amar, no sentido de um esquentamento do coração, porque não pode ter filhos. Sob o olhar dos *kuilomej*, eles podem se casar porque amam homens com o coração, ainda que, apesar disso, não consigam ter filhos. No encontro entre ambas as perspectivas, há um conflito ontológico sobre o que o corpo e a pessoa *kuilot* são capazes de fazer. Se, por um lado, argumentamos que o *kuilot* inicialmente nega o sistema nahua de sexo/gênero, recusando a masculinidade, para depois inserir-se nele de forma instável, variando entre ser mulher e ser um não homem, mas com capacidades de

SIUATAMATIK: DIVERSIDADE DE GÊNERO NAHUA

agenciamento masculinas e femininas, então o reclamo do casamento e da complementariedade em razão do amor e a despeito da reprodução faz da sua reinscrição sistêmica um ato apenas parcial e, ao mesmo tempo, questionador.

O conflito ontológico do qual tratamos é, portanto, um ato que transviada [queer] o vínculo ortodoxo entre amor, casamento, complementariedade e reprodução como um contínuo no interior do sistema nahua de sexo/gênero. No limite, dizer que os "homens não nos sabem amar" é dizer que, como kuilomej, ama-se diferente, mas também se demanda outro tipo de amor[97]. É pelo questionamento do fundamento reproducionista do amor que produz parentes que os kuilomej transviadam o sistema nahua. Entre ser algo que poderíamos mal traduzir como um intermediário entre um homossexual, um transgênero ou um terceiro gênero (cf. Roscoe, 2000), o kuilot é um transviado ameríndio.

É recorrente encontrar-se com narrativas de homens e mulheres em que um kuilot é entendido como um egoísta, que só pensa em si mesmo e nas suas vontades. Nesse contexto, o kuilot aparece como uma pessoa que ninguém desejaria ter como parente: um ingrato que não demonstra respeito pelo trabalho dos pais, que o fizeram crescer, e dos padrinhos que, quando realizaram o ritual de entrega dos alimentos sólidos, teriam o convidado a ser homem, a seguir o caminho do homem, o que implicaria conhecer, desejar e trabalhar como um. Egoísta, o kuilot não os escuta, nem pensa em ninguém. Da forma como inúmeras vezes escutei, diz-se que os kuilomej creem se bastar, podendo prescindir da família e da complementaridade. Para um pai e uma mãe, ter um filho kuilot é o pior cenário porque, dizem, ele não só não se casa como eventualmente se esquecerá dos seus pais. Não há, na narrativa geral dos Nahua, um kuilot que ame verdadeiramente sua família, como tampouco seria capaz de amar a um homem e com ele estabelecer complementariedade.

Sendo mais preciso, é justamente porque a compreensão geral dos Nahua indica que os kuilomej não são capazes de amar e estabelecer

---

[97] O reclamo kuilot pode ser contrastado, ademais, com algum dos principais dizeres dos movimentos de diversidade sexual e genérica no mundo moderno-ocidental. Ao passo em que os kuilomej reclamam amar diferente e necessitar um tipo de amor outro que não aquele desenhado pela ortodoxia (reproducionista) do parentesco nahua, os movimentos LGBTQIAPN+ em nossos contextos ocidentais reclamam a igualdade de todo amor. "Todo amor é igual" é, aliás, o nome do belíssimo e badalado projeto fotográfico de Braden Summers, um engajado fotógrafo nova-iorquino. Nele, o artista retrata casais homossexuais de diferentes origens e localidades. De forma geral, a ideia de que o amor é igual para todo mundo é uma bandeira importante das lutas de diversidade pelo casamento igualitário.

complementaridade que as pessoas entendem que eles não amem suas famílias. Estas esperam que eles retribuam e demonstrem que pensam nelas. Contrariando as suas expectativas por força de constrangimentos que extrapolam suas capacidades de agência, o *kuilot* termina sendo visto como um ingrato, ainda que não seja essa a sua intenção ou que isso seja um resultado involuntário da forma em que ele cresce como *kuilot*. A ingratidão é, como vimos, uma das formas de inveja e, portanto, do contrário do amor; é, também, a quebra de reciprocidade e o abandono do esforço de produção do amor.

É comum que os *kuilomej* falem, entre si, dos sonhos de se apaixonar por um homem e trabalhar com ele, *motekipanouaskej* ("passar a vida trabalhando um para o outro"), invocando a noção de complementariedade entre gêneros que exploramos no capítulo anterior. Nesse sentido, o *kuilot* não é somente alguém que *kuelita maj kikalakilika* (gosta que metam/enfiem nele), mas trata-se também de alguém que *kitasojta ik takaikniuj* (se apaixona por homem). Isto é, se bem que o eixo da sexualidade é definidor da marcação corporal que produz o *kuilot*, seu estatuto depende sobremaneira não só do fato de que faça sexo pelo ânus, como também poderia ser o caso dos homens casados que têm contatos sexuais entre si, mas que, fazendo-o, podem eventualmente desejar que aquele que o penetra seja também um possível parceiro amoroso.

Isso constitui a última faceta do *kuilot*: ele pretende poder amar homens. Sob o olhar dos demais, essa pretensão é, no entanto, impossível, ainda que os *kuilomej* possam ser também conhecidos como homens com coração de mulher. O termo para isso é *siuayolo* (*siua-*, mulher + *-yolo*, coração), indicando que, ademais de efeminado (Zamora Islas, 2014: 71), o *kuilot* tem mais capacidade de ativar agências femininas do que os homens. Eles sabem, podem e fazem coisas de mulheres, como cozinhar, lavar, cuidar da casa, de crianças e fofocar durantes as tardes, sem que isso implique o prejuízo de agências masculinas, como trabalhar na roça de milho, por exemplo. Mais importante para o argumento que aqui desenvolvemos, *siuayolo* indicaria, sob o olhar da ortodoxia, que os *kuilomej* colocam a possibilidade de amar como mulheres.

Para a maior parte das pessoas, quando reclamam aquilo que para eles é impossível, amar um homem, os *kuilomej* gostariam de se colocar, nas relações de parentesco, como mulheres. Como vimos, isso é impossível porque, para todos os Nahua, inclusive os *kuilomej*, estes não podem reproduzir. A interdição ontológica está, para homens e mulheres, no fato de que eles entendam que os *kuilomej* queiram amar como mulheres, mas estejam, pela força da reprodução, impossibilitados de fazê-lo. No entanto, essa é uma má compreensão do reclamo *kuilot*: eles não pretendem amar como mulheres porque elas supõem reprodução em suas relações de complementariedade. O amor *kuilot* é, portanto, de outra ordem: eles não amam como homens, nem como mulheres, mas como *kuilomej*. Eles dizem que a vontade de trabalhar com algum homem, pensando nele e cuidando-o, é o tipo de amor *kuilot*. Sobre a reprodução sexuada, os *kuilomej* parecem querer prescindir dela. E, no entanto, é justamente aqui que se coloca a razão de porque os homens não consideram os *kuilomej* como parceiros possíveis para relações de complementariedade: eles não podem parir bebês.

Os *kuilomej*, por sua vez, dizem que a razão pela qual os homens não constroem relações de complementariedade com eles está na inabilidade dos homens em amá-los propriamente. Intrigado pelo impacto da não produção de filhos na biografia masculina de prestígio de um possível marido de um *kuilot*, perguntei aos meus amigos como esse homem poderia crescer e se tornar respeitável frente aos olhos de sua comunidade e de sua família sem que, para isso, passasse pela experiência imprescindível da paternidade. Isto é, questionei-os sobre como um homem poderia amar um *kuilot* se isso colocaria em risco sua masculinidade.

Para os *kuilomej*, se bem que eles não são pais ou mães, eles não deixam de amar crianças e de fazê-las crescer. Não me refiro ao caso do *kuilot* que, antes de ser um, teve uma filha, mas ao caso dos sobrinhos. Eles atuam diretamente no crescimento deles, provendo-os de melhores condições de vida, especialmente no que diz respeito à educação formal oferecida pelo Estado mexicano, hoje muito valorizada pelos Nahua: os *kuilomej* frequentemente se prontificam a comprar materiais escolares e uniformes para eles. Ademais, narram momentos importantes de agrado a seus sobrinhos, tais como levá-los para comer tacos, tomar sorvetes e passear no mercado de Cuetzalan, comprar roupas e brinquedos, ou, mais extraordinário ainda, levá-los para conhecer Puebla, ir ao zoológico e coisas do tipo.

Essa possibilidade é interessante na mesma medida em que todas as atividades antes enumeradas são consideradas como de *koyomej*, de mestiço. Em muitos sentidos, os *kuilomej* são, para os Nahua, pessoas que se aproximaram demais da cultura da sociedade nacional mexicana e da forma de vida mestiça, sendo, também por isso, considerados como perigosos.

Para muitos, os *kuilomej* são o resultado mecânico da perda cultural ou da transculturação. É comum escutar de homens e mulheres que antes os *kuilomej* não existiam e que são resultado da influência das telenovelas e da promiscuidade da vida sexual dos mestiços. Todos esses argumentos são facilmente descartados pelos *kuilomej*, que dizem que, desde que o mundo é mundo, existem *kuilomej*, narrando, por exemplo, um caso de um *kuilot* que teria nascido há mais de cem anos, um *abuelo kuilot*.

No entanto, os próprios *kuilomej* concordam com o fato de que eles vivam mais próximos da vida mestiça. No entanto, isso não se deve, para eles, a uma noção de perda cultural, uma vez que eles se afirmam como *maseualmej* (Nahua) e reiteram seu gosto pela vida nahua. Além do mais, pensam ter uma vida muito menos agitada sexualmente do que as novas gerações de garotas e garotos, que perdem sua virgindade cada vez mais cedo e têm intercursos sexuais com diferentes pessoas antes de se casarem, como se supõe, sob o olhar da ortodoxia, que deveriam fazer. O fato é que os *kuilomej* transam pouco, dizem. Daí que a ideia de que sejam promíscuos pareça, para eles, uma hipocrisia. Suspeito, no entanto, de que a acusação de promiscuidade se deva menos a um julgamento sobre a quantidade que sobre o tipo de sexo que eles fazem: o anal.

No entanto, a vinculação com a vida mestiça se deve ao fato de que a grande maioria dos *kuilomej* sejam *profesionistas*: têm profissões, ideia vinculada à forma dos mestiços de trabalharem. Se bem cozinham, limpam, arrumam a casa e trabalham a roça de milho, mesclando atividades de homens e mulheres, os *kuilomej* são professores de educação básica, pesquisadores, guias de turismo, advogados, atendentes de lojas e de hotéis, funcionários de casas de cultura e a maior parte deles concluiu algum curso de educação superior. Por essa razão, são quase todos pessoas assalariadas, o que contrasta com a forma prevalecente entre os Nahua de se dedicar à agricultura para subsistência e de pequena produção de café e pimenta, entre outros, para venda.

Como é possível imaginar, diz-se dos *kuilomej* que *tienen lana*, têm dinheiro. Para a maioria dos nahua, eles têm profissão e ganham muito dinheiro porque vivem quase como mestiços. Serem parecidos aos mestiços é a razão fundamental de terem um fluxo financeiro engrandecido. Para os *kuilomej*, no entanto, eles são como todos os Nahua, mas *echan ganas*, esforçam-se para estudar e ter melhores condições de vida, aproximando--se, para tanto, dos conhecimentos e da forma de vida mestiça. Vejamos, portanto, que a lógica entre os termos está invertida numa perspectiva em relação à outra.

De forma geral, como têm dinheiro, os *kuilomej* são capazes de prover suas unidades domésticas de aparelhos eletrônicos, equipamentos de cozinha, carros e roupas. Certa vez, um amigo me disse que era essa a razão de por que seu pai ainda não o havia expulsado de casa. A compra de comida e de produtos como cigarro e aguardente é também uma razão importante nesse caso. De forma direta, então, os *kuilomej* que conseguem produzir um montante representativo de recursos financeiros dão conta de apaziguar as expectativas de suas famílias, mantendo algum nível de amor enquanto troca e aparentamento, melhor do que aqueles que não, que acabam tendo que fugir de suas comunidades. O fluxo de recursos dos *kuilomej* é, para eles, uma das razões de por que suas relações de complementariedade poderiam funcionar: produziriam relações de parentesco não pela reprodução, mas pela contribuição assimétrica, isto é, dando mais do que esperam que os outros retribuam.

Poderíamos escutar de um *kuilot*, então, o mesmo que Cariaga (2015: 454) escutou de um de seus interlocutores kaiowa, que se reconhece como *gay*: "para ser homem eu não presto, mas para pagar as contas eu valho alguma coisa". Ou de um segundo interlocutor que, interpelando o mesmo autor, diz: "Para você ver, eu nunca poderia ter uma casa com outro homem, mas eu que mantenho a casa da minha vó e da minha mãe lá na aldeia" (Cariaga, 2015: 455). No mais, não há como não pensar no velho problema por trás do *pink money*, continuamente denunciado pela ala de esquerda dos movimentos de diversidade sexual e de gênero: o fato de que, em sociedades capitalistas, homossexuais e transgêneros, entre outros, são mais bem incluídos familiar e socialmente em razão do seu poder de compra; isto é, são incluídos como pagadores e consumidores.

Segundo Flores Martos (2012: 333), as *muxes* de Juchitán também são importantes provedores de recursos para suas famílias, contribuindo com o dinheiro que ganham para os gastos da casa de seus pais, com quem vivem. Aliás, o cuidado dos *muxes* para com seus familiares é uma das razões apontadas pela literatura etnográfica de por que as mães fabricariam seus filhos como *muxes*. Ser *muxe* é recorrentemente o resultado do trabalho da mãe modelando seu filho, normalmente o caçula[98], para retê-lo sob o

---

[98] Essa causalidade não se repete sempre. Existem *muxes* que são primogênitos ou, ainda, filhos únicos. Existem também mães que não desejavam que seus filhos se tornassem *muxes* (Flores Martos, 2012: 328).

mesmo teto e, assim, poder compartilhar a vida com ele, evitando, entre outras coisas, a solidão da velhice. Isso se deve ao fato de que, obviamente, as *muxes* não se casam e nunca passam a residir neolocalmente (cf. Flores Martos, 2012; Miano Borruso, 2002).

Por outro lado, e se bem que os *kuilomej* dizem que não podem parir bebês, isso não os impede, sob sua perspectiva, de participar de outro tipo de produção de filhos que, para os Nahua, é fundamental para o nascimento e para o crescimento de pessoas: o apadrinhamento (relação de tipo vertical, como a filiação) e compadrio (de tipo horizontal, como a aliança), isto é, do parentesco ritual (cf. Good, 2008). Nesse sentido, eles dizem que seriam ótimos padrinhos, cuidando de seus filhos rituais com um grande cuidado. Ademais, como os pais, os padrinhos são personagens fundamentais para o desenvolvimento de uma pessoa: são eles que inscrevem o gênero inicial sobre o bebê, convidando-o a seguir o caminho de homem ou de mulher ao dar-lhes alimentos sólidos e objetos de trabalho. Depois disso, o padrinho e a madrinha passam a ser chamados pelos afilhados de *notokay*, literalmente "meu nome", o que indicaria que, mais do que apenas uma paternidade ritual, os padrinhos dão algo mais aos seus afilhados (Millán Valenzuela, 2008: 21).

Signorini e Lupo (1989) argumentaram que existe, para os Nahua, uma estreita relação entre o nome da pessoa e uma das figuras anímicas que compõem a pessoa, identificada pela sombra e chamada pelos Nahua de *ecahuil*. Segundo os autores, essa parte da pessoa pode ser transmitida depois da morte para aqueles que têm o seu mesmo nome (Signorini; Lupo, 1989: 62). Em razão disso, havia um costume, já bastante obviado hoje em dia, de que somente os pais e os padrinhos soubessem o verdadeiro nome da criança até que ela já estivesse mais crescida, com a corporalidade mais estável. Conhecer o nome de alguém é, para os Nahua, um poder sobre a pessoa, de tal modo que nomes de recém-nascidos, mais vulneráveis às ações da feitiçaria e da inveja, deveriam ser guardados porque configuravam armas que, manipuladas de forma negativa, poderiam levar à morte (cf. Millán Valenzuela, 2008; Signorini; Lupo, 1989).

De forma geral, a etnografia nahua remarca o vínculo estreito entre as relações de parentesco e a vida ritual dos Nahua. Para além da esfera das relações sociológicas, também as trocas e relações entre humanos e não humanos se expressam, entre os Nahua, pelo idioma do parentesco ritual (cf. Lorente, 2011). Nesse sentido, há um certo consenso na etnografia nahua em torno do fato de que a vida cerimonial produz e resulta de relações de parentesco que não se assentam sobre os vínculos tradicionais de consanguinidade e afinidade (Robichaux, Millán Valenzuela, 2008: 4), sendo, ademais, um importante mediador no estabelecimento de novas relações desse tipo (cf. Beaucage et al., 2012), como vimos na exploração do *siuatalis* no capítulo anterior.

Nesse sentido, a multiplicação dos laços de parentesco por meio do ciclo cerimonial é um dos traços do modo de vida e do amadurecimento dos Nahua, produzindo aquilo que chamamos de uma trajetória de prestígio, também esta atrelada a uma ideia de estabilização da pessoa e de desenvolvimento das capacidades e dos saberes de cada um, isto é, do seu domínio epistemológico. Assim, como bem pontuam Robichaux e Millán Valenzuela (2008: 7), o parentesco geral (consanguinidade e afinidade[99]) e o parentesco ritual (compadrio e apadrinhamento) se mostram como práticas sociais que mobilizam a forma e o funcionamento do cosmos, a saúde e a composição da pessoa, bem como as trocas entre pessoas humanas e não humanas, na produção e multiplicação de relações, mostrando-se, portanto, como uma "lógica cultural amplamente difundida" na vida prática e cotidiana nahua (Good, 2008: 12).

Seguindo a noção de parentesco como sistema arbitrário de símbolos (cf. Lévi-Strauss, 2017), a etnografia nahua tem tratado o parentesco ritual como um sistema simbólico que produz suas próprias condições de existência. Autores como Millán Valenzuela (2008: 20), um dos principais etnógrafos da Serra Norte de Puebla, argumentam que o parentesco nahua pertence ao domínio do conceitual, tratando-se, portanto, de um sistema de pensamento que está sujeito a variações semânticas, cobrindo, por extensão de sentido, novos processos e relações, mas que terminam afetando e transformando as próprias relações entre os termos e, portanto, o seu campo semântico[100].

Partindo do estudo de comunidades nahua do estado de Guerreiro, Good (2008: 14) argumenta que o parentesco ritual produz, entre os Nahua, um tipo de relação fundamental chamado por ela de "irmãos de compadrio",

---

[99] Os nahua diferenciam o parentesco por consanguinidade do parentesco por afinidade. O termo para o primeiro é *uanyolkayot*, remetendo a um só coração e sangue, enquanto o segundo é *uepolot* ou *uexiujyot*, que se remete a um parentesco por casamento. Suspeito que a noção de parentesco por consanguinidade, que se remete ao coração, tenha a ver com a substancialidade das almas que habitam o coração das pessoas, tema que tratamos de forma apenas indicativa neste livro.

[100] Millán Valenzuela (2008) se inspira sobremaneira na compreensão de parentesco dada por Bestard (1998), remetendo-se a uma compreensão hermenêutica do fenômeno: parentesco como um texto ou um pensamento composto de relações entre termos com campos semânticos em constante transformação.

o vínculo existente entre os filhos e os afilhados de uma mesma pessoa, bem como entre todos os seus afilhados. Segundo a autora, essas pessoas se consideram como irmãos. Entre os *sanmigueleños*, um fenômeno análogo acontece. Entre os Nahua de Guerreiro, como entre os *sanmigueleños*, as relações entre os "irmãos de compadrio" estão reguladas pelo mesmo tabu de incesto que organiza o núcleo cognático de parentesco por consanguinidade. Nesse sentido, argumenta Good (2008), são estritamente proibidas as relações sexuais entre parentes rituais e não se deve nem falar nem brincar com temas de ordem sexual ao redor dos parentes rituais. Trata-se, portanto, de uma relação cujo tratamento é altamente formal.

Segundo Good (2008), as relações de parentesco ritual são muito importantes, em Guerreiro, para a vida adulta. Quando são de sexos opostos, os irmãos de compadrio podem ajudar-se mutuamente, encontrar parceiros para o matrimônio ou ocupar o lugar de amantes para os irmãos consanguíneos de seus parentes rituais. Além disso, todo irmão de compadrio é um potencial mediador em caso de conflito comunitário ou intrafamiliar. Podem cooperar no trabalho agrícola cotidiano e frequentemente apoiam seus parentes rituais nos momentos em que estes mobilizam suas redes de parentela para executar algum cargo ou atividade cerimonial.

Ademais, as relações de parentesco ritual se estendem até a terceira geração de ego. Nesse sentido, os filhos de um afilhado são considerados como netos pelos padrinhos, enquanto que estes serão chamados de *abuelita* e *abuelito* pelos filhos de seus afilhados (cf. Good, 2008). O marido e a esposa de um afilhado ou afilhada também adquirem as relações de parentesco ritual de seus companheiros. Por fim, a relação de toda a comunidade com seu santo padroeiro é entendida também como de apadrinhamento. No caso de Tzinacapan, os *sanmigueleños* afirmam que São Miguel Arcanjo, seu santo padroeiro, é o padrinho de todos eles, atuando em defesa do bem-estar da comunidade.

A ideia manifesta pelo termo *tokay*, nome pelo qual os afilhados chamam seus padrinhos em Tzinacapan, enfatiza a dependência entre quem se é e os padrinhos que se tem por meio do controle do nome próprio e da herança da constituição anímica, como antes argumentamos. Segundo Millán Valenzuela (2008), a cerimônia de batizado, vinculada ao ciclo cerimonial católico, incluía anteriormente um rito de transferência do nome do padrinho para o filho ritual, bem como da madrinha para a filha ritual. Segundo o autor, o nome em fluxo é uma identidade substancial que se transfere em linha direta dos padrinhos para os seus afilhados.

Ao longo de sua vida, um nahua acumula sete casais de padrinhos. O primeiro se ganha nos primeiros dias de vida, e o último com a morte. Entre o nascimento e o casamento, são cinco os casais de padrinhos que uma pessoa adquire, conhecidos como os padrinhos de infância. Além dos três casais de padrinhos atrelados aos ritos católicos de batismo, confirmação e primeira comunhão, somam-se os ritos nahua do *nauipualtiloni,* em que se faz a entrega de alimento sólido e das marcas de gênero, e o *teopancuilis* (*teopan-,* igreja + *cuilis,* extrair). Este último se dá num momento de uma doença grave e difícil de curar, exigindo a intervenção de um casal de padrinhos que atuam como especialistas curandeiros. O casal de padrinhos leva a criança para a Igreja e, com oferendas de velas, retira as potências que adoecem o afilhado. Trata-se, portanto, do casal de padrinhos que assume funções terapêuticas mais claras. Analogamente, os curandeiros e xamãs nahua são cotidianamente tratados como padrinhos e compadres daqueles que acodem a eles.

O sexto casal de padrinhos de uma pessoa é aquele que medeia a constituição de um casal, sendo por isso compartilhado pelas duas pessoas que se casam. Os padrinhos de casamento são os únicos da vida adulta de uma pessoa. Aliás, diga-se de passagem, o casamento marca a passagem para a vida adulta plena de alguém, constituindo o princípio da segunda fase da biografia de prestígio da pessoa. A terceira começa com os filhos, e a quarta com os netos, momentos que coincidem, ademais, com o crescimento na hierarquia que organiza os sistemas de cargos. O último padrinho se ganha quando se morre. É ele que preside o enterro do morto e que desamarra ritualmente as partes da pessoa, redistribuindo-a pelo cosmos.

Em sua exploração sobre o material mixteco de Oaxaca, Monaghan (1996: 189) argumenta que esse povo entende os laços criados por meio das ações rituais como equivalentes dos laços de parentesco consanguíneo. Nesse sentido, argumenta o autor, os rituais são atos que simbolicamente vinculam pessoas não antes aparentadas como se fossem consanguíneos e afins. Como Monaghan e Millán Valenzuela, entendemos que o parentesco ritual nahua coloca a possibilidade de que a substância compartilhada que dá sustento ao parentesco não precise necessariamente ser o resultado de um intercurso sexual fecundador.

Não parece ser coincidência, então, que os *kuilomej* afirmem que o parentesco ritual seja uma esfera a partir da qual eles poderiam participar da produção de parentesco, uma vez que estabeleçam complementariedade com um homem. No entanto, um limite com o qual sempre me debati era o de que, se bem que os *kuilomej* poderiam se tornar compadres e padrinhos ao tomarem filhos rituais, nunca poderiam ser doadores de afilhados, uma vez que não podem parir bebês e, como consequência, ter filhos consanguíneos. Recolocando essa pergunta mais de uma vez para meus amigos, a resposta sempre foi a de que não importava. Um tema ainda em aberto seria, então, entender de que forma o parentesco ritual poderia prescindir da troca de perspectivas entre ser um tomador e logo um doador, princípio que, até onde entendo, é o fundamento da reciprocidade da aliança.

AMAR E FUGIR, OU FUGIR POR QUE SE AMA?

Muitos *kuilomej* fogem das suas comunidades por não darem conta das expectativas que se depositam neles, dada a proibição ontológica de cunho reproducionista que conforma a ortodoxia nahua na produção de parentesco. Em muitos casos as relações dos *kuilomej* com seus familiares vão se deteriorando de tal modo que a fuga se torna a única possibilidade viável. Muitos são expulsos de suas unidades domésticas, enquanto outros escapam quando têm a possibilidade. Esse último caso está configurado tanto por *kuilomej* que se valem de amizades ou romances com mestiços quanto jovens que saem para estudar ou trabalhar na capital e nunca mais voltam. Desprender-se das tramas da reciprocidade serve, nesse contexto, como um método para se livrar das expectativas de parentesco.

Gerardo é um desses casos. Eu o conheci quando ele tinha 17 anos, recém-saído do *bachillerato,* o ensino médio mexicano. Ele queria estudar para ser advogado, mas, ao contrário dos irmãos que o antecederam e da sugestão da sua mãe, já viúva naquela época, Gerardo não queria estudar em Zacapoaxtla, a maior cidade da Serra Norte. Ele queria estudar em Puebla, a capital do estado. Ele logo convenceu a família, e ganhou o apoio da mãe e do irmão mais velho para se manter em Puebla. No começo, ele retornava a Tzinacapan todos os meses. Com o tempo, essas idas foram se escasseando. Da última vez que perguntei por Gerardo, obtive de um amigo a seguinte resposta: "já se esqueceu da sua família, não pensa mais em sua mãe".

Tratando do caso dos Kaiowa do Mato Grosso do Sul, Cariaga (2015) traça um contexto de constrangimentos à vida de um *kuimba'e revikuera* ("jovem que tem jeito que usa o ânus") em partes similar ao que acontece com os *kuilomej*. Como estes, a biografia daquele se vê limitada pelo celibato e pela ausência de filhos:

> Para as formas de conduta e moralidade kaiowa, a condição de um homem adulto, solteiro e sem filhos o torna frágil, devido a sua impossibilidade de produzir relações de parentesco, o que dificulta que se assuma posições de prestígio político. Entre os Kaiowa, produzir pessoas é o principal meio para alcançar e disputar posições de prestígio, pois a condição do ego é sempre mediadora entre diferentes modos de ser, marcados por posições geracionais no interior da parentela (Cariaga, 2015: 443).

Segundo Cariaga, para alguns jovens kaiowa que se identificam como *gays*, a decisão de morar fora das reservas e longe dos parentes passa pela escolha de evitar os desgastes e tensões nascidos das especulações em torno da "sexualidade dos jovens", uma vez que, para homens de cerca de 30 anos, o celibato se torna comprometedor.

Remetendo-se ao trabalho de Vanzolini (2015), Cariaga (2015: 448) argumenta que a vida íntima kaiowa, assim como a dos Aweti do Alto Xingu, dá corpo às fofocas e às trocas de acusações recíprocas que a elas se seguem. Morar fora da aldeia aparece, paras os jovens, como uma forma de manter uma "boa distância" dessas situações. Nas palavras do autor, "[...] morar na cidade não implica um rompimento de conexões familiares, políticas e morais, mas é um meio de mediar as tensões inerentes a situações em que a homossexualidade pode circular como fofoca" (Cariaga, 2015: 448). Desenvolvendo o argumento de que a importância da "boa distância" estaria em produzir "boa relação" (cf. Lévi-Strauss, 2006; Sztutman, 2009), Cariaga mostra que os jovens kaiowa decidem estrategicamente viver distante dos parentes para evitar que a fofoca sobre sua homossexualidade prejudique o modo de vida da sua parentela.

Ao contrário dos kaiowa, no entanto, a distância produzida pela migração deteriora as relações de parentesco nahua. Que Gerardo já tivesse se esquecido da família, não mais pensando em sua mãe, quer dizer que já não prezava nem se preocupava por ela. O amor entre parentes exige, como vimos, esforço: trabalhar e fazer, mobilizando o que se sabe e o que se pode, pensando no outro para fazê-lo sentir amor. Muitos Nahua se mudam para a cidade dizendo estar buscando melhores condições de vida para suas famílias. Não são raros os casos de mulheres que, depois de casadas, passam a residir com a família do marido e que, depois que este migra para buscar melhores condições, terminam habitando sozinhas com os sogros. Depois de um tempo mandando dinheiro e realizando visitas esporádicas, não é raro, tampouco, que esses homens desapareçam e eventualmente reapareçam com uma nova esposa e família. Diz-se que a distância entorta o coração das pessoas (seus pensamentos), fazendo com que aquelas que se vão se tornem invejosas, esquecendo-se dos parentes.

Isso também é dito dos *kuilomej*. Conta-se que depois que migram, é questão de tempo para que deixem de pensar em seus parentes, que os esqueça e que nunca mais voltem para Tzinacapan. Ao que parece, até a década de 1990, quando começa o processo de profissionalização das comunidades nahua de Cuetzalan, a fuga era o destino final de todo *kuilot*. Da perspectiva dos *kuilomej*, no entanto, a migração é um mal desejado ou, em todo caso, uma opção ansiada em razão das péssimas condições de vida em que eles se encontram em suas comunidades: vistos como maus parentes, continuamente acusados de bruxaria e não raramente vítimas de violência sexual. "Quem gostaria de viver assim?", perguntou-me um amigo.

Isto é, se para os Nahua em geral as pessoas que vivem longe vão deixando de pensar nos parentes e eventualmente cortam relações com eles, da perspectiva dos *kuilomej*, a sua migração é também o resultado da incapacidade dos outros de amá-los da forma em que eles requerem. Se o amor nahua nutre, a nutrição dos *kuilomej* exigiria um tipo de amor com expectativas outras. Sob essa dupla perspectiva, as relações de parentesco estabelecidas com os *kuilomej* vão se desgastando e, eventualmente, eles fogem, o que, mais cedo ou mais tarde, resulta no desgaste completo dessas relações, e em sua terminação prática. De fato, todos os *kuilomej* que conheci são jovens ou homens de meia-idade, tendo estes últimos no máximo 40 anos. As gerações mais velhas provavelmente fugiram todas da região. Segundo Flores Martos (2012), as biografias dos *muxes* também estão marcadas por contínuos ir e vir de suas comunidades, desenhadas por tensões e desejos variados, mas é comum que eles retornem a Juchitán, coisa que não acontece com os *kuilomej*. A fuga é, neste último caso, uma condenação das relações de parentesco ou, como me disse certa vez um amigo, a forma de poder viver a vida sem medo.

É necessário especificar, no entanto, que viver a vida sem medo é uma decisão final e um recurso último. Todos os *kuilomej* manifestam amor e preocupação pelas suas famílias, em especial pela mãe. Em noites de bebedeira, muitos deles choram falando da mãe: da tristeza de ser como se é e de fazer a mãe sentir vergonha. De forma geral, os *kuilomej* tratam de atender suas famílias da forma mais ampla e cuidadosa possível. No entanto, nunca dão conta de satisfazer suas expectativas. Para aqueles que não contam com um fluxo financeiro ampliado, a fuga acaba sendo a única possibilidade de se viver em paz. O esquecimento, supõe-se, é recíproco. Tanto o *kuilot* esquece seus parentes quanto seus parentes o terminarão esquecendo, ainda que se assuma que a mãe é sempre quem sofre mais. Para muitos, fugir é um último ato de amor: permitir que a família siga vivendo sem vergonha.

Certa vez questionei um dos meus amigos sobre o destino dos *kuilomej* que fogem. Ele me disse que a maioria se desloca para regiões periféricas e marginais das grandes cidades do país, especialmente Puebla e a Cidade do México. Alguns podem chegar a se dar bem e conseguir um trabalho remunerado. Um dos seus amigos, que havia fugido para Puebla, disse-me, trabalhava numa padaria. Outros não dão tanta sorte: são forçados a recorrer à prostituição, muitos ficam doentes, outros terminam na rua, e não raramente morrem cedo. Fugir é, portanto, muito duro para os *kuilomej*: nunca se sabe o que a cidade aguarda.

VIDA DE CLUBE E AMIZADE *KUILOT*

O argumento central do artigo de Flores Martos (2012: 320) sobre os *muxe* de Juchitán é que eles estão constituídos por corpos poderosos, capazes ao mesmo tempo de expressar tanto uma busca e uma assimilação da alteridade mestiça quanto um questionamento e uma inovação daquilo que se entende como o próprio, como zapoteca. Segundo seu argumento, os *muxe* se apresentam como um modelo de modernidade singular para os homens e as mulheres zapotecas. Entre outras coisas, o fundamento etnográfico do seu argumento está num fenômeno já antes explorado por Miano Borruso (2002): o fato de que os *muxe* encontrem formas de expressão e autoafirmação tanto nos espaços configurados pela lógica do feminino e do masculino, em casa e na comunidade, quanto em seus interstícios e periferias, onde os *muxes* criam lugares que escapam à influência da "cultura heterossexual" zapoteca. Nesses lugares, os *muxes* constituiriam um modo de vida não previsto, questionando o regimento ortodoxo das relações entre masculino e feminino (Miano Borruso, 2002: 192).

Uma das facetas desse modo de vida é chamado, por Flores Martos (2012: 335), de "vida social de clube". Entre outras coisas, seriam grupos que organizam festas tradicionais do ciclo cerimonial zapoteca, como a popular Vela das Intrépidas, organizada pela associação de *muxes* chamada de *Auténticas Intrépidas Buscadoras de Peligro,* formam equipes de basquete para participar em torneios locais e se apresentam frequentemente em shows de *vestidas,* performando dublagens musicais em restaurantes, parques e praças de Juchitán, algo análogo aos shows de *lip sync* performados por *drag queens* em casas noturnas de público LGBTQIAPN+. Ademais, quando se encontram em seus clubes, os *muxe* se apresentam frequentemente com o vestido tradicional de *tehuana,* o traje típico das mulheres *istmeñas,* referente ao Istmo de Tehuantepec, região em que se localiza Juchitán. O clube é, portanto, o lugar da política dos *muxe* (cf. Flores Martos, 2012: 336).

O que Flores Martos e Miano Borruso incitam, junto a Strathern (2009: 142), é que pensemos e exploremos como se constituem outras lógicas sociológicas quando transformamos o recorte social de análise, questionando, então, a forma como constituímos grupos sociais. Com isso queremos dizer que é necessário que movamos as fronteiras do social para que entendamos de que forma, no interior de um mesmo grupo, diferentes pessoas constituem modos distintos de se viver, como a prática imediata do cotidiano atualiza um mundo. Nesse sentido, interessa-nos agora refletir de que forma os *kuilomej,* ao mesmo tempo que escapam e inscrevem um questionamento ao sistema nahua de sexo/gênero, produzem outras formas de socialidade. Para isso, retomaremos a ideia da amizade como um "modo de vida" (cf. Foucault, 1981) para explorar a forma em que os *kuilomej* produzem e valorizam relações de amizade entre si, dando como resultado o que eles consideram ser "um lugar seguro". A amizade *kuilot* poderia ser entendida, assim, como outra forma de estabelecer relações de cuidado e que replicam certos elementos de uma "vida social de clube", quando se tratam entre si como comadres, parentes rituais femininas de relação horizontal.

Logo depois que me mudei para San Miguel Tzinacapan, meu namorado decidiu me visitar, vindo da Cidade do México. Durante os quatro dias em que ele se hospedou na minha casa, fomos vistos almoçando juntos, comprando coisas na feira de domingo, passeando pelas ruas, mas, em especial, beijando-nos na janela da minha casa, que dava para as montanhas. Foi nada mais do que um "selinho", tomado de surpresa. No entanto, para os Nahua que se encontravam sob o teto lateral da Igreja, abrigando-se da chuva que caía naquele momento, presenciar aquele beijo foi a confirmação de uma especulação que já havia se iniciado nos murmurinhos da comunidade havia algum tempo: a de que eu talvez não fosse um homem, mas que fosse um *kuilot*.

Se bem que eu ignorasse completamente a noção de *kuilot* naquele momento, soube depois, por intermédio dos meus amigos, que a notícia do beijo na janela se espalhou rapidamente pela comunidade, percorrendo as redes de relações íntimas que entrelaçam todos os *sanmigueleños*. De comadre a comadre e de irmão a irmão, entre outras relações, todos ficam sabendo rapidamente de algum acontecimento por meio dos fluxos de informação que atravessam as relações de intimidade sem que qualquer comunicado público seja feito sobre isso, como é o caso dos avisos de falecimento ou de festas feitos pela subprefeitura com o megafone da praça central. Na etnografia mesoamericana, há autores que definem as unidades sociais ameríndias como redes de falação e fofoca (cf. Pitarch, 1996). Ainda que ache que elas sejam mais do que isso, essa definição não é incorreta.

O ponto fundamental é, no entanto, o fato de que nossa demonstração corriqueira de afeto, um beijo na janela entre meu namorado e eu, tenha oferecido os elementos para que os Nahua me categorizassem como *kuilot*. Num ato considerado como completamente ordinário para um homem homossexual, um beijo na janela, os Nahua viram o "encontro pragmático" com um *kuilot*. Como já afirmei em outra ocasião,

> As qualidades sensíveis que esta situação produziu transformaram-se em um princípio de diferenciação que se assentaram sobre o meu corpo, indexando-o de tal forma que depois daquele dia na janela, tudo mudou; o corpo a partir do qual eu aparecia enquanto pessoa capaz de estabelecer relações mudou [...] (Maciel, 2018b: 5).

Desse modo, a categorização como *kuilot* alterou a forma em que os Nahua se engajavam em suas relações comigo, mas também sobre a minha capacidade de produzir relações. Para além das experiências de assédio e violência sexual que exploro no já citado artigo (cf. Maciel, 2018b)[101] e de uma aventura amorosa vivida nesse meio tempo, um importante desdobra-

---

[101] Ainda no prelo, esse artigo foi produzido para discutir a relação entre vulnerabilidade e trabalho de campo. Nele, exploro uma situação de assédio para denunciar a forma masculinizante em que o trabalho de campo é ordinariamente pensado e ensinado a antropólogos e antropólogas, chamando a atenção para as especificidades das mulheres e das pessoas LGBTQIAPN+ em campo e como produtoras de conhecimento. Por fim, argumento que a forma masculinizante de conceber a etnografia também pode ser uma das condicionantes do modo evasivo como os americanistas lidam com temas de gênero e sexualidade. Esse artigo foi redigido para compor o Dossiê "Adversidades no Fazer Antropológico" da *Revista Cadernos de Campo*, do Departamento de Antropologia da USP, cujo corpo discente tem impulsionado essas discussões (cf. Maciel, 2018b).

mento da minha categorização como *kuilot* foi a constituição de relações de amizade com os *kuilomej*, participando parcialmente do seu "modo de vida", ou, apropriando-nos dos termos de Flores Martos (2012), de sua vida de clube.

Estamos cientes da já fundamental crítica dirigida ao modo simplista em que muitos etnógrafos concebem suas relações com os nativos como amizade. De fato, como argumenta Blackwood (1995: 53), chamar nossas relações com os nativos de amizade termina escondendo, na maior parte dos casos, a complexidade das relações que travamos em campo, assumindo que a relação entre nós seja de algum modo equitativa. Nesse sentido, saber como somos percebidos é fundamental para explorar a forma em que se constitui a experiência etnográfica e o conhecimento que dele se desdobra.

É ao texto de Rabinow (1977) sobre sua experiência de trabalho de campo no Marrocos que Blackwood recorre para argumentar que relações chamadas por um mesmo termo podem ocultar um equívoco. Rabinow chama de amizade a relação que estabelece com o seu professor de árabe, que se torna um importante interlocutor para sua pesquisa e, no entanto, frustra-se quando as expectativas que ele tem sobre uma relação entre amigos não são cumpridas pelo homem que considerava ser seu amigo. O ponto para Rabinow (1977: 29) é que ele e seu professor de árabe operavam a partir de pressupostos relacionais diferentes. Esse é também o problema sobre o qual se debruça Rubenstein (2004) ao tratar de seu envolvimento erótico e amoroso com uma mulher Shuar. O autor revela o quanto suas expectativas e as da garota são descompassadas por interesses, objetivos e formas distintas de se conceber as vantagens e desvantagens de uma relação íntima.

Se bem que esse não é o ponto que desejamos desenvolver aqui, é importante dizer que o que estou chamando de amizade não está vinculado diretamente à plasticidade conceitual dos meus termos, mas à forma em que os Nahua e em especial os *kuilomej* entendem por isso. Exploraremos esse conteúdo mais adiante. Logo, amigo é a forma em que os próprios *kuilomej* me chamavam. No entanto, e mais importante, nossa relação de amizade surge não da minha entrada como etnógrafo para tratar do tema desta pesquisa, mas se constrói como um desdobramento da minha categorização como *kuilot*. Entendamos, então, que ser *kuilot* foi uma condição para que me tornasse amigo e, ao mesmo tempo, comadre dos *kuilomej*. Vejamos como isso se dá.

SIUATAMATIK: DIVERSIDADE DE GÊNERO NAHUA

Poucos dias depois do beijo na janela, comecei a perceber a presença de rapazes que me fitavam no transporte público ou nas ruas, acenando suavemente com a cabeça para cima e para baixo (um gesto parecido ao do nosso "sim"). Em especial, um rapaz da minha mesma idade, Alfonso, pouco a pouco foi se aproximando a mim e puxando assunto enquanto caminhava pela rua. Em certa festa da comunidade, eu estava encostado em um dos pilares da subprefeitura quando outro rapaz, Pedro, cumprimentou-me colocando suas duas mãos, uma sobre cada um dos meus ombros, um gesto trocado entre compadres, isto é, entre homens que se relacionam horizontalmente por meio do parentesco ritual. Tratando-se de um desconhecido, aquilo me causou enorme surpresa. Algumas semanas depois, fui convidado por Alfonso a comer uma tortilhinha (forma de se convidar alguém para almoçar ou jantar em sua casa) com ele e seus amigos.

O jantar era, no entanto, uma das tantas reuniões de um grupo de amigos *kuilomej*, do qual Alfonso era parte e do qual eu também passei a ser. Quando cheguei, chamou-me a atenção o ambiente informal da reunião, com pessoas rindo, escutando música, contando piadas, tomando licores e narrando suas aventuras sexuais, amorosas, familiares e profissionais para os demais, algo que contrastava de forma evidente com as muitas outras reuniões com não *kuilomej*. Não é que o consumo de álcool, o riso e a música estejam banidas das reuniões correntes dos Nahua, é que, apesar disso, há sempre um tratamento formal e um determinado controle do corpo nesses casos e que estavam dispensados entre os *kuilomej*. Como gostam de dizer sobre si mesmos, os Nahua são *pachangueros* (festeiros), no entanto isso não quer dizer que possam transgredir os tabus e os tratamentos formais das relações entre compadres, padrinhos, consanguíneos e afins.

Entre os *kuilomej*, o ambiente era outro. Ali se escuta, opina-se e se especula sobre a vida um do outro, especialmente no que diz respeito às relações com a unidade doméstica de cada um e com os homens com os quais se envolvem, de modo que temas eróticos são recorrentes. É ali, também, que cada um compartilha assuntos que, fora dali, raramente são tratados. Nessas reuniões, os *kuilomej* sonhadores se expõem e os amigos pedem que coloquem atenção, que sejam pragmáticos e estejam atentos aos sinais de que poderiam ser abandonados, contornando o sofrimento que isso poderia causar. Para além da perspectiva da sexualidade ou da reprodução, o *kuilot* é também produtor de um modo de vida atrelado à amizade com outros *kuilomej*, um tipo de socialidade específica.

Em geral, todos os Nahua reconhecem a importância das relações de amizade em suas vidas. Os amigos são convocados em momentos rituais, no roçado e na construção de uma casa, por exemplo, assim como os parentes. Ademais, muitos amigos se tornam pessoas preferentes no estabelecimento de relações de parentesco ritual. *Tasojikniuj* é o termo, em náhuatl, para amigo. Ele está formado por *tasoj-*, "amor", e *-ikniuj*, de "irmão"; com esta última partícula se forma também a palavra para germana, *siuaikniuj* (*siua-*, mulher + *-ikniuj*, irmão). A amizade também é tida, pelos Nahua, como uma relação que nutre e que faz crescer, ainda que, à diferença das relações de parentesco, a maior parte dos Nahua afirme que é possível viver sem amigos: os parentes "são primeiro", dizem. Tratar-se-ia, portanto, de um análogo do amor fraterno.

Se bem que não é possível afirmar que as relações de amizade tenham começado a ser valorizadas em algum momento específico, as etnografias nahua frequentemente reconhecem que a educação escolarizada potenciou as relações de amizade. A presença da escola e o processo ampliado de escolarização entre os Nahua, sobretudo a partir da segunda metade da década de 1980, terminaram produzindo laços muito próximos entre grupos de pessoas que frequentam uma mesma turma de forma continuada, estudando juntos por anos. É corrente, portanto, que crianças que ingressam na escola com idades entre três e cinco anos se mantenham num mesmo grupo até os 13 a 15 anos, período em que a maior parte dos Nahua abandona a educação escolarizada, em especial as mulheres, que permanecem na escola por períodos mais curtos que os homens (cf. Maciel, 2015).

De forma fundamental, quando os Nahua dizem que alguém é seu amigo, a ideia inicial é a de que estudaram juntos. Isso não quer dizer que não existam amizades que se produzam em outros contextos: amigos podem ser feitos nos grupos de dança ao Santo Padroeiro, nas competições esportivas, entre vizinhos e na rua, em geral. No entanto, a amizade arquetípica é entre pessoas que frequentaram uma mesma turma na escola. A amizade entre os *kuilomej* foge, no entanto, desse modelo, ainda que muitos dos meus amigos tenham, de fato, estudado juntos.

De forma geral, a amizade entre os Nahua é mobilizada pelo léxico da consanguinização. "Irmãos pelo amor" é a tradução literal para o termo *tasojikniuj*. Mais do que isso, no entanto, os amigos atuam como parentes entre si, apoiando-se mutuamente. Não raramente, os Nahua mais jovens chamam seus amigos pelo termo *carnal*, em espanhol, apontando para o fato de que se compartilha "carne". Menos do que alimentar-se de uma mesma comida, a ideia metaforiza o compartilhamento de um mesmo corpo. No entanto, a ideia de corpo, tal como a concebemos, inexiste entre os Nahua. O termo *tonakayo*, normalmente traduzida por corpo, aponta para a carne de alguém, dada pela raiz -*naka*-, "carne". Para além disso, amigos não se casam entre si, estendendo o tabu do incesto também para as relações de amizade. Ainda que não seja raro encontrar casais de jovens que se formam pelo contato por meio das escolas, é fundamental que eles não se concebem como amigos. A ideia de que um amigo se torne um amante e vice-versa é completamente alheia aos Nahua. No que diz respeito à sexualidade, se bem não há intercurso, é normal que amigos homens façam sessões coletivas de exploração corporal, quando começam a experimentar a masturbação, ainda que não necessariamente recíproca.

A consanguinidade não é, no entanto, o léxico da amizade *kuilot*. Nesse caso, o idioma é o do compadrio. Como no caso mencionado, em que fui cumprimentado por Pedro como se fosse seu compadre, é frequente que os *kuilomej* se cumprimentem e se tratem, na rua e frente aos demais, como compadres. Esse tipo de relação, como antes apresentado, refere-se a um análogo da aliança ou da afinidade no campo do parentesco ritual, sendo, portanto, de ordem horizontal. No entanto, trata-se de um compadrio feminino. Os *kuilomej* se chamam de comadres quando estão entre si: *teyotinantsin* (*teyoti*-, energia + -*nantsin*, mãezinha, senhora). Isso se coloca de forma coesa com a recusa *kuilot* de que, entre si, mantenham relações sexuais. Se bem que inicialmente exploramos essa assertiva por meio da discussão do ato sexual como uma relação entre diferentes e desdobrando o fato de que os *kuilomej* não penetrem, poderíamos tê-lo feito também pelo caminho do tratamento de compadrio dado às suas relações. Nesse sentido, e como no caso do parentesco ritual, a ausência do contato sexual é também uma extensão do tabu do incesto.

A constituição de um modo de vida por meio de relações de amizade entre as *omeggid* e entre elas e seus namorados é o foco do artigo de Madi Dias (2018, no prelo). Em especial, o autor explora a performance *omeggid* da terminologia Guna de parentesco, mapeando de que forma a sua pragmática permite produzir as relações de mutualidade entre as *omeggid* às quais se refere Sahlins (2013). A aposta do autor é que o uso estratégico da terminologia de parentesco permite a produção de uma pessoa específica, funcionando como uma tecnologia de subjetivação que produz gênero. Isto é, o uso dos termos de parentesco atua não só na produção do parentesco, mas também na criação de um espaço relacional que atribui à pessoa que fala uma posição de gênero.

Entre as *omeggid*, argumenta Madi Dias (2018, no prelo), elas se tratam como irmãs, uma germanidade performativa que dá tratamento de consanguinidade às relações de amizade que estabelecem. Mais importante ainda, a germanidade atitudinal não apenas replica os fundamentos da consanguinidade, mas produz uma transformação da pessoa que usa a terminologia de parentesco. O termo por elas usado para se referirem uma as outras é *iolo*, que é usado por falantes do gênero feminino para se referirem às suas irmãs mais velhas. Ao utilizarem o termo, as *omeggid* se identificariam com o gênero feminino.

No caso dos *kuilomej*, o uso que eles fazem da terminologia dada às relações entre comadres para se referirem um ao outro em contextos de intimidade poderia ter uma implicação próxima àquela argumentada por Madi Dias (2018, no prelo) para o caso das *omeggid*. Ou seja, é possível que ao valer-se de uma posição terminológica feminina, os *kuilomej* apontem para um tipo de pessoa e corpo que não se reduza à terminologia reservada para os homens, por meio do que os parentes se relacionam com os *kuilomej*. No entanto, a ênfase por eles colocados é na graça: o fazem para marcar a dissidência da masculinidade nahua por via da jocosidade. Chamar o amigo de comadre mostra intimidade e abertura em direção a ele, o que causa o riso. O uso da posição feminina é, pois, parecida ao uso dado pelos homens homossexuais urbanos em São Paulo quando, em português, chamam seus amigos de "amigas", de "gatas" ou de "cremosas". A diferença do caso *omeggid* com o caso dos *kuilomej* e dos homens homossexuais paulistanos está que, no primeiro, o uso da terminologia pelo falante feminiza tanto quem fala quanto aquele a quem se refere (cf. Madi Dias, 2018, no prelo), enquanto no segundo, entre *kuilomej* e paulistanos, é a troca do uso dos termos, de um primeiro amigo em relação ao segundo e vice-versa, que a feminização (jocosa) se dá, ainda que as implicações contextuais de gênero sejam diferentes em cada um dos três casos.

Sob a perspectiva dos amigos *kuilomej* (as comadres), eles são pessoas que cuidam um do outro. Se os homens amantes os abandonam, e a famílias os enxergam como maus parentes, as comadres são quem se mantêm firmes, cuidando um dos outros. Nesse sentido, trata-se efetivamente de uma relação que nutre e que faz crescer. Não raramente, e já embriagados, os *kuilomej* fazem longas declarações de afeto pelas comadres, agradecendo pelos momentos de perrengue e pela diversão. Sob seu ponto de vista, a vida de *kuilot* é difícil, mas sem seus amigos seria impossível. É por isso que todo novo *kuilot* é sempre potencialmente bem-vindo. Quanto mais amigos, mais bonita e mais fácil a vida *kuilot* se torna. É um tipo de amizade potencialmente orgânica: ser e ter *kuilot* faz com que os demais *kuilomej* ao seu redor se disponham a ser suas comadres, como aconteceu no meu caso. Uma amizade potencial que emana de um tipo de corpo do qual se compartilha; o contrário de uma abertura ao outro, então.

Entre si, os *kuilomej* se dão presentes: milho, pão, feijão e carne de frango (algo que se consome no interior da unidade doméstica, como vimos), mas também roupa, perfume, livros e filmes piratas. Também entre si, cozinham, bebem e dançam. Aquele que organiza o jantar ou o almoço, prepara o guisado e o arroz, ou a carne assada com salada, enquanto algumas das amigas ajudam a preparar as tortilhas (uma capacidade que, como vimos, é feminina). Outras, as que chegam na hora de comer, trazem as *chelas*, a cerveja, e o licor. Na próxima reunião, os papéis se invertem, e quem cozinhou agora traz a bebida. De forma geral, qualquer presentinho é tomado como um enorme elogio e causa tremenda felicidade. Da minha viagem à Guatemala, trouxe chaveiros aos meus amigos *kuilomej*. Deles escutei, como agradecimento, que era lindo que eu conseguisse pensar em todos eles enquanto viajava. Em geral, todo nahua gosta de ser lembrado. No caso dos *kuilomej*, tão pouco lembrados pelos parentes, a lembrança dos amigos *casi se me rompe el corazón*, "quase estoura meu coração", disseram-me uma vez: causa uma enorme emoção.

Não poucas vezes escutei que entre si "estão seguros", protegidos tanto das expectativas dos demais quanto da violência sexual. No que diz respeito ao primeiro elemento, os *kuilomej* dizem que com os amigos podem ser como são, falar e brincar livremente. Em relação ao segundo, quando estão entre si, estão seguros dos estupradores. Como vimos anteriormente, o intercurso sexual pode ser entendido, no limite, como uma prerrogativa masculina: um ato masculino sobre a contraparte feminina produzido pela lógica da penetração. Dissemos também que os homens são os agentes do intercurso, aqueles que forçam a feminização do outro. No entanto, os homens também forçam o próprio ato sexual, estuprando garotas e *kuilomej*. No caso destes últimos, o grupo de agressores está composto justamente por aqueles homens que têm desejo pelo ânus, mas que não se relacionam afetivamente com os *kuilomej*. De forma geral, a vida de clube é também o que permite aos *kuilomej* mapearem quem são os potenciais agressores, bem como uma geografia da agressão: pessoas e lugares que devem ser evitados de modo a contornar possíveis agressões.

Estar entre si dá segurança, então, porque permite aos amigos *kuilomej* adquirirem o conhecimento e as táticas de evitação da violência sexual. Nesse sentido, é o lugar da política *kuilot*: sua forma de agenciar a realidade em que eles são continuamente vítimas de estupro. Sob certo olhar ocidental, essa política poderia parecer meramente paliativa, incapaz de enfrentar a "dominação masculina" que produz a violência e, portanto, uma forma de passividade. É necessário relembrar, no entanto, o argumento de Mahmood (2001), segundo a qual atitudes que tenderíamos a ver como passivas são, sob a perspectiva dos outros e em contextos de alteridade, importantes forças de agenciamento. No que diz respeito aos *kuilomej*, mapear estupradores e evitá-los permite produzir efeitos concretos e fundamentais para eles: não ser estuprados ou ser menos estuprados.

No entanto, devemos especificar o fato de que os *kuilomej* associem os estupros à embriaguez. Isso não quer dizer que se deva responsabilizar o consumo de álcool pela violência sexual, mesmo porque há relatos de estupros em que o estuprador estava sóbrio. O que os *kuilomej* remarcam continuamente é, entretanto, o fato de que a maior parte dos estupros se dá quando os homens estão bêbados. Diz-se que o álcool esquenta o corpo e produz não só tesão, mas coragem para agir. Poucos homens estariam dispostos a estuprarem se não estivessem embriagados. Nesse mesmo sentido, o consumo cada vez mais ampliado de álcool, impulsionado entre outras coisas pelo fluxo crescente de recursos financeiros, é visto com preocupação pelos *kuilomej*.

Não obstante, essa é uma situação que preocupa igualmente às mulheres, frequentemente estupradas por seus próprios maridos e, quando solteiras, por homens que dizem estarem apaixonados por elas. Essa é uma das considerações de coletivos organizados de mulheres nahua que questionam a prerrogativa masculina sobre o sexo. Em especial, questionam a assertiva masculina de que os homens possam prescindir do consentimento da parte feminina para com elas manterem relações sexuais. Como aponta Raymundo-Sabino (2014b: 10) em sua pesquisa com mulheres nahua organizadas de Cuetzalan,

> A violência sexual contra as mulheres é frequentemente a mais naturalizada, já que em contextos como o de Cuetzalan, ter relações sexuais com o marido em contra do consentimento das mulheres não se considera violência, mas se concebe que estas ações correspondem a uma das obrigações que as mulheres devem cumprir por serem mulheres vivendo em casal[102].

Também como no caso das mulheres organizadas, em que a "vida de clube" se torna uma plataforma importante para incidir sobre as violências vividas – sociais, econômicas, alimentares, reprodutivas e domésticas (cf. Mejía Flores, 2012; Raymundo-Sabino, 2014a) –, é junto aos amigos que os *kuilomej* constroem táticas de sobrevivência, em que se lida tanto com a possibilidade de ser estuprado quanto com os efeitos de ter sido vítima de violência. Nas reuniões, as narrativas de estupro fazem parte das conversas e causam dor em quem narra e quem escuta. No entanto, compartilhando as histórias, os amigos cuidam, conversam, alimentam, visitam, preocupam-se e "fazem a gente estar melhor", dizem. O sofrimento é mais fácil de carregar quando se compartilha lágrimas com as comadres. O termo estupro, usado por mim, é, aliás, a tradução para *violación*, o termo em espanhol usado pelos próprios *kuilomej* para se referirem a esse problema.

Gostaríamos, por fim, de nos distanciar de um fenômeno recorrentemente apresentado pelas etnografias com os *muxe*, bem como presente na narrativa aikewara sobre o homem-mulher, registrado por Calheiros (2015). Neste último caso, conta-se que os jovens aikewara buscavam *Ga'ipymonó'monó-tara* para aprender a fazer sexo. Segundo Calheiros (2015: 416), esse aprendizado correspondia a um processo de maturação por meio do qual os jovens cresciam como homens de verdade: como penetradores. Enquanto o passivo sexual, aquele que deseja pelo ânus, transforma-se em mulher, argumenta o autor, os ativos sexuais penetradores assumem a posição de afins, amadurecendo no processo e se tornando "homens de verdade", isto é, capazes de constituir família.

Segundo a literatura especializada, também os *muxe* são iniciadores sexuais dos jovens garotos zapotecos (cf. Guerrero Ochoa, 1989; Miano Borruso, 2002). Apesar de se verem como *gays*, os *muxe* mantêm relações

---

[102] Tradução ao português do seguinte trecho: "*La violencia sexual es con frecuencia la que más se ha naturalizado contra las mujeres, ya que en contextos como en Cuetzalan, el tener relaciones sexuales con el marido en contra del consentimiento de las mujeres, no se considera violencia, sino se concibe que estas acciones corresponden a una de las obligaciones que las mujeres deben cumplir por ser mujeres al vivir en pareja*" (Raymundo-Sabino, 2014b: 10).

sexuais com homens tidos por eles como "heterossexuais". Tampouco nesse caso, como entre os Nahua, contempla-se a existência de algo análogo à bissexualidade. Iniciadores dos homens da comunidade, os *muxe* estabelecem relações intermitentes com os homens, que terminam suas relações com eles para namorar mulheres, retornando para os *muxe* em seguida, quando rompem com as mulheres. No entanto, os seus parceiros são sempre "homens de verdade", iniciados sexualmente por eles mesmos, mas nunca são *locas*, *putos* ou gays (Flores Martos, 2012: 334). A iniciação sexual da comunidade não é uma tarefa ou uma prática que seja imbuída ou reclamada pelos *kuilomej*. De forma alguma, portanto, podemos sugerir que suas aventuras eróticas e amorosas ou a violência sexual da qual são vítimas tenham relação com uma atividade de satisfazer o apetite sexual de jovens sem parceiros sexuais, iniciando-os ou madurando-os sexual ou pessoalmente.

Assim, se entre os Nahua as relações de amizade são no geral valorizadas, mas entendidas como secundárias, ou como prescindíveis em relação às de parentesco (consanguinidade, afinidade, compadrio e apadrinhamento, "real" e "ritual", portanto), entre os *kuilomej* as relações de amizade são imprescindíveis.

Heterossexualidade reproducionista que se reproduz no parentesco nahua acaba tornando o *kuilot* um incômodo. É entre amigos que ele se sente cômodo. Mais uma vez, isso não significa que os *kuilomej* não pensem nas suas famílias, nem se preocupem por cuidá-las, mas aponta para o fato de que a vida no parentesco nahua só é possível, para os *kuilomej*, por meio das relações de amizade que eles mantêm entre si. São os amigos que tornam possível atravessar os conflitos amorosos e familiares. A "vida de clube" é, portanto, aquela que permite a vida social em geral. Nesse sentido, esse modo de vida "não previsto", para apropriar-nos do termo de Miano Borruso (2002) sobre os *muxe*, é o que dá sustentáculo à capacidade *kuilot* de produzir outros tipos de relações dentro da ortodoxia nahua. Sem os amigos, a vida seria insuportável, dizem. Em especial, isso se deve ao fato de que a amizade *kuilot* nutre. A *nurture* que ela produz é justamente aquela que permite florescer outras relações.

Relacionalmente, então, temos que as relações entre *kuilomej* podem ser pensadas como produtoras de um tipo de amor-pela-amizade que produz efeitos próprios, uma vida de clube muito própria dos *kuilomej*. Mais do que isso, no entanto, esse amor não é só gerativo em termos das relações entre *kuilomej*: sua produtividade está justamente na capacidade de sustentar outras relações em que o tipo de amor é outro, que nutre menos porque é incapaz de ser condizente com as necessidades dos *kuilomej*. Isto é, eles não só amam diferente e requerem um tipo de amor que se distingue daquele das relações no interior da ortodoxia nahua, como produzem, por meio das relações de amizade, o amor que os nutre, o amor que são capazes de dar e que necessitam receber.

De modo geral, a exploração da amizade como um sistema de relações que em certa medida pode ser pensado como um análogo do parentesco não é algo novo no americanismo. Os trabalhos de Overing (1999) e de Santos-Granero (2007), por exemplo, já haviam apontado, entre outras coisas, para um impulso da socialidade ameríndia em direção à alteridade que não pode ser facilmente contido pelas relações de consanguinidade e afinidade que constituem o parentesco. Ambos os autores ressaltam a centralidade da confiança na transformação de relações de hostilidade em relações de parceria, troca e intimidade. As redes de relações de amizade, e, portanto, não fundamentadas no parentesco, são fundamentais para as políticas do cuidado e do cotidiano ameríndios.

Fora de um contexto etnográfico amazônico, Course (2008) mostra como a amizade é um eixo fundamental da constituição da pessoa Mapuche. Segundo o autor, para ser uma pessoa de verdade, para ser *che*, o Mapuche deve ir além das relações de parentesco que o conectam por linha materna e paterna. Em seus termos, "[...] são as relações criadas por vontade própria ao longo da vida que permitem a alguém ser uma pessoa. A forma paradigmática destas relações é a troca de vinho entre amigos homens (*wenüy*)" (Course, 2008: 305). Nesse sentido, é por meio da capacidade de produzir relações com não parentes que os Mapuche se afirmam como pessoas verdadeiras, mostrando o quanto uma noção nativa de pessoa se abre para além de uma dualidade entre termos na aliança (entre afins e consanguíneos); o amigo é o aspecto ternário da composição da pessoa Mapuche.

Apesar disso, e tendo em vista a particularidade do amor *kuilot*, há razões para acreditarmos que os pressupostos e os efeitos produzidos pelas relações de amizade entre os *kuilomej* as fazem diferentes das relações de amizade entre pessoas que vivem conforme o sistema nahua de sexo gênero. Frente a isso, acreditamos, junto a Madi Dias (2018, no prelo) e Foucault (1981), que as relações de amizade entre os transviados ameríndios constituam um "modo de vida" próprio, que se afirma a despeito das trocas matrimoniais ou da aliança como o fundamento do social. A vida de clube dos *kuilomej* é o que permite uma vida nas "margens" (cf. Perlongher 1987), algo que torna possível, como entre os *muxe* (cf. Miano Borruso, 2002), criar lugares que escapam à influência da heterossexualidade reproducionista que atua como condição das relações de "intra-ação" entre os Nahua, em que a categoria amor é uma evidência. No entanto, nos termos das relações entre os *kuilomej*, a vida de clube é mais do que isso: é também aquilo que lhes permite sobreviver ao reproducionismo que os torna, sob o olhar do outro, incapazes de amar, de cuidar ou de se preocupar. Na medida em que se produz entre amigos e se estende daí para as relações com os parentes, poderíamos dizer que amor *kuilot* é uma modulação da ação desse transviado ameríndio que lhe permite, de alguma forma, administrar-se num sistema que o forçaria, caso não tivesse a vida de clube, à condição de pessoa sem parente, como aqueles que fogem.

As relações de amizade entre os *kuilomej*, tratadas de forma jocosa por meio do parentesco ritual, podem ser encaradas, portanto, como um parentesco transviado que, ao mesmo tempo que emerge como "[...] um modo de 'cuidado' estruturante das relações de mutualidade" (Madi Dias, 2018, no prelo: 26), atendendo às relações entendidas como necessariamente constitutivas do ser, permite produzir modos de vida que, ainda que se valham do idioma do parentesco, recusam o reproducionismo que o fundamenta[103].

---

[103] Estamos de acordo, portanto, com a noção de parentesco transviado apresentada por Madi Dias (2018, no prelo), isto é, uma maneira de estabelecer relações de mutualidade e modos de vida a partir da gramática do parentesco, mas sem aderir completamente aos ideais de reprodução, monogamia e transmissão de propriedade, entre outras coisas, que marcam o continuísmo do parentesco heterossexual. Esse fenômeno seria uma forma de criatividade de atores sociais que buscam produzir relações de intimidade "[...] à margem dos processos institucionais de normalização e subjetivação normalizante" (Madi Dias, 2018, no prelo: 27).

REFERÊNCIAS

Allen, Catherine J. 2017. "Dwelling in Equivocation." *HAU: Journal of Ethnographic Theory* 7(1): 537–43.

Almeida Barrera, Juan Hiram. 2013. "Demodiversidad y Construcción de Ciudadanías: La Experiencia En Cuetzalan, Sierra Norte de Puebla." Universidad Autónoma Metropolitana, Unidad Xochimilco.

Almeida, Mauro William Barbosa de. 2013. "Caipora e Outros Conflitos Ontológicos." *R@u: Revista de Antropologia da UFSCar* 5(1): 7–28.

Argueta Mereles, Emma Yolanda. 2002. "La Entrega de La Novia." In *Cuetzalan, Memoria e Identidad*, eds. Victor Hugo Valencia Valera and Lesly Mellado May. México: Instituto Nacional de Antropología e Historia, 109–14.

Arizpe, Lourdes. 1973. *Parentesco y Economía En Una Sociedad Nahua*. México: Instituto Nacional Indigenista.

Aubry, Andrés. 2011. "Otro Modo de Hacer Ciencia. Miseria y Rebeldía de Las Ciencias Sociales." In *Luchas "Muy Otras": Zapatismo y Autonomía En Las Comunidades Indígenas de Chiapas*, eds. Bruno Baronnet, Mariana Mora Bayo, and Richard Stahler-Sholk. México: Universidad Autónoma Metropolitana: CIESAS: UACH, 59–78.

Báez-Jorge, Félix. 1991. "Homshuk y El Simbolismo de La Ovogénesis En Mesoamérica (Reflexiones En Torno a Los Radicalismos Difusionistas)." *La palabra y el hombre* 80: 2017–2230.

———. 2010. "La Vagina Dentada En La Mitología de Mesoamérica: Itinerario Analítico de Orientación Lévi-Straussiana." *Revista de Antropología Experimental* 10(2): 25–33.

Bakhtin, Mikhail. 1988. *The Dialogic Imagination*. Austin: University of Texas Press.

———. 2013. *A Cultura Popular Na Idade Média e No Renascimento: O Contexto de François Rabelais*. São Paulo: Hucitec.

Balutet, Nicolas. 2011. "La Vagina Dentada o El Miedo a La Castración Entre Los Aztecas." In *Género y Sexualidad En El México Antiguo*, eds. Miriam López Hernández and María J. Rodríguez-Shadow. México: Centro de Estudios de Antropología de la Mujer, 147–74.

Baquedano, Elizabeth, ed. 2014. *Tezcatlopoca: Trickster and Supreme Deity*. Boulder: University Press of Colorado.

Barad, Karen. 2007. *Meeting the Universe Halfway: Quantum Physics and the Entanglement of Matter and Meaning*. Durham: Duke University Press.

Barcelos Neto, Aristóteles. 2008. *Apapaatai: Rituais de Máscaras No Alto Xingu*. São Paulo: Fapesp: Edusp.

Barreto, Victor Hugo de Souza. 2017. "Quando a Pesquisa é o Problema: O Tabu No Estudo Das Práticas Sexuais." *Cadernos de Campo* 26(1): 271–94.

Bartolomé, Miguel Angel. 2006. *Gente de Costumbre y Gente de Razón: Las Identidades Étnicas En México*. México: Siglo XXI Editores.

Bartolomé, Miguel Angel, and Alicia Barabas. 1982. *Tierra de La Palabra: Historia y Etnografía de Los Chatinos de Oaxaca*. México: Instituto Nacional de Antropología e Historia.

Bartra, Armando. 2011. *Tiempos de Mitos y Carnaval: Indios, Campesinos y Revoluciones de Felipe Carrillo Puerto a Evo Morales*. México: PRD-DF: Itaca.

———, eds. 2014. *Haciendo Milpa. Diversificar y Especializar: Estratrgias de Organizaciones Campesinas*. México: Itaca.

Bartra, Armando, Rosario Cobo, and Lorena Paz Paredes. 2004. *Tosepan Titataniske: Abriendo Horizontes. 27 Años de Historia*. Cuetzalan del Progreso: Sociedad Cooperativa Agropecuaria Regional Tosepan Titataniske S.C.L.

Bartra, Eli. 2005. *Mujeres En El Arte Popular: De Promesas, Traiciones, Monstruos y Celebridades*. México: Universidad Autónoma Metropolitana.

Bateson, Gregory. 1985. *Pasos Hacia Una Ecología de La Mente. Una Aproximación Revolucionaria de La Autocompreensión Del Hombre*. Buenos Aires: Lohlé-Lumen.

———. 2008. *Naven: Um Exame Dos Problemas Sugeridos Por Um Retrato Compósito Da Cultura de Uma Tribo Da Nova Guiné, Desenhado a Partir de Três Perspectivas*. São Paulo: Edusp.

Beaucage, Pierre, and Taller de Tradición Oral del CEPEC. 2009. *Corps, Cosmos et Environnement Chez Les Nahuas de La Sierra Norte de Puebla*. Montréal: Lux Éditeur.

———. 2012. *Cuerpo, Cosmos y Medio Ambiente Entre Los Nahuas de La Sierra Norte de Puebla. Una Aventura En Antropología*. México: Plaza y Valdés.

Beaucage, Pierre, Taller de tradición oral del CEPEC, and Grupo Youalxochit. 2012. "Belleza, Placer y Sufrimiento: Reflexiones Sobre Cuerpo y Género Entre Los Nahuas de La Sierra Norte de Puebla." *Cultura y representaciones sociales* 6(12): 165–96.

Beauvoir, Simone de. 2016. *O Segundo Sexo*. Rio de Janeiro: Nova Fronteira.

Behar, Ruth. 1993. *Translated Woman*. Boston: Beacon.

Belaunde, Luisa Elvira. 2005. *El Recuerdo de La Luna. Género, Sangre y Memoria Entre Los Pueblos Amazónicos*. Lima: Fondo Editorial de la Facultad de Ciencias Sociales.

———. 2006. "A Força Dos Pensamentos, o Fedor Do Sangue. Hematologia e Gênero Na Amazônia." *Revista de Antropologia* 49(1): 205–43.

———. 2015. "O Estudo Da Sexualidade Na Etnologia." *Cadernos de Campo* 24: 399–411.

Bento, Berenice. 2009. "Corpo-Projeto." *Estudos Feministas* 17(1): 265–72.

———. 2010a. "Gênero: Uma Categoria Cultural Ou Diagnóstica?" In *Transexualidade, Travestilidade e Direito à Saúde*, eds. Margareth Arilha, Thaís de Souza Lapa, and Tatiane Crenn Pisaneschi. São Paulo: Oficina Editorial.

———. 2010b. "La Producción Del Cuerpo Dimórfico: Transexualidad e Historia." *Anuario de Jojas de Warmi* 15: 1–19.

———. 2014. "Queer o Quê? Ativismo e Estudos Transviados." *Revista Cult* 193: 43–46.

———. 2017. *Transviad@s: Gênero, Sexualidade e Direitos Humanos*. Salvador: EDUFBA.

Bento, Berenice, and Larissa Pelúcio. 2012. "Vivências Trans: Desafios, Dissidências e Conformações." *Estudos Feministas* 20(2): 485–88.

Bestard, Joan. 1998. *Parentesco y Modernidad*. Barcelona: Paidós.

Blackwood, Evelyn. 1995. "Falling in Love with An-Other Lesbian: Reflections on Identity in Fieldwork." In *Taboo: Sex, Identity, and Erotic Subjectivity in Fieldwork*, eds. Don Kulick and Margaret Willson. London & New York: Routledge, 51–75.

Blaser, Mario. 2014. "Ontology and Indigeneity: On the Political Ontology of Heterogeneous Assemblages." *Cultural Geographies* 21(1): 49–58.

Bourdieu, Pierre. 2009. *El Sentido Práctico*. México: Siglo XXI Editores.

————. 2014. *A Dominação Masculina*. Rio de Janeiro: BestBolso.

Bourdin, Gabriel Luis. 2008. "La Noción de Persona Entre Los Mayas: Una Visión Semántica." *Revista Pueblos y Fronteras, Digital* (4): 1–31.

Butler, Judith. 1993. *Bodies That Matter: On the Discursive Limits of "Sex."* New York: Routledge.

————. 2017. *Problemas de Gênero: Feminismo e Subversão Da Identidade*. Rio de Janeiro: Civilização Brasileira.

Cabral de Oliveira, Joana. 2016. "Feitos de Semente e Pedra: Afecções e Categorização Em Uma Etnografia Na Amazônia." *Etnográfica* 20(1): 143–61.

Calheiros, Orlando. 2015. "O Próprio Do Desejo: A Emergência Da Diferença Extensiva Entre Os Viventes (Aikewara, Pará)." *Cadernos de Campo* 24: 487–504.

Cariaga, Diógenes. 2015. "Gênero e Sexualidades Indígenas: Alguns Aspectos Das Transformações Nas Relações a Partir Dos Kaiowa No Mato Grosso Do Sul." *Cadernos de Campo* 24: 441–64.

Carneiro da Cunha, Manuela. 1998. "Pontos de Vista Sobre a Floresta Amazônica: Xamanismo e Tradução." *Mana* 4(1): 7–22.

Carsten, Janet. 1995. "The Substance of Kinship and the Heat of the Hearth: Feeding, Personhood and Relatedness among Malays of Pulau Langkawi." *American Ethnologist* 22(2): 223–41.

————. 2000. "Introduction: Cultures of Relatedness." In *Cultures of Relatedness: New Approaches to the Study of Kinship*, ed. Janet Carsten. Cambridge: Cambridge University Press, 1–36.

————. 2014. "A Matéria Do Parentesco." *R@u: Revista de Antropologia da UFSCar* 6(2): 103–18.

Castellón Huerta, Blas Román. 1989. "Mitos Cosmogónicos de Los Nahuas Antiguos." In *Mitos Cosmogónicos Del México Indígena*, ed. Jesús Monjarás-Ruiz. México: Instituto Nacional de Antropología e Historia, 125–76.

Castillo Hernández, Mario Alberto. 2006. "El Estudio de Las Actitudes Lingüísticas En El Contexto Sociocultural: El Caso Del Mexicano de Cuetzalan." *Anales de Antropología* 49(1): 283–317.

————. 2007. *Mismo Mexicano Pero Diferente Idioma: Identidades y Actitudes Lingüísticas En Los Maseualmej de Cuetzalan*. México: Universidad Nacional Autónoma de México.

CEPEC, Taller de Tradición Oral de la Sociedad Agropecuaria del. 2009a. *Maseual Sanilmek: Cuentos Indígenas de San Miguel Tzinacapan, Puebla. Tradición Oral Náhuatl.* Puebla: Fundación para la Libertad de Expresión: BUAP: Rotay Club: Editorial Bosque de Letras.

————. 2009b. *Tejuan Tikintenkakiliaj in Toueyitatajuan / Les Oíamos Contar a Nuestros Abuelos*. Puebla: Fundación para la Libertad de Expresión: BUAP: Rotay Club: Editorial Bosque de Letras.

Cesarino, Pedro de Niemeyer. 2010. "Donos e Duplos: Relações de Conhecimento, Propriedade e Autoria Entre Os Marubo." *Revista de Antropologia* 53(1): 147–97.

————. 2011. *Oniska: Poética Do Xamanismo Na Amazônia*. São Paulo: Perspectiva: Fapesp.

————. 2014. "A Voz Falível - Ensaio Sobre as Formações Ameríndias de Mundos." *Literatura e Sociedade* jan/jun: 76–99.

Chamoux, Marie-Noëlle. 1981a. *Indiens de La Sierra. La Communauté Paysanne Au Mexique*. Paris: L'Harmattan.

————. 1981b. "La Division Sexuelle Du Travail Chez Les Indiens Du Mexique: Idéologie Des Rôles et Rôles de l'idéologie." *Critique de l'économie politique* 17: 68–82.

————. 1994. "Sociétés Avec et sans Concept de Travail." *Sociologie du travail* 36: 57–71.

Clastres, Pierre. 2013. *A Sociedade Contra o Estado*. São Paulo: Cosac Naify.

Coelho de Souza, Marcela. 2013. "Por Que a Identidade Não Pode Durar. A Troca Entre Lévi-Strauss e Os Índios." In *Lévi-Strauss: Leituras Brasileiras*, eds. Ruben Caixeta de Queiroz and Renarde Freire Nobre. Belo Horizonte: Editora UFMG, 289–328.

————. 2014. "Descola's Beyond Nature and Culture, Viewed from Central Brazil." *HAU: Journal of Ethnographic Theory* 4(3): 419–29.

Comaroff, Jean, and John L. Comaroff. 2003. "Ethnography on an Awkward Scale: Postcolonial Anthropology and the Violence of Abstraction." *Ethnography* 4(2): 147–79.

Cortez Ocotlan, Pedro. 2012. *Diccionario Español-Nahuatl Nahuatl-Español.* Cuetzalan del Progreso: Telesecundária Tetsijtsilin.

Course, Magnus. 2008. "Estruturas de Diferença No Palin, Esporte Mapuche." *Mana* 14(2): 299–328.

Crook, Tony. 2007. *Anthropological Knowledge, Secrecy and Bolivip, Papua New Guinea: Exchanging Skin.* Oxford University Press.

DaMatta, Roberto. 1976. *Um Mundo Dividido, a Estrutura Social Dos Índios Apinayé.* Petrópolis: Editora Vozes.

Danowski, Deborah, and Eduardo Viveiros de Castro. 2017. *Há Um Mundo Por Vir? Ensaio Sobre Os Medos e Os Fins.* Florianópolis: Cultura e Barbária: Instituto Socioambiental.

Deleuze, Gilles, and Félix Guattari. 2010. *O Anti-Édipo.* São Paulo: Editora 34.

———. 2011. *Mil Platôs: Capitalismo e Esquizofrenia 2. Volume 1.* São Paulo: Editora 34.

———. 2012. *Mil Platôs: Capitalismo e Esquizofrenia 2. Volume 5.* São Paulo: Editora 34.

Descola, Philippe. 1983. "Le Jardin de Colibri. Procès de Travail et Catégorisations Sexuelles Chez Les Achuar de l'Equateur." *L'Homme* 23(1): 61–89.

———. 1986. *La Nature Domestique: Symbolisme et Praxis Dans l'écologie Des Achuar.* Paris: Ed. de la Maison des Sciences de l'Homme.

———. 2001a. "Construyendo Naturalezas: Ecología Simbólica y Práctica Social." In *Naturaleza y Sociedad: Perspectivas Antropológicas,* eds. Philippe Descola and Gísli Pálsson. México: Siglo XXI Editores, 101–23.

———. 2001b. "The Genres of Gender: Local Models and Global Paradigms in the Comparison of Amazonia and Melanesia." In *Gender in Amazonia and Melanesia: An Exploration of the Comparative Method,* eds. Thomas A. Gregor and Donald Tuzin. London: University of California Press, 91–114.

———. 2005. *Par-Delà Nature et Culture.* Paris: nrf Éditions Gallimard.

———. 2006. *As Lanças Do Crepúsculo: Relações Jivaro Na Alta Amazônia.* São Paulo: Cosac Naify.

———. 2014. "Modes of Being and Forms of Predication." *HAU: Journal of Ethnographic Theory* 4(1): 271–80.

Diego Quintana, Roberto. 2003. *Lucha Agraria y Mercado de Tierras En Telolotla, En La Sierra Norte de Puebla*. México: Universidad Autónoma Metropolitana.

Dubisch, Jill. 1995. "Lovers in the Field. Sex, Dominance, and the Female Anthropologist." In *Taboo: Sex, Identity, and Erotic Subjectivity in Fieldwork*, eds. Don Kulick and Margaret Willson. London & New York: Routledge, 29–50.

Dumont, Louis. 2006. *Introduction to Two Theories of Social Anthropology: Descent Groups and Marrigade Alliance*. Oxford & New York: Berghahn Books.

———. 2008. *Homo Hierarchicus: O Sistema Das Castas e Suas Implicações*. São Paulo: Edusp.

Echeverría García, Jaime, and Miriam López Hernández. 2010. "La Decapitación Como Símbolo de Castración Entre Los Mexicas - y Otros Grupos Mesoamericanos - y Sus Connotaciones Genéricas." *Estudios de Cultura Náhuatl* 41: 137–65.

Evans-Pritchard, Edward Evan. 1960. *Kinship and Marriage among the Nuer*. Oxford: Clarendon Press.

———. 2012. "Inversão Sexual Entre Os Azande." *Bagoas* 7: 15–30.

Fagetti, Antonella. 2002. "Pureza Sexual y Patrilocalidad: El Modelo Tradicional de Familia En Un Pueblo Campesino." *Alteridades* 12(24): 33–40.

Fausto, Carlos. 2001. *Inimigos Infiéis: História, Guerra e Xamanismo Na Amazônia*. São Paulo: Edusp.

———. 2008. "Donos Demais: Maestria e Domínio Na Amazônia." *Mana* 14(2): 329–66.

Fernandes, Estevão Rafael, and Barbara Arisi. 2017. *Gay Indians in Brazil: Untold Stories of the Colonization of Indigenous Sexualities*. Cham: Springer International Publishing.

Flores de Morante, Emma. 1977. "Algunas Costumbres de Los Indígenas Del Municipio de Cuetzalan." In *Segunda Mesa Redonda Sobre Problemas Antropológicos de La Sierra Norte Del Estado de Puebla*, Cuetzalan del Progreso: Centro de Estudios Históricos sobre la Sierra Norte del Estado de Puebla, 57–64.

Flores Martos, Juan Antonio. 2012. "Cuerpos Poderosos y Sobreexpuestos: Los Muxe de Juchitán Como Transgéneros Amerindios Modernos." In *Modernidades Indígenas*, eds. Pedro Pitarch and Gemma Orobitg. Madrid: Iberoamericana, 319–49.

Florescano, Enrique. 1998. *Etnia, Estado y Nación. Ensayo Sobre Las Identidades Colectivas En México*. México: Aguilar.

Fortes, Meyer. 1958. "Introduction." In *The Developmental Cycle in Domestic Groups*, ed. Jack Goody. Cambridge: Cambridge University Press, 1–13.

Foucault, Michel. 1981. "De l'amitié Comme Mode de Vie. Entretien Avec R. de Ceccaty, J. Danet et J. Le Bitoux." *Gai Pied* 25(avril): 38–39.

Franchetto, Bruna. 1996. "Mulheres Entre Os Kuikuro." *Estudos Feministas* 4(1): 35–54.

Franco Pellotier, Víctor Manuel. 2011. *Oralidad y Ritual Matrimonial Entre Los Amuzgos de Oaxaca*. México: Universidad Autónoma Metropolitana: CIESAS: Miguel Ángel Porrúa.

Freeman, Derek. 1955. *Report on the Iban of Sarawak*. Kuching: Government Printing Office.

———. 1958. "The Family System of the Iban of Borneo." In *The Developmental Cycle in Domestic Groups*, ed. Jack Goody. Cambridge: Cambridge University Press, 15–52.

Freeman, Elizabeth. 2007. "Queer Belongings. Kinship Theory and Queer Theory." In *A Companion to Lesbian, Gay, Bisexual, Transgender, and Queer Studies*, eds. George E. Haggerty and Molly McGarry. Malden: Blackwell Publishing, 295–314.

Geertz, Clifford. 1989. *A Interpretação Das Culturas*. Rio de Janeiro: Guanabara Koogan.

Gell, Alfred. 2007. *Art and Agency: An Anthropological Theory*. Oxford: Clarendon Press.

Gillespie, Susan. 2000. "Maya 'Nested' House: The Ritual Construction of Place." In *Beyond Kinship: Social and Material Reproduction in House Societies*, eds. Rosemary Joyce and Susan Gillespie. Philadelphia: University of Pennsylvania Press, 135–60.

———. 2007. "When Is a House." In *The Durable House: House Society Models in Archaeology*, ed. Robin Beck. Carbondale: Southern Illinois University Press, 25–51.

Gómez Regalado, Amaranta. 2004. "Transcendiendo." *Desacatos. Revista de Antropología Social* (15–16): 199–208.

Gonçalvez, Marco Antonio Teixeira. 2001. *O Mundo Inacabado: Ação e Criação Em Uma Cosmologia Amazônica. Etnografia Pirahã*. Rio de Janeiro: Editora da UFRJ.

González Álvarez, Aldegundo. 2018. "Koujpapataninij. La Danza de Los Voladores, El Tiempo y El Territorio Maseual." *Anales de Antropología* 52(1): 85–88.

González Gómez, Óscar. 2014. "Entre Sodomitas y Cuilonime, Interpretaciones Descoloniales Sobre Los 'indios Vestidos de Mujer' y La Homosexualidad En Los Grupos Nahuas Del Siglo XVI." In *Más Allá Del Feminismo: Caminos Para Andar*, ed. Márgara Millán. México: Red de Feminismos Descoloniales, 277–98.

Good, Catherine. 2008. "Parentesco Ritual En México: Sugerencias Para Un Nuevo Enfoque." *Diario de Campo* 47 (marzo-abril): 9–17.

Gow, Peter. 1989. "The Perverse Child: Desire in a Native Amazonian Subsistence Economy." *Man* 24(4): 567–82.

———. 1991. *Of Mixed Blood: Kinship and History in Peruvian Amazonia*. Oxford: Clarendon Press.

Guattari, Félix. 1988. *O Inconsciente Maquínico: Ensaios de Esquizo-Análise*. Campinas: Papirus.

Gudeman, Stephen. 1975. "Spiritual Relationship and Selecting a Godparent." *Man* 10(2): 221–37.

Guerreiro, Antonio. 2016. "Do Que é Feita Uma Sociedade Regional? Lugares, Donos e Nomes No Alto Xingu." *Ilha* 18(2): 23–55.

Guerrero Ochoa, Alberto. 1989. "Notas Sobre La Homosexualidad En El Istmo de Tehuantepec." *El Medio Milenio* 5: 56–64.

Hanks, William F. 2014. "The Space of Translation." *HAU: Journal of Ethnographic Theory* 4(2): 17–39.

Hanks, William F., and Carlo Severi. 2014. "Translating Worlds. The Epistemological Space of Translation." *HAU: Journal of Ethnographic Theory* 4(2): 1–16.

Haraway, Donna. 2009. "Manifesto Ciborgue: Ciência, Tecnologia e Feminismo-Socialista No Final Do Século XX." In *Antropologia Do Ciborgue: As Vertigens Do Pós-Humano*, ed. Tomaz Tadeu. Belo Horizonte: Autêntica Editora, 33–118.

Haviland, John. 2003. "Dangerous Places in Zinacantec Prayer." In *Los Espacios Mayas: Representaciones, Usos, Creencias*, eds. Alain Breton, Aurora Monod Becquelin, and Mario Humberto Ruz. México: Universidad Nacional Autónoma de México, 383–428.

Hendriks, Thomas. 2016. "SIM Cards of Desire." *American Ethnologist* 43(2): 230–42.

———. 2017. "'Erotiques Cannibales': A Queer Ontological Take on Desire from Urban Congo." *Sexualities* 0(0): 1–15.

Héritier, Françoise. 1989. "Masculino/Feminino." In *Enciclopédia Einaudi. Volume 20: Parentesco*, Lisboa: Imprensa Nacional - Casa da Moeda, 11–26.

———. 1996. *Masculin/Féminin. La Pensée de La Différence.* Paris: Editions Odile Jacob.

Hernández Castillo, Rosalva Aída. 2001a. "Entre El Etnocentrismo Feminista y El Esencialismo Étnico. Las Mujeres Indígenas y Sus Demandas de Género." *Debate Feminista* 24: 206–29.

———. 2001b. *La Otra Frontera: Identidades Múltiples En El Chiapas Poscolonial.* México: Miguel Ángel Porrúa.

Hertz, Robert. 1980. "A Preeminência Da Mão Direita: Um Estudo Sobre a Polaridade Religiosa." *Religião e Sociedade* 6: 99–128.

Heurich, Guilherme Orlandini. 2015. "Música, Morte e Esquecimento Na Arte Verbal Araweté." Universidade Federal do Rio de Janeiro.

Holbraad, Martin, and Morten Axel Pedersen. 2017. *The Ontological Turn: An Anthropological Exposition.* Cambridgeç: Cambridge University Press.

Hooks, Bell. 1992. *Black Looks: Race and Representation.* New York: Routledge.

Hsu, Francis. 1979. "The Cultural Problem of the Cultural Anthropologist." *American Anthropologist* 81: 517–32.

Hugh-Jones, Stephen. 1993. "Clear Descent or Ambiguous Houses? A Re-Examination of Tukanoan Social Organization." *L'Homme* 33(126–128): 95–120.

Ingold, Tim. 2000. *The Perception of the Environment: Essays on Livedhood, Dwelling and Skill.* Londres: Routledge.

———. 2008. "Pare, Olhe, Escute! Visão, Audição e Movimento Humano." *Ponto Urbe* 3: 1–52.

Jardim, Marta. 2006. "Cozinhar, Adorar e Fazer Negócio: Um Estudo Da Família Indiana (Hindu) Em Moçambique." Universidade Estadual de Campinas.

———. 2007. "De Sogra Para Nora Para Sogra: Redes de Comércio e de Família Em Moçambique." *Cadernos Pagu* 29: 139–70.

Joyce, Rosemary. 2000. "Heirlooms and Houses: Materiality and Social Memory." In *Beyond Kinship: Social and Material Reproduction in House Societies*, eds. Rosemary Joyce and Susan Gillespie. Philadelphia: University of Pennsylvania Press, 189–212.

Karttunen, Francis. 1983. *An Analytical Dictionary of Nahuatl*. Norman: University of Oklahoma Press.

Kelly, José Antonio. 2005. "Notas Para Uma Teoria Do 'Virar Branco.'" *Mana* 11(1): 201–34.

Kirchhoff, Paul. 1960. "Mesoamérica, Sus Límites Geográficos, Composición Étnica y Caracteres Culturales." *Tlatoani* 3.

Kohn, Eduardo. 2013. *How Forests Think: Toward an Anthropology beyond the Human*. Berkeley, Los Angeles, London: University of California Press.

Kopenawa, Davi, and Bruce Albert. 2015. *A Queda Do Céu: Palavras de Um Xamã Yanomami*. São Paulo: Companhia das Letras.

Korsbaek, Leif. 1995. "La Historia y La Antropología: El Sistema de Cargos." *Ciencia ergo-sum* 2(2): 175–83.

Kulick, Don. 1995. "Introduction. The Sexual Life of Anthropologists: Erotic Subjectivity and Ethnographic Work." In *Taboo: Sex, Identity, and Erotic Subjectivity in Fieldwork*, eds. Don Kulick and Margaret Willson. London & New York: Routledge, 1–28.

———. 2008. *Travesti: Prostituição, Sexo, Gênero e Cultura No Brasil*. Rio de Janeiro: Editora Fiocruz.

de la Cadena, Marisol. 2015. *Earth Beings: Ecologies of Practice across Andean Worlds*. Durham & London: Duke University Press.

———. 2017. "Matters of Method; Or, Why Method Matters toward a Not Only Colonial Anthropology." *HAU: Journal of Ethnographic Theory* 7(2): 1–10.

Lagrou, Els. 1998. "Caminhos, Duplos e Corpos. Uma Abordagem Perspectivista Da Identidade e Alteridade Entre Os Kaxinawa." Universidade de São Paulo.

———. 2006. "Rir Do Poder e o Poder Do Riso Nas Narrativas e Performances Kaxinawa." *Revista de Antropologia* 49(1): 55–90.

———. 2007. *A Fluidez Da Forma: Arte, Alteridade e Agência Em Uma Sociedade Amazônica (Kaxinawa, Acre)*. Rio de Janeiro: Topbooks.

Latour, Bruno. 2012. *Reagregando o Social.* Salvador: EDUFBA.

———. 2013. *Jamais Fomos Modernos: Ensaio de Antropologia Simétrica.* São Paulo: Editora 34.

Lea, Vanessa. 1994. "Gênero Feminino Mebengokre (Kayapó): Desvelando Representações Desgastadas." *Cadernos Pagu* 3: 85–115.

———. 1999. "Desnaturalizando Gênero Na Sociedade Mebengôkre." *Estudos Feministas* 7(1–2): 176–94.

———. 2004. "Aguçando o Entendimento Dos Termos Triádicos Mebengôkre via Aborígenes Australianos: Dialogando Com Merlan e Outros." *LIAMES: Línguas Indígenas Americanas* 4(1): 29–42.

———. 2007. "Dumont, Louis. Introduction to Two Theories of Social Anthropology: Descent Groups and Marriage Alliance (Resenha)." *Journal of the Royal Anthropological Institute* 13: 768–69.

———. 2010. "A Terminologia de Parentesco Enquanto Uma Elaboração Sócio-Cultural Da Percepção Do Dimorfismo Humano." In *Estudps Em Línguas e Culturas Macro-Jê*, ed. Rosane de Sá Amado. São Paulo: Paulistana, 27–44.

———. 2012. *Riquezas Intangíveis de Pessoas Partíveis.* São Paulo: Edusp: FAPESP.

———. 2015. "Foucault (Parcialmente) Vindicado No Brasil Central: Sexualidade Como Um Dos Fundamentos Da Vida." *2Cadernos de Campo* 24: 427–40.

———. "Antropologia e Linguística Perdem Com a Falta de Diálogo Entre as Duas Disciplinas."

Leavitt, John. 2014. "Words and Worlds: Ethnography and Theories of Translation." *HAU: Journal of Ethnographic Theory* 4(2): 193–220.

Lévi-Strauss, Claude. 1979. *Via Das Máscaras.* São Paulo: Editorial Presença.

———. 1986. *O Olhar Distanciado.* Lisboa: Edições 70.

———. 1993. *História de Lince.* São Paulo: Companhia das Letras.

———. 2000. "Postface." *L'Homme* 154–155: 713–20.

———. 2006. *Mitológicas III: A Origem Dos Modos à Mesa.* São Paulo: Cosac Naify.

———. 2012a. *As Estruturas Elementares Do Parentesco.* Petrópolis: Editora Vozes.

———. 2012b. *O Pensamento Selvagem*. Campinas: Papirus.

———. 2014. *Tristes Trópicos*. São Paulo: Companhia das Letras.

———. 2015. *Mitológicas I: O Cru e o Cozido*. São Paulo: Cosac Naify.

———. 2017. *Antropologia Estrutural*. São Paulo: Ubu Editora.

Lima, Tânia Stolze. 1996. "O Dois e Seu Múltiplo: Reflexões Sobre o Perspectivismo Em Uma Cosmologia Tupi." *Mana* 2(2): 21–47.

———. 2013. "Uma História Do Dois, Do Uno e Do Terceiro." In *Lévi-Strauss: Leituras Brasileiras*, eds. Ruben Caixeta de Queiroz and Renarde Freire Nobre. Belo Horizonte: Editora UFMG, 229–87.

Lira Larios, Regina. 2017. "Caminando En El Lugar de La Noche (Tīkaripa), Caminando En El Lugar Del Día (Tukaripa): Primer Acercamiento Al Cronotopo En El Canto Ritual Wixárika (Huichol)." In *Mostrar y Ocultar En El Arte y En Los Rituales: Perspectivas Comparativas*, eds. Guilhem Olivier and Johannes Neurath. México: Universidad Nacional Autónoma de México, 537–61.

Lockhart, James. 1992. *The Nahuas after the Conquest. A Social and Cultural History of the Indians of Central Mexico, Sixteenth through Eighteenth Centuries*. Stanford: Stanford University Press.

López-Austin, Alfredo. 1980. *Cuerpo Humano e Ideología. Las Concepciones de Los Antiguos Nahuas*. México: Instituto de Investigaciones Antropológicas, Universidad Nacional Autónoma de México.

———. 1992. "Homshuk. Análises Temático Del Relato." *Anales de Antropología* 29: 261–83.

———. 1994. *Tamoanchan y Tlalocan*. México: Fondo de Cultura Económica.

———. 1998. "La Sexualización Del Cosmos." *Ciencias* (50): 24–33.

———. 2004. "La Composición de La Persona En La Tradición Mesoamericana." *Arqueología Mexicana*: 30–35.

———. 2008. "Las Razones Del Mito. La Cosmovisión Mesoamericana." In *Dioses Del Norte, Dioses Del Sur. Religiones y Cosmovisión En Mesoamérica y Los Andes*, eds. Alfredo López-Austin and Luis Millones. México: Ediciones Era, 15–144.

López Hernández, Miriam. 2014a. "El Miedo a La Mujer En La Cultura Azteca." In *Las Emociones Como Dispositivos Para La Comprehensión Del Mundo Social*, eds.

Rocío Enríquez Rosas and Oliva López Sánchez. Guadalajara e México: ITESO : UNAM, FES Iztacala, 349–74.

———. 2014b. "Presencias Ginecomorfas En El Pensamiendo Indígena: Comer y Ser Comido." *Cuicuilco* 60: 147–68.

———. 2014c. "Vagina Dentada, Vagina Fecunda. Figuras de La Tierra En El México Antiguo." *Archaevs. Studies in the History of Religions* XVII–XVIII: 17–52.

———. 2015. "El Colibrí Como Símbolo de La Sexualidad Masculina Entre Los Mexicas." *Itinerarios* 21: 79–100.

Lorente, David. 2011. *La Razzia Cósmica: Una Concepción Nahua Sobre El Clima. Deidades Del Agua y Graniceros En La Sierra de Texcoco.* México: CIESAS.

Lowie, Robert. 1928. "A Note on Relationship Terminologies." *American Anthropologist* 30(2): 263–67.

Lupo, Alessandro. 1995. *La Tierra Nos Escucha. La Cosmología de Los Nahuas a Travñes de Sus Súplicas Rituales.* México: Instituto Nacional Indigenista.

Lutz, Catherine. 1988. *Unnatural Emotions: Everyday Sentiments on a Micronesian Atoll and Their Challenge to Western Theory.* Chicago: University of Chicago Press.

Maciel, Lucas da Costa. 2015. "Tosepan Kalnemachtiloyan: Tomaseualkopa Uan in Tosepan Ipipiluan ('La Escuela de Todos': Nuestra Manera Indígena y Los Infantes de Tosepan)." Universidad Autónoma Metropolitana, Unidad Xochimilco.

———. 2018a. "Os Murais Zapatistas e a Estética Tzotzil: Pessoa, Política e Território Em Polhó, México." Universidade de São Paulo.

———. 2018b. "Corpo Kuilot: Homossexualidade, Violência Sexual e Antropologia." *Cadernos de Campo* 26(2).

———. 2021. "Spivak, pós-colonialismo e antropologia: pensar o pensamento e o colonialismo-em-branco dos nossos conceitos." *Revista de Antropologia*, 64(2), e186659. https://doi.org/10.11606/1678-9857.ra.2021.186659

Madi Dias, Diego. 2015. "Gênero Disperso: Estética e Modulação Da Masculinidade Guna (Panamá)." Universidade Federal do Rio de Janeiro.

———. 2017. "A Aliança Enquanto Drama: Est/Ética Da Masculinidade No Contexto de Uma Economia Afetiva Uxorilocal (Guna, Panamá)." *Mana* 23(1): 77–108.

————. "O Parentesco Transviado, Exemplo Guna (Panamá)." *Sexualidad, Salud y Sociedad* 29.

Madsen, William, and Claudia Madsen. 1969. *A Guide to Mexican Witchcraft.* México: Editorial Minutiae Mexicana.

Mahecha Rubio, Dany. 2013. "Sexualidad y Afecto Entre Los Macuna y Los Nükak, Pueblos de La Amazonia Colombiana." *Cadernos Pagu* 41: 63–75.

Mahmood, Saba. 2001. "Feminist Theory, Embodiement and the Docile Agent: Some Reflections on the Egyptian Islamic Revival." *Cultural Anthropology* 16(2): 202–36.

Maizza, Fabiana. 2017. "De Mulheres e Outras Ficções: Contrapontos Em Antropologia e Feminismo." *Ilha* 19(1): 103–35.

Martínez González, Roberto. 2015. "La Noción de Persona En Mesoamérica: Un Diálogo de Perspectivas." *Anales de Antropología* 49(2): 13–72.

Mauss, Marcel. 2017. *Sociologia e Antropologia.* São Paulo: Ubu Editora.

Mbembe, Achille. 2001. *On the Postcolony.* Berkeley, Los Angeles, London: University of California Press.

McCallum, Cecilia. 1989. "Gender, Personhood and Social Organization amongst the Cashinahua of Western Amazonia." University of London.

————. 1999. "Aquisição de Gênero e Habilidades Produtivas: O Caso Kaxinawá." *Estudos Feministas* 7(1–2): 157–76.

————. 2001. *Gender and Sociality in Amazonia: How Real People Are Made.* Oxford: Berg.

————. 2013. "Notas Sobre as Categorias 'Gênero' e 'Sexualidade' e Os Povos Indígenas." *Cadernos Pagu* 41: 53–61.

Mejía Flores, Susana. 2010. "Resistencia y Acción Colectiva de Las Mujeres Nahuas de Cuetzalan: ¿construcción de Un Feminismo Indígena?" Universidad Autónoma Metropolitana, Unidad Xochimilco.

————. 2012. "Nosotras Las Mujeres Indígenas Organizadas: Proceso de Construcción y Transformación de Identidades de Género y Etnia." In *Culturas e Identidades Rurales,* eds. Ángela Ixkic Bastian Duarte, Gisela Landázuri Benítez, and Sonia Comboni Salinas. México: Universidad Autónoma Metropolitana, 149–87.

Mendoza Ontiveros, Martha Marivel. 2010. "El Compadrazgo Desde La Perspectiva Antropológica." *Alteridades* 20(40): 141–47.

Menéndez, Eduardo. 1997. "El Punto de Vista Del Actor: Homogeneidad, Diferencia, Historicidad." *Relaciones* (69): 238–70.

Merleau-Ponty, Maurice. 2013. *O Olho e o Espírito*. São Paulo: Cosac Naify.

Miano Borruso, Maianella. 2002. *Hombre, Mujer y Muxe' En El Istmo de Tehuantepec*. México: Plaza y Valdés: CONACULTA: INAH.

Millán Valenzuela, Saúl. 2008. "Vistiendo Ahijados: Curación y Parentesco Ritual Entre Los Nahuas de Cuetzalan." *Diario de Campo*.

———. 2010. "La Comida y La Vida Ceremonial Entre Los Nahuas de La Sierra Norte de Puebla." *Diario de Campo* (1): 18–22.

Mintz, Sidney W., and Eric R. Wolf. 1950. "An Analysis of Ritual Co-Parenthood (Compadrazgo)." *Southwestern Journal of Anthropology* 6(4): 341–68.

Mirabal Venegas, Jorge Arturo. 2016. "Representaciones Sociales de La Homosexualidad Entre Los Nahuas de La Huasteca Potosina." El Colegio de San Luis.

Miskolci, Richard. 2005. "Do Desvio Às Diferenças." *Teoria & Pesquisa* 47: 9–41.

———. 2006. "Corpos Elétricos: Do Assujeitamento à Estética Da Existência." *Estudos Feministas* 14(3): 681–93.

———. 2009. "A Teoria Queer e a Sociologia: O Desafio de Uma Analítica Da Normalização." *Sociologias* 11(21): 150–82.

Miskolci, Richard, and Larissa Pelúcio. 2007. "Fora Do Sujeito e Fora Do Lugar: Reflexões Sobre Performatividade a Partir de Uma Etnografia Entre Travestis." *Gênero* 7(2): 255–67.

Mohanty, Chandra Talpade. 1984. "Under Western Eyes: Feminist Scholarship and Colonial Discourses." *boundary 2* 12(3): 333–58.

Mol, Annemarie. 1999. "Ontological Politics: A Word and Some Questions." In *Actor-Network-Theory and After*, eds. John Law and John Hassard. Oxford: Backwell, 74–89.

Monachini, Veronica. 2015. "Concepções e Transformações Da Infância No Alto Xingu: Um Estudo Etnográfico Sobre as Crianças Da Aldeia Aiha Kalapalo." Universidade Estadual de Campinas.

Monaghan, John. 1996. "The Mesoamerican Community as a Great House." *Ethnology* XXXV(3): 181–94.

Moncrieff, Michael, and Pierre Lienard. 2017. "A Natural History of the Drag Queen Phenomenon." *Evolutionary Psychology* april-june: 1–14.

Moreno, Eva. 1995. "Rape in the Field: Reflections from a Survivor." In *Taboo: Sex, Identity, and Erotic Subjectivity in Fieldwork*, eds. Don Kulick and Margaret Willson. London: Routledge, 219–49.

Morgan, Lewis Henry. 1997. *Systems of Consanguinity and Affinity of the Human Family*. Lincoln: University of Nebraska Press.

Morim de Lima, Ana Gabriela. 2009. "O Poder Do Riso: Reflexões Sobre o Humor Em Uma Etnografia Krahô." *R@u: Revista de Antropologia da UFSCar* 1(1): 187–97.

Murdock, George Peter. 1949. *Social Structure*. New York: The Free Press.

Nahuelpán, Héctor. 2013. "El Lugar Del 'indio' En La Investigación Social. Reflexiones En Torno a Un Debate Político y Epistémico Aún Pendiente." *Revista Austral de Ciencias Sociales* (24): 71–91.

Napolitano, Valentina. 2017. "Writing's Edges and the Sex of Earth Beings." *HAU: Journal of Ethnographic Theory* 7(1): 559–65.

Navarrete Linares, Federico. 2004. "¿Dónde Queda El Pasado? Reflexiones Sobre Los Cronotopos Históricos." In *El Historiador Frente a La Historia: El Tiempo En Mesoamérica*, ed. Virginia Guedea. México: Universidad Nacional Autónoma de México, 29–52.

———. 2006. "Mitología Maya." In *Mitologías Amerindias*, ed. Alejandro Ortiz Rescaniere. Madrid: Editorial Trotta, S.A., 103–28.

———. 2016. "Entre a Cosmopolítica e a Cosmohistória: Tempos Fabricados e Deuses Xamãs Entre Os Astecas." *Revista de Antropologia* 59(2): 86–108.

Neurath, Johannes. 2000. "La Maison de Lévi-Strauss y La Casa Grande Wixarika." *Jounal de la Société des Américanistes* 86: 113–27.

———. 2005. "Máscaras Enmascaradas. Indígenas, Mestizos y Dioses Indígenas Mestizos." *Relaciones* 26(101): 22–50.

———. 2013. *La Vida de Las Imágenes. Arte Huichol.* México: Artes de México: Conaculta.

————. 2016. "El Sacrificio de Un Cuchillo de Sacrificio." *Revista de Antropologia* 56(1): 73–107.

Nutini, Hugo, and Berry Bell. 1989. *Parentesco Ritual: Estructura y Evolución Histórica Del Sistema de Compradrazgo En La Tlaxcala Rural.* México: Fondo de Cultura Económica.

Oliveira, Thiago de Lima, and Silvana de Souza Nascimento. 2016. "O (Outro) Lugar Do Desejo: Notas Iniciais Sobre Sexualidades, Cidade e Diferença Na Tríplice Fronteira Amazônica." *Amazônica: Revista de Antropologia* 8(1): 118–41.

Olivier, Guilhem. 2010. "Gemelidad e Historia Cíclica. El 'Dualismo Inestable de Los Amerindios', de Claude Lévi-Strauss, En El Espejo de Los Mitos Mesoamericanos." In *Lévi-Strauss: Un Siglo de Reflexión*, eds. María Eugenia Olavarría, Saúl Millán Valenzuela, and Carlo Bonfiglioli. México: UAM: Juan Pablos Editor, 139–78.

Overing, Joanna. 1986. "Men Control Women? The 'catch 22' in the Analysis of Gender." *International Journal of Moral and Social Studies* 1(2): 135–56.

————. 1999. "Elogio Do Cotidiano: A Confiança e a Arte Da Vida Social Em Uma Comunidade Amazônica." *Mana* 5(1): 81–107.

————. 2006. "O Fétido Odor Da Morte e Os Aromas Da Vida. Poética Dos Saberes e Processo Sensorial Entre Os Piaroa Da Bacia Do Orinoco." *Revista de Antropologia* 49(1): 19–54.

Overing, Joanna, and Alan Passes, eds. 2000. *The Anthropology of Love and Anger: The Aesthetics of Conviviality in Native Amazonia.* London & New York: Routledge.

Paerregaard, Karsten. 2002. "The Resonance of Fieldwork: Ethnographers, Informants and the Creation of Anthropological Knowledge." *Social Anthropology* 10(3): 319–34.

Paredes, Julieta. 2013. *Hilando Fino Desde El Feminismo Comunitario.* México: Cooperativa el rebozo.

Peirce, Charles S. 1931. *Collected Papers of Charles Sanders Peirce.* Cambridge: Harvard University Press.

Pelúcio, Larissa. 2005. "'Toda Quebrada Na Plástica' - Corporalidade e Construção de Gênero Entre Travestis Paulistas." *Campos - Revista de Antropologia Social* 6(1–2): 97–112.

———. 2016. "O Cu (de) Preciado - Estratégias Cucarachas Para Não Higienizar o Queer No Brasil." *Iberic@l, Revue d'études ibériques et ibéro-américaines* 9: 123–36.

Pérez-Nasser, Elia. 2012. "La Subjetividad Masculina y Femenina Nahuas En La Configuración de Su Identidad de Género Durante La Niñez." *Argicultura, Sociedad y Desarrollo* 9(2): 167–89.

Perlongher, Néstor Osvaldo. 1987. *O Negócio Do Michê: Prostituição Viril Em São Paulo.* São Paulo: Brasiliense.

Perrone-Moisés, Beatriz. 2011. "Bons Chefes, Maus Chefes, Chefões: Elementos de Filosofia Ameríndia." *Revista de Antropologia* 54(2): 857–83.

Piscitelli, Adriana. 2009. "Gênero: A História de Um Conceito." In *Diferenças, Igualdades,* eds. Heloisa Buarque de Almeida and José Eduardo Szwako. São Paulo: Berlendis & Vertecchia, 116–50.

Pitarch, Pedro. 1996. *Ch'ulel: Una Etnografía de Las Almas Tzeltales.* México: Fondo de Cultura Económica.

———. 2013. *La Cara Oculta Del Pliegue. Ensayos de Antropología Indígena.* México: Artes de México.

Preciado, Beatriz. 2008. *TestoYonqui.* Madrid: Espasa Calpe.

Pury-Toumi, Sybille de. 1997. *De Palabras y Maravillas.* México: Consejo Nacional para la Cultura y las Artes.

Quijano, Aníbal. 2000. "Colonialidad Del Poder, Eurocentrismo y América Latina." In *La Colonialidad Del Saber: Eurocentrismo y Ciencias Sociales. Perspectivas Latinoamericanas,* ed. Edgardo Lander. Buenos Aires: CLACSO, 201–45.

Rabinow, Paul. 1977. *Reflections on Fieldwork in Morocco.* Berkeley: University of California Press.

Radcliffe-Brown, Alfred Reginald. 1982. "Introdução." In *Sistemas Políticos Africanos de Parentesco e Casamento,* eds. Alfred Reginald Radcliffe-Brown and Daryll Forde. Lisboa: Fundação Calouste Gulbenkian.

Raesfeld, Lydia. 2012. "El Sistema y Los Términos de Parentesco En Uma Comunidad Naua de La Huasteca Hidalguense." In *Lengua y Cultura Nahua de La Huasteca,* México: Universidad Autónoma de San Luís Potosí, 14pp.

Raymundo-Sabino, Lourdes. 2014a. "'Eso Nos Pasa Por Ser Mujeres'. Mujeres Violentadas En El Ámbito Doméstico En Cuetzalan, Puebla." Centro de Investigaciones y Estudios Superiores en Antropología Social.

————. 2014b. *Mujeres Nahuas Violentadas Por Varones En El Ámbito Doméstico En Cuetzalan, Puebla*. X Encuentro Nacional sobre Empoderamiento Femenino.

Reynoso Rábago, Alfonso. 2003. "La Vision Du Monde Dans La Mythologie Maseuale (Nahua) de La Sierra Norte de Puebla (Mexique)." Université de Montréal.

————. 2012. "La Transición Naturaleza - Cultura En El Mito Nahua de Sentiopil." *Proceeding of the 10th World Congress of the International Association for Semiotic Studies*: 623–32.

Rivière, Peter. 2001. *O Indivíduo e a Sociedade Na Guiana: Um Estudo Comparativo Na Organização Social Ameríndia*. São Paulo: Edusp.

Robichaux, David. 2005a. "Introducción: La Naturaleza y El Tratamiento de La Familia y El Parentesco En México y Mesoamérica, Treinta Años Después." In *Familia y Parentesco En México y Mesoamérica: Unas Miradas Antropológicas*, ed. David Robichaux. México: Universidad Iberoamericana, 29–97.

————. 2005b. "Principios Patrilineales En Un Sistema Bilateral de Parentesco: Residencia, Herencia y El Sistema Familiar Mesoamericano." In *Familia y Parentesco En México y Mesoamérica: Unas Miradas Antropológicas*, ed. David Robichaux. México: Universidad Iberoamericana, 167–272.

Robichaux, David, and Saúl Millán Valenzuela. 2008. "Presentación." *Diario de Campo* 47 (marzo-abril): 4–7.

Rodríguez Blanco, Eugenia. 2011. "Las Mujeres Que Vuelan: Género y Cambio Cultural En Cuetzalan." *Perfiles Latinoamericanos* 38: 115–43.

Rojas Pérez, Hugo S., and Aki Kuromiya. 2016. "Soltería Masculina, Familia y Ciudadanía En Dos Pueblos de Origen Nahua Del Valle de México." *Estudios sobre las Culturas Contemporáneas* XXII(43): 95–121.

Rosa, Patricia Carvalho. 2013. "Romance de Primas Com Primas e o Problema Dos Afetos. Parentesco e Micropolítica de Relacionamentos Entre Interlocutores Tikuna, Sudoeste Amazônico." *Cadernos Pagu* 41: 77–85.

————. 2015. "'Das Misturas de Palavras e Histórias': Etnografia Das Micropolíticas de Parentesco e Os 'Muitos Jeitos de Ser Ticuna.'" Universidade Estadual de Campinas.

Rosaldo, Renato. 1991. *Cultura y Verdad: Nueva Propuesta de Análisis Social*. México: Editorial Grijalbo.

Roscoe, Will. 2000. *Changing Ones: Third and Fourth Genders in Native America*. New York: St. Martin's Griffin.

Rubenstein, Steven L. 2004. "Fieldwork and the Erotic Economy on the Colonial Frontier." *Journal of Women in Culture and Society* 29(4): 1041–71.

Rubin, Gayle. 2017. *Políticas Do Sexo*. São Paulo: Ubu Editora.

Sahagún, Bernardino de. 2002. *Historia General de Las Cosas de La Nueva España*. México: Consejo Nacional para la Cultura y las Artes: Cien de México.

Sahlins, Marshall. 1963. "Poor Man, Rich Man, Big-Man, Chief: Political Types in Melanesia and Polynesia." In *Culture in Practice. Selected Essays*, New York: Zone Books, 71–93.

———. 1968. *Tribesmen*. New Jersey: Prentice Hall.

———. 1976. *Âge de Pierre, Âge d'abondance. L'économie Des Sociétés Primitives*. Paris: Gallimard.

———. 2008. *Metáforas Históricas e Realidades Míticas. Estrutura Nos Primórdios Da História Do Reino Das Ilhas Sandwich*. Rio de Janeiro: Zahar.

———. 2013. *What Kinship Is... and Is Not*. Chicago: The University of Chicago Press.

Salemink, Oscar. 2003. *The Ethnography of Vietnam's Central Highlanders: A Historical Contextualization, 1850-1900*. Honolulu: University of Hawai'i Press.

Sánchez, María Eugenia. 1978. "Temps, Espace et Chagement Social. Perspectives à Partir de La Communauté Indigène de San Miguel Tzincapan (Mexique)." École des Hautes Études en Sciences Sociales.

Santos-Granero, Fernando. 1991. *The Power of Love: The Moral Use of Knowledge amongst the Amuesha of Central Peru*. London: Athlone Press.

———. 2009. "Introduction. Amerindian Constructional Views of the World." In *The Occult Life of Things: Native Amazonian Theories of Materiality and Personhood*, ed. Fernando Santos-Granero. Tucson: The University of Arizona Press, 1–29.

Santos-Granero, Fernando. 2007. "Of Fear and Friendship: Amazonian Sociality beyond Kinship and Affinity." *Journal of the Royal Anthropological Institute* 13: 1–18.

Schneider, David. 2016. *Parentesco Americano: Uma Exposição Cultural*. Petrópolis: Editora Vozes.

Seeger, Anthony, Roberto DaMatta, and Eduardo Viveiros de Castro. 1979. "A Construção Da Pessoa Nas Sociedades Indígenas Brasileiras." *Boletim do Museu Nacional* (32): 2–19.

Sellato, Bernard. 1987. "Note Préliminaire Sur Les Sociétés 'à Maison' à Bornéo." In *De La Hutte Au Palais, Sociétés "à Maison" En Asie Du Sud-Est Insulaire*, ed. Charles Macdonald. Paris: Centre Nacional de la Recherche Scientifique, 15–44.

Severi, Carlo. 2007. *Le Principe de La Chimère: Une Anthropologie de La Mémoire*. Paris: Éditions Rue d'Ulm: Musée du quai Branly.

———. 2008. "El Yo-Memoria. Una Nueva Aproximación a Los Cantos Chamánicos Amerindios." *Cuicuilco* 15(42): 11–28.

Sigal, Pete. 2005. "The Cuiloni, the Patlache, and the Abominable Sin: Homosexualities in Early Colonial Nahua Society." *Hispanic American Historical Review* 85(4): 555–93.

Signorini, Italo, and Alessandro Lupo. 1989. *Los Tres Ejes de La Vida. Almas, Cuerpo, Enfermedad Entre Los Nahuas de La Sierra de Puebla*. Xalapa: Universidad Veracruzana.

Silverstein, Michael. 2003. "Translation, Transduction, Transformation: Skating 'Glossando' on Thin Semiotic Ice." In *Translating Cultures: Perspectives on Translation and Anthropology*, eds. Paula G. Rubel and Abraham Rosman. Oxford: Berg, 75–105.

———. 2005. "The Poetics of Politics: 'Theirs' and 'Ours.'" *Journal of Anthropological Research* 61(1): 1–24.

Spivak, Gayatri Chakravorty. 2014. *Pode o Subalterno Falar?* Belo Horizonte: Editora UFMG.

Strathern, Andrew, and Pamela Stewart. 2015. *Kinship in Action: Self and Group*. London: Routledge.

Strathern, Marilyn. 1992. "Parts and Wholes: Refiguring Relationships in a Post--Plural World." In *Conceptualizing Society*, ed. A. Kuper. London: Routledge, 75–106.

———. 1999a. "No Limite de Uma Certa Linguagem." *Mana* 5(2): 157–75.

———. 1999b. *Property, Substance and Effect. Anthropological Essays on Persons and Things*. London: Athlone Press.

————. 2001. "Same-Sex and Cross-Sex Relations: Some Internal Comparisons." In *Gender in Amazonia and Melanesia: An Exploration of the Comparative Method*, eds. Thomas Gregor and Donald Tuzin. Berkeley, Los Angeles, London: University of California Press, 221–44.

————. 2004. *Partial Connections*. Oxford: AltaMira Press.

————. 2009. *O Gênero Da Dádiva: Problemas Com as Mulheres e Problemas Com a Sociedade Na Melanésia*. Campinas: Editora da Unicamp.

————. 2014. *O Efeito Etnográfico e Outros Ensaios*. São Paulo: Cosac Naify.

Stresser-Péan, Claude. 2003. "Un Cuento y Cuatro Rezos de Los Nahuas de La Región de Cuetzalan, Puebla." *Estudios de Cultura Náhuatl* 34: 421–41.

Stresser-Péan, Guy. 2011. *El Sol-Dios y Cristo: La Cristianización de Los Indios de México Vista Desde La Sierra de Puebla*. México: Fondo de Cultura Económica: Conaculta: Centro de Estudios Mexicanos y Centroamericanos, Embajada de Francia en México.

Surrallés, Alexandre. 1998. "Entre El Pensar y El Sentir. La Antropología Frente a Las Emociones." *Anthropologica* 16(16): 291–304.

————. 2003. *Au Coeur Du Sens*. Paris: CNRS: Éditions de la Maison des Sciences de l'Homme.

Sztutman, Renato. 2009. "Ética e Profética Nas Mitológicas de Lévi-Strauss." *Horizontes Antropológicos* 15(31): 293–319.

Taggart, James. 1975. *Estructura de Los Grupos Domésticos de Una Comunidad Nahua de Habla Nahuat de Puebla*. México: Instituto Nacional Indigenista.

————. 2007. *Remembering Victoria: A Tragic Nahuat Love Story*. Austin: University of Texas Press.

————. 2011. "Relatos, Ritos y Emociones Entre Los Nahuat de La Sierra Norte de Puebla, México." In *La Quête Du Serpent à Plumes: Arts et Religions de l'Amérique Précolombienne*, eds. Nathalie Ragot, Sylvie Peperstraete, and Guilhem Olivier. Turnhout: Brepols, 119–34.

————. 2015. "Las Historias de Amor de Los Náhuat de La Sierra Norte de Puebla, México." In *Múltiplas Formas de Ser Nahuas. Representaciones, Conceptos y Prácticas En El Siglo XXI*, eds. Catharine Good-Eshelman and Dominique Raby. Morelia: Consejo Editorial del Colegio de Michoacán, 179–94.

Taussig, Michael. 1993. *Xamanismo, Colonialismo e o Homem Selvagem: Um Estudo Sobre o Terror e a Cura*. Rio de Janeiro: Paz e Terra.

Taylor, Anne-Christine. 1983. "The Marriage Alliance and Its Structural Variations in Jivaroan Societies." *Social Science Information* 22(3): 331–53.

Tedlock, Barbra. 1992. *Time and Highland Maya*. Albuquerque: University of New Mexico Press.

Tedlock, Dennis. 1985. *Popol Vuh: The Mayan Book of the Dawn of Life*. New York: Touchstone.

Topete Lara, Hilario, and Alberto Díaz Araya. 2014. "Sistemas de Cargos y Organización Social En Mesoamérica." *Diálogo Andino* (43): 3–7.

Tripp, Aili Mari. 2008. "La Política de Derechos de Las Mujeres, Diversidad Cultural En Ugandda." In *Descolonizando El Feminismo: Teorías y Prácticas Desde Los Márgenes*, eds. Liliana Suárez Navaz and Rosalva Aída Hernández Castillo. Madrid: Editorial Cátedra, 285–330.

Tsing, Anna. 2005. *Friction: An Ethnography of Global Connection*. Princeton: Princeton University Press.

———. 2015. "Margens Indomáveis: Cogumelos Como Espécies Companheiras." *Ilha* 17(1): 177–201.

Vale de Almeida, Miguel. 2003. "Antropologia e Sexualidade. Consensos e Conflitos Teóricos Em Perspectiva Histórica." In *A Sexologia: Perspectiva Multidisciplinar. Volume 2.*, eds. Lígia Fonseca, C. Soares, and Júlio Machado Vaz. Coimbra: Quarteto, 53–72.

Vanzolini, Marina. 2015. *A Flecha Do Ciúme: O Parentesco e Seu Avesso Segundo Os Aweti Do Alto Xingu*. São Paulo: Terceiro Nome.

———. 2018. "O Feitiço e a Feitiçaria Capitalista." *Revista do Instituto de Estudos Brasileiros* 69(abr): 324–37.

Vilaça, Aparecida. 2017. *Comendo Como Gente: Formas Do Canibalismo Wari'(Pakaa Nova)*. Rio de Janeiro: Mauad X.

Viveiros de Castro, Eduardo. 1986. *Araweté: Os Deuses Canibais*. Rio de Janeiro: Jorge Zahar Ed.

————. 1996. "Os Pronomes Cosmológicos e o Perspectivismo Ameríndio." *Mana* 2(2): 115–44.

————. 2002. *A Inconstância Da Alma Selvagem e Outros Ensaios de Antropologia.* São Paulo: Cosac Naify.

————. 2004. "Perspectival Anthropology and the Methos of Controlled Equivocation." *Tipiti: Journal of the Society for the Anthropology of Lowland South America* 2(1): 3–22.

————. 2009. "The Gift and the given: Three Nano-Essays on Kinship and Magic." In *Kinship and Beyond: The Genealogical Model Reconsidered,* eds. Sandra Bamford and James Leach. Oxford: Berghahn Books, 237–68.

————. 2011. "O Medo Dos Outros." *Revista de Antropologia* 54(2): 885–916.

————. 2015. *Metafísicas Canibais: Elementos Para Uma Antropologia Pós-Estrutural.* São Paulo: Cosac Naify.

————. 2016. "Metaphysics as Mythophysics: Or, Why I Have Always Been an Anthropologist." In *Comparative Metaphysics: Ontology After Anthropology,* eds. Pierre Charbonnier, Gildas Salmon, and Peter Skafish. London & New York: Rowman & Littlefield, 249–74.

Viveiros de Castro, Eduardo, and Eduardo Bezaquem de Araújo. 1977. "Romeu e Julieta e a Origem Do Estado." In *Arte e Sociedade: Ensaios de Sociologia Da Arte,* ed. Gilberto Velho. Rio de Janeiro: Zahar, 130–69.

Vogt, Evon. 1966. *Los Zinacantecos.* México: Presencias.

Wagner, Roy. 1967. *Curse of Souw: Principles of Daribi Clan Definition and Alliance in New Guinea.* Chicago: University of Chicago Press.

————. 1977. "Analogic Kinship: A Daribi Example." *American Ethnologist* 4(4): 632–42.

————. 2011. "A Pessoa Fractal." *Ponto Urbe* 8: 1–14.

————. 2012. *A Invenção Da Cultura.* São Paulo: Cosac Naify.

Weston, Kath. 1991. *Families We Choose: Lesbians, Gays, Kinship.* New York: Columbia University Press.

Yano, Ana Martha Tie. 2014a. "Carne e Tristeza - Sobre a Culinária Caxinauá e Seus Modos de Conhecer." Universidade de São Paulo.

————. 2014b. "'Do Nosso Jeito, Nossos Corpos': Práticas Culinárias e Alimentação Indígena." In *Brasil Indígena: Histórias, Saberes e Ações*, eds. M. Fonseca and M. Herrero. São Paulo: Sesc, 131–37.

Zamora Islas, Eliseo. 2009. *Maseualtajtol Nemachtilon. Estudio de La Gramática Nahua de La Sierra Norte de Puebla*. Cuetzalan del Progreso: Telesecundária Tetsijtsilin.

————. 2014. *Totajtolyelisti, La Esencia de Nuestra Palabra. Diccionario Maseualtajtol de La Sierra Nororiental Del Estado de Puebla: Campo Semántico Nahuat-Español.* Cuetzalan del Progreso: Telesecundária Tetsijtsilin: Fundación Sertull A.C.

Zolla, Carlos, and Emiliano Zolla Márquez. 2004. *Los Pueblos Indígenas de México: 100 Preguntas*. México: Universidad Nacional Autónoma de México.